浙江省普通高校“十三五”新形态教材

国家精品在线开放课程配套教材

高等职业教育新商科新营销系列教材

移动营销实务

魏振锋　张小华　主　编

温州名鼎电子商务有限公司　明海波　参　编

温州励臣网络科技有限公司　叶金盘

電子工業出版社

Publishing House of Electronics Industry

北京 · BEIJING

内 容 简 介

本书主要采用了“校企合作，双元开发”的方式，以移动营销方法的运用和移动营销策划与实施为核心，将移动营销理念与实践相结合，基于知识学习需要和企业移动营销工作过程设计全书内容，并设置团队训练模块，强化实习实训，培养团队合作解决问题的能力。

本书将新技术、新工艺、新规范纳入教学体系，落实“德技并修”“育训结合”的职业教育发展模式。全书共分为9个项目，包括：认识移动营销、移动广告、APP推广、微博营销、微信营销、头条营销、短视频营销、知识社区营销与移动营销综合应用，全面介绍了移动营销的要求、方法与技巧，旨在培养读者移动营销的系统化思维与实践方法，同时掌握移动营销的核心知识与核心技能。

本书结构清晰、逻辑严密、案例翔实、内容新颖，全程融入创新创业教育、课程思政教育，“课、岗、训、创”融合特色突出，具有较强的实用性。

本书既可作为应用型本科院校、高职高专院校和中职院校财经商贸类专业的教材，也可供移动营销相关从业者和社会人士阅读参考使用。

本书配有PPT、课后题答案、二维码等配套资源。本书使用者可按照前言中的资源服务提示获取资源服务。

图书在版编目（CIP）数据

移动营销实务 / 魏振锋，张小华主编 . —北京：电子工业出版社，2021.1
ISBN 978-7-121-37560-6

Ⅰ . ①移…　Ⅱ . ①魏…　②张…　Ⅲ . ①网络营销—高等学校—教材　Ⅳ . ① F713.365.2

中国版本图书馆CIP数据核字（2019）第213864号

责任编辑：贺志洪
印　　刷：北京盛通数码印刷有限公司
装　　订：北京盛通数码印刷有限公司
出版发行：电子工业出版社
　　　　　北京市海淀区万寿路173信箱　邮编100036
开　　本：787×1092　1/16　印张：16.25　字数：416千字
版　　次：2021年1月第1版
印　　次：2024年9月第7次印刷
定　　价：49.50元

凡所购买电子工业出版社图书有缺损问题，请向购买书店调换。若书店售缺，请与本社发行部联系，联系及邮购电话：（010）88254888，85258888。

质量投诉请发邮件至zlts@phei.com.cn，盗版侵权举报请发邮件至dbqq@phei.com.cn。

本书咨询联系方式：（010）88254609或hzh@phei.com.cn。

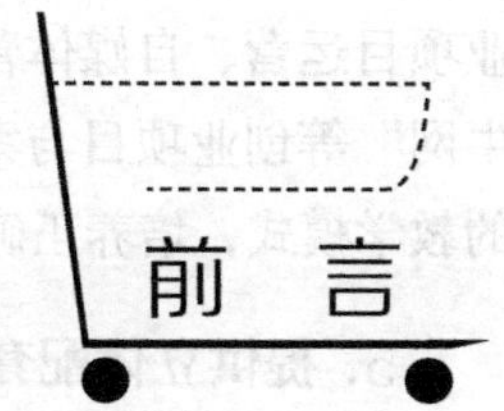

在这个移动互联网快速发展的时代，智能手机、APP、移动支付、移动社交广泛普及，粉丝经济、社群经济、共享经济、内容电商、社交电商等新概念、新理念得到普遍重视；微信营销、信息流广告、场景营销、社群营销、网络直播等新型营销方式逐渐得到应用；移动营销已成为最具影响力和可获得最佳营销效果的营销手段，这必将为电子商务运作、移动运营、网络创业带来全新的推动力量。

但是当前职业教育领域非常缺乏内容新颖、具备实操性的移动营销类教材。因此，通过校企合作、产教融合，将电商产业、职业教育等领域的优秀项目成果进行总结归纳，形成普适性的教材成为当务之急。由此，几所院校的一线教师共同编写了本书。本书的主要特色包括以下几点。

1. 实现课程思政的全程融入

本书重视课程思政教育，通过每个项目中的“思政园地”版块及对精选案例的分析，实现爱国敬业、遵纪守法、四个自信等内容的融入，培养大学生具有崇高理想、职业道德、创新精神，以及服务于民族复兴的内生动力。

2. 重视职业技能的强化训练

紧密跟踪移动电子商务行业发展趋势，引入“温州名购网”“窝牛网”“托包”等移动互联网实战项目，设计了若干个实训活动，强化学生学员的移动运营、移动营销、移动营销策划能力，凸显理实一体、工学结合的教学理念。

3. “课岗训创”的无缝融合

本书融入最新的移动营销岗位标准与技能要求，突出“教、学、做”一体的特色，以营销方法训练和营销内容策划为主线，遵循“明确目标、思维导图→案例导入、引出问题→知识讲解、技能训练→综合实训、考核提升”的逻辑结构，以及创新地策划了思政园地、网商学堂、课堂训练、职场连接、拓展内容、微课学习等教学互动模块，增强协作式学习，并积极探索“1+X”职业技能等级证书试点，部分项目融入了“1+X”证书的相关培训内容。

4. 强化创新创业的文化熏陶

本书还注意加强创新意识与创业能力培养，在书中贯穿了碎片化经济、校园经济、创业项目运营、自媒体营销策划等内容，注重网络创业精神的融入，引入“温州名购网”“窝牛网”等创业项目与案例，通过项目化教学，实现学习—创业—实践一体，即“学创一体”的教学模式，培养正确的商业观、价值观、创新思维、创业意识。

5. 提供立体配套的数字资源

为了适应数字化教育时代，本书提供了丰富的在线学习资源，每个章节都提供了“微课学习”模块，可方便地跳转到在线课程平台，依托浙江省精品在线开放课程“移动营销”、国家精品在线开放课程“互联网营销策划实务”，共同构建线上线下混合式教学模式，落实“教师、教材、教法”三教改革，通过课堂讨论、随堂测验、单元作业、团队训练、考试、答疑等手段，促进师生间的交流互动和学生间的协作学习，实现以学习者为中心的教学模式。

本书已立项为浙江省普通高校“十三五”新形态教材（第二批），能够与浙江省精品在线开放课程“移动营销”紧密结合，同步建设、同步更新、相互促进，充分体现了技能训练目标与职业岗位要求的紧密对接。

本书由浙江工贸职业技术学院魏振锋、成荣芬、明海波，浙江东方职业技术学院张小华共同编写。魏振锋老师负责本书规划及编写项目 3、5、6、7、9；张小华老师负责编写项目 1、2、8；成荣芬负责编写项目 4；温州励臣网络科技有限公司总经理叶金盘提供了企业素材，参与了部分案例编写；温州名鼎电子商务有限公司总经理明海波参与了项目 9 的编写及部分案例准备；最后，由魏振锋老师统稿。

本书的编写得到了全国电子商务职业教育教学指导委员会副主任陆春阳先生的悉心指导，得到了汪焰、沈凤池、徐林海、段建、王慧等专家的大力支持，以及电子工业出版社等的无私帮助，在此致以真诚的感谢。

本书在编写过程中得到了浙江工贸职业技术学院、浙江东方职业技术学院等院校的支持；得到了温州名鼎电子商务有限公司、温州励臣网络科技有限公司等企业的资源支持和项目咨询，在此一并表示感谢。

本书配套课程已建设为浙江省省级精品在线开放课程，正在申报国家精品在线开放课程，可免费提供课程标准、教案、课件、教学进度表，以及微课、教学案例、习题、测验、试卷等配套资源，欢迎访问课程网站（http://www.zjooc.cn），搜索“移动营销”，使用最新版本的资源和素材，或者发送邮件到 wzf456@163.com 索取相关教学资源。

由于编写者水平有限，资料数据有所局限，书中难免存在诸多不足之处，真诚地欢迎各位读者给予评批指正。

编　者

2020 年 12 月于杭州

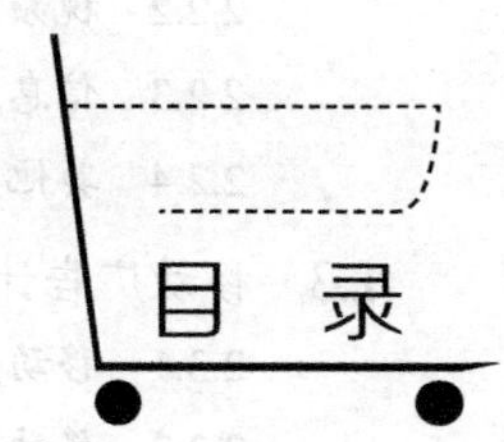
目 录

项目1

认识移动营销

移动营销概述微课

知识目标

1. 了解移动营销产生的背景、发展现状与趋势
2. 掌握移动营销的概念与特点
3. 熟悉移动营销中常用的信息技术
4. 熟悉各种移动营销方法

能力目标

1. 建立自己的移动营销方法体系
2. 能分析移动互联网时代下营销变革的内涵
3. 能够结合营销要素分析移动营销的内涵
4. 能够分析移动营销企业案例及其业务

素质目标

1. 具备移动互联网思维与移动创新创业意识
2. 具备团队合作意识
3. 具备移动营销相关法制意识和职业道德
4. 拥护并实践习近平新时代中国特色社会主义思想

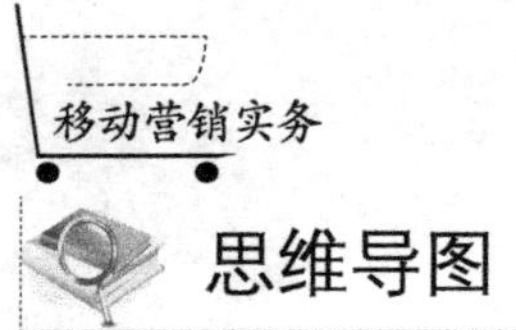

思维导图

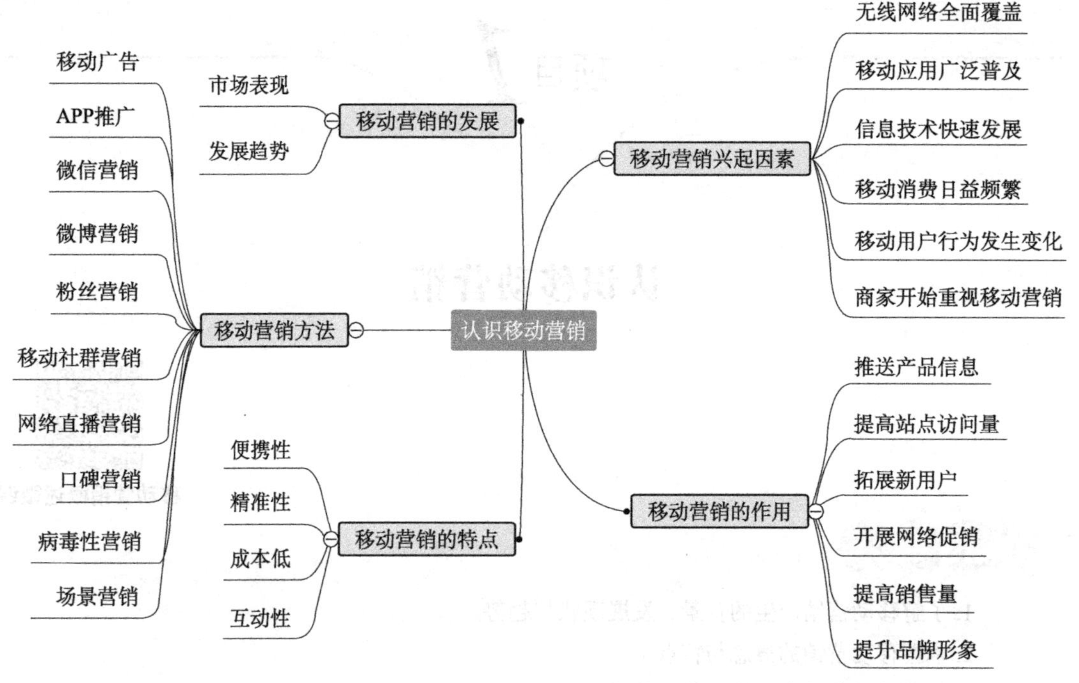

案例导入

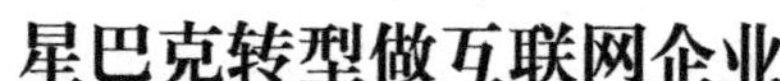

星巴克转型做互联网企业

1999年6月30日星巴克向外界宣告：公司正变成一家互联网公司——推出门户网站、在线销售咖啡和厨房用品……自此之后，星巴克一直在低调改造，公司除了建立起电子商务体系，还非常积极地拥抱移动互联网。

星巴克于2009年推出了手机应用客户端，2013年开始在美国市场推出手机支付，半年多时间交易数量已达6000万笔，每周通过手机支付的订单超过100万笔。目前星巴克的移动支付业务占比仅为13%，外卖业务有巨大发展空间，尤其在移动支付十分普及的中国市场。

星巴克如此迫切地向电子商务、手机支付和社交网络营销转移，原因很简单——顾客在哪儿，星巴克就去哪儿；更何况新技术能把咖啡店内外的顾客关系紧密联系在一起。

根据星巴克的数据，其消费人群大部分都在使用智能手机。不论是iPhone，还是各种款式的安卓手机，吸引越来越多的顾客使用移动互联网在星巴克消费，这意味着能追踪他们，以他们为核心用户创建一个在线社区。

星巴克总裁Schultz敏锐地预判到这个时代最大的变化就是互联网和手机对人们生活状态的影响，他意识到必须把这个时代特征迅速融入到星巴克的产品和服务之中；数字化营销完善了星巴克体验，让顾客感受到“星巴克就在身边”。

如今的星巴克不仅成为美国移动支付规模最大的零售公司，其在 Facebook、Twitter、Pinterest 等社交媒体上也是最受欢迎的食品公司。

【案例思考】

星巴克一直以良好的线下体验服务而闻名，公司为什么要转变成一家移动互联网公司？

【案例启示】

当前国内外用户越来越习惯于手机上网、购物、叫外卖，像肯德基等餐饮连锁企业，已经在开展网络销售业务和移动支付。为了迎接这种消费方式的变化，为了拉近与顾客的距离，更好地服务移动用户，星巴克决定向数字化营销、手机支付和社交网络营销转移。而且开展外卖服务、搭建社交网络、追踪用户，可以为产品和服务增加互联网文化元素，完善公司的数字服务体验，迎接未来的数字经济和智能化时代。

移动互联网的出现正在改变人们在信息时代的生活，人们对于移动应用，特别是其中的互动、生活辅助应用的需求越来越大。截至 2018 年年底，全球互联网用户数已超 40 亿，同比增长 10%，互联网全球渗透率达到 50%。中国移动互联网活跃用户数已破 11 亿，稳稳占据全球最大移动互联网市场的地位。

随着中国移动智能终端用户规模的不断扩大，中国移动互联网市场已进入高速发展阶段，移动互联网用户已成为移动通信和互联网产业的主要消费人群。

1.1 移动营销的兴起

广义上说，移动互联网指的是利用移动协议和设备将手持终端接入互联网的联结方式。从技术角度看，移动互联网指的是基于 IP 宽带技术并能够提供数据和多媒体开放式业务的电信网络。从终端角度看，移动互联网由网络、终端和应用共同构成，即用户借助手机、平板电脑或笔记本电脑，利用移动网络，借助各类应用实现信息查询和数据传递。

当前，我们正处于移动互联网时代，相比传统媒体时代、网络时代，人们的生活、工作、学习发生了天翻地覆的变化，特别是移动营销开始崛起，逐渐成为最具影响力和最佳效果的营销手段，这表现在以下几个方面。

1.1.1 无线网络全面覆盖

近年来，智能手机、平板电脑等移动设备飞速普及，使得人们越来越依赖于无线网络，无线网络逐渐成为企业、园区、家庭、公共场所等地方不可或缺的网络基础设施。而且随着各地智慧城市建设和信息经济发展的推动，很多城市已经对市区街道、交通干道、公共场馆、各大景区、写字楼、社区公共场所等重点区域实现了无线网络全面覆盖。

比如北京、深圳、浙江、河北等省市，正在加快推进无线宽带网络建设，完善4G网络覆盖，启动5G技术商用服务，实现全省全市无线网络公共区域免费全覆盖。

而且随着技术的进步，无线网络技术也在不断创新和发展，我们先后用到了2G、3G、4G等移动通信网络技术，以及红外、蓝牙、WiFi、WiMAX等无线网络技术，接下来5G将开始使用。

这其中，杭州堪称全球移动服务普及度最高的城市，各类无人零售店、无人超市、无人餐厅、无现金看病、银联闪付过闸等新业态新生活新消费无处不在。截至目前，杭州市民通过支付宝城市服务，就可以享受政务、车主、医疗等领域60多项便民服务。

1.1.2 移动应用广泛普及

随着智能移动设备在我国的快速普及，国内的移动APP市场得以崛起，大量的开发者（含企业）纷纷投入到移动APP开发与应用的行列，移动业务不断创新，团购、网络约车、网络外卖、共享经济等新业态不断涌现，APP市场异常火爆，市场呈现一片繁荣景象。

移动APP正对很多行业产生变革，现如今，国内智能手机用户对移动APP的需求量在不断增加，APP开发与应用市场还拥有着巨大的发展潜力。国内很多大型企业都已经意识到移动互联网的强大，打造专属APP迎接移动互联网的新挑战。而一些传统行业也乘机拓展自己的业务，甚至不少APP开发公司更是融合了国外APP开发技术。中国已成为APP增长最快的国家之一，APP也将会成为移动互联网未来的大趋势。我国活跃用户数量排名前15的APP如图1-1所示。

2018年9月APP活跃用户数排行榜TOP200

排名	应用	行业分类	活跃人数（万）	环比增幅（%）
1	微信	聊天	101130.03	-0.84%
2	QQ	聊天	60457.44	-2.06%
3	支付宝	支付	51258.09	-0.40%
4	腾讯视频	综合类视频	47685.43	-2.30%
5	优酷	综合类视频	44111.27	0.09%
6	搜狗输入法	输入法	40857.25	0.37%
7	淘宝	综合平台	39228.79	-2.44%
8	爱奇艺视频	综合类视频	32575.33	2.61%
9	高德地图	地图导航	30665.73	-1.47%
10	百度	移动搜索	30179.48	-2.41%
11	WiFi万能钥匙	WiFi	30080.59	-1.68%
12	新浪微博	社区	29979.33	-2.43%
13	百度地图	地图导航	29521.48	-2.49%
14	百度输入法	输入法	28723.33	-0.15%
15	QQ音乐	音乐	27423.98	0.19%

图1-1　我国活跃用户数量排名前15位的APP

据 APP Annie 发布的统计报告，2018 年全球应用商店消费总额高达 1010 亿美元，较 2016 年提高了 75%；2018 年全球应用下载次数高达 1940 亿次，而用户平均每天在移动设备上停留的时间是 3 个小时。

据我国工信部数据显示，截至 2019 年年初，我国市场上监测到的移动应用为 447 万款。其中，我国本土第三方应用商店移动应用数量超过 266 万款，苹果商店（中国区）移动应用数量超过 181 万款。

从规模上来看，排在前 4 位的 APP 分别是游戏类、生活服务类、电子商务类及主题壁纸类，数量分别达 137.6 万款、54 万款、42 万款和 37.1 万款。

从下载量来看，第三方应用商店分发累计数量超过 1.75 万亿次。游戏类、系统工具类、影音播放类、社交通信类、日常工具类、生活服务类和金融类应用下载量均超过千亿次，分别为 3014 亿次、2892 亿次、2264 亿次、1911 亿次、1212 亿次、1143 亿次和 1911 亿次。其中游戏类应用、系统工具类和影音播放类应用下载量均突破两千亿次。其余各类应用中，下载总量超过 500 亿次的应用还有电子商务类（999 亿次）、资讯阅读类应用（931 亿次）和主题壁纸类（754 亿次）。

课堂训练

请大家拿出自己的手机，分析手机中安装的 APP，完成以下调研任务：

你最常使用的 5 个 APP 是：________________

你手机中还有哪些是图 1-1 中没有列出的 APP：________________

你手机中哪些 APP 是与网络交易相关的：________________

1.1.3 信息技术快速发展

近年来，全球信息技术产业加快向网络化、移动化、服务化方向发展，云计算、大数据、移动互联网、物联网等新技术新业态迅速兴起。以移动通信技术为基础，移动互联网实现了爆发式发展，移动互联网把整个信息技术产业带入快速发展通道，移动技术和互联网已经成为信息通信技术发展的主要驱动力；而智能终端、移动互联网等新兴产品和服务成为新一轮网络消费的助推器，推动网络消费继续保持强劲增长。

1. 智能手机技术

智能手机，是指像个人计算机一样，具有独立的操作系统，独立的运行空间，可以由用户自行安装软件、游戏、导航等第三方服务商提供的程序，并可以通过移动通信网络来实现无线网络接入的多功能智慧型手机。

近年来随着 5G 技术商用、移动应用的发展，以及智能手机的更新换代，智能手机的功能变得日益强大；手机和移动终端的可移动性是台式计算机所没有的巨大优势；用户的手机已经不仅仅是一个通话工具，已经成为一个重要的可以随身移动的信息处理平台。

智能手机除了具备手机的通话功能，还具备了 PDA 的大部分功能，特别是个人信息管理及基于无线网络的浏览器和 APP。智能手机为用户提供了足够的屏幕尺寸和带宽，既方便随身携带，又为软件运行和内容服务提供了广阔的舞台，借助各类APP和基础硬件，手机具备浏览网页、收发邮件、观看视频，以及拍照、社交、购物、办公、理财、听音乐、查交通、下载应用程序等功能，支持很多移动增值业务，以及移动办公。

课堂训练

智能手机功能分析，如表1-1所示。

表1–1　智能手机功能分析

序号	之前的产品	被手机取代为
1	数码相机	手机摄像头
2	随身听（MP3）	手机音乐
3	计算器	手机计算器
4	收音机	收音机APP
5		
6		
	你认为还有哪些可以整合到手机中的产品或业务?	你认为还有哪些可以整合到手机中的产品或业务?

特别是随着苹果、华为、三星、小米、OPPO等各大手机厂家的手机不断推陈出新，一些新的技术也被逐渐应用到新款手机中，包括指纹技术、人脸识别、传感器技术、移动支付技术、VR技术、人工智能技术等，使得手机更具智能化和便捷化。

2. 无线网络技术

移动互联网的发展为智能手机的应用提供了场景，4G、WiFi、WiMAX等网络技术的应用则支撑了用户无处不在、随心所欲的网络访问和移动消费。

（1）4G

4G，是第四代移动通信技术，该技术包括TD-LTE和FDD-LTE两种制式; 4G集3G与WLAN于一体，并能够快速传输数据、音频、视频和图像等; 4G能够以100Mbps以上的速度下载，满足几乎所有用户对于无线服务的要求。截至2016年4月，全世界162个国家共有496张LTE网络，有78亿台设备通过移动通信网络相连接。

4G移动通信系统采用新的调制技术，如多载波正交频分复用调制技术及单载波自适应均衡技术等调制方式，以保证频谱利用率和延长用户终端电池的寿命; 4G移动通信系统采用更高级的信道编码方案（如Turbo码、级连码和LDPC等）、自动重发请求（ARQ）技术和分集接收技术等，从而保证系统具有足够的性能。

（2）WiFi

WiFi，全称Wireless Fidelity，又称802.11b标准；它是一个无线网络通信技术的品牌，由Wi-Fi联盟所持有，目的是改善基于IEEE 802.11标准的无线网路产品之间的互通性。WiFi工作在2.4GHz或5GHz的频段，传输速率可达到11Mbps或54Mbps。WiFi技术自从1997年诞生以来，已经走过了20多年的历程，现在WiFi正在逐步地成为生活的时尚名词，应用也越来越广泛。

（3）WiMAX

WiMAX，全称 Worldwide Interoperability for Microwave Access，即全球微波互联接入。WiMAX 也叫 802.16 无线城域网。WiMAX 是一项新兴的宽带无线接入技术，运营商部署一个信号塔，就能提供面向互联网的高速连接，数据传输距离最远可达 50km；WiMAX 还具有 QoS 保障、传输速率高、业务丰富多样等优点。WiMAX 的技术起点较高，采用了代表未来通信技术发展方向的 OFDM/OFDMA、AAS、MIMO 等先进技术，随着技术标准的发展，WiMAX 逐步实现宽带业务的移动化。和 WiFi 一样，WiMAX 也是一个基于开放标准的技术，它可以提供消费者所希望的设备和服务。

（4）5G

5G，也称第五代移动通信技术，它主要使用 4GHz 附近的频段，尤其是 TDD 频段。5G 网络主要有三大特点：极高的速率、极大的容量、极低的时延。高速率可以支持高速上传和下载；3D 视频（4K 甚至 8K 视频流）的实时播放；结合云计算技术，AR、VR 可以与游戏生活相结合，等等。5G 的峰值理论传输速度可达每秒数十 Gbps，即一秒钟可以下载一部高清电影。

3. 自动识别技术

自动识别技术就是应用一定的识别装置，通过被识别物品和识别装置之间的接近活动，自动地获取被识别物品的相关信息，并提供给后台的计算机处理系统来完成相关后续处理的一种技术。

随着人类社会步入信息时代，人们所获取和处理的信息量不断加大，这必须要借助自动识别技术来实现和完成一些商业运作。自动识别技术将计算机、光、电、通信和网络技术融为一体，与互联网、移动通信等技术相结合，实现了全球范围内物品的跟踪与信息的共享，从而给物体赋予智能，实现人与物体及物体与物体之间的沟通和对话。

当前，电子商务及移动商务中主要应用的自动识别技术包括二维码、RFID、NFC。

（1）二维码

二维码，是用某种特定的几何图形按一定规律在平面（二维方向）上分布的黑白相间的图形记录数据符号信息的。它使用若干个与二进制相对应的几何形体来表示文字数值信息，通过图像输入设备或光电扫描设备自动识读以实现信息自动处理。二维码的码制有很多，如图 1-2 所示，其中生活中比较常用的是 QR 码和 PDF 417 码。

图 1-2　常见的二维码

二维码可以分为堆叠式 / 行排式二维条码和矩阵式二维码。堆叠式 / 行排式二维码形态上是由多行短截的一维码堆叠而成的；矩阵式二维码以矩阵的形式组成，在矩阵相应元素位置上用“点”表示二进制“1”，用“空”表示二进制“0”，“点”和“空”的排列组成代码。

二维码具有储存量大、保密性高、追踪性高、抗损性强、成本便宜等特性，因此它特别适用于读取信息、制作表单、产品追踪、存货盘点、移动消费和支付等方面。

（2）RFID

RFID（Radio Frequency Identification）技术，又称无线射频识别，是一种通信技术，可通过无线电信号识别特定目标并读写相关数据，而无须识别系统与特定目标之间建立机械或光学接触。

射频识别系统一般由标签、读写器、天线三部分组成；标签是产品电子代码（EPC）的物理载体，附着于可跟踪的物品上，可全球流通并对其进行识别和读写；读写器通过射频识别信号自动识别目标对象并获取相关数据，无须人工干预，可识别高速运动物体并可同时识别多个 RFID 标签，操作快捷方便。

RFID 可广泛用于图书馆、门禁系统、食品安全溯源、采购与库存管理、车辆识别与缴费等。

（3）NFC

NFC（Near Field Communication，近场通信），又称近距离无线通信，是一种短距离的高频无线通信技术，允许电子设备之间进行非接触式点对点数据传输（在 10cm 内）。

NFC 技术由非接触式射频识别（RFID）演变而来，由飞利浦半导体、诺基亚和索尼共同研制开发，其基础是 RFID 及互联技术。它的工作频率为 13.56MHz；其传输速度有 106 Kbps、212 Kbps 或者 424 Kbps 三种。

目前 NFC 技术在美国、日本、韩国等国家被广泛应用，支持 NFC 的手机可以用于机场登机验证、大厦门禁钥匙、交通一卡通、信用卡、支付卡、移动支付等场景中；但想要使用 NFC 手机支付的用户必须更换特制的手机。

4. 位置服务

位置服务（Location Based Services，LBS），它是通过电信移动运营商的移动通信网络（如 GSM 网、4G 网）或外部定位方式（如 GPS）获取移动终端用户的位置信息（地理坐标，或大地坐标），在地理信息系统（GIS）平台的支持下，为用户提供位置相应服务的一种增值业务。

LBS 实际上是多种技术融合的产物，包括移动设备、定位、通信网络、服务与内容提供商等; LBS 在搜索、推荐、信息推送方面发挥作用，已成为移动互联网应用的重要突破口。

当前与位置服务相关的应用主要有三大类：一是传统的位置服务，比如车辆管理、位置信息查询等；二是工具类应用，比如地图、导航，以及生活服务之类的各种应用；三是位置交友，微博、微信即属这类应用。围绕这些应用，手机 APP 将生活中的各个方面互联，使民众生活更方便快捷。

位置服务可以被应用于不同的领域，例如，出行、工作、消费、社交等。基于个人消费者需求的智能化，位置信息服务伴随 GPS 和无线上网技术的发展，需求呈大幅度增长趋势，它可引导用户找到附近的产品和服务，并可获得很好的便捷性和安全性。

5. 新兴技术

（1）大数据技术

大数据技术（Big Data），移动互联网时代无所不在的移动设备、移动交易、无线传感器每分每秒都在产生数据，数以亿计用户的互联网服务时时刻刻在产生巨量的交互……要处理的数据量太大、增长太快，而业务需求和竞争压力对数据处理的实时性、有效性又提出了更高要求，常规技术手段根本无法应付，这就需要大数据技术。

比如梅西百货公司的实时定价机制，根据需求和库存的情况，该公司基于 SAS 的系统对多达 7300 万种货品进行实时调价；洛杉矶警察局和加利福尼亚大学合作利用大数据预测犯罪的发生；阿里巴巴通过数据魔方（它们的大数据产品）提炼出，女生的网络购物金额与 Bra 尺寸（即文胸尺寸）成正比的结论。

而交通流量数据公司 Inrix 依靠分析历史和实时路况数据，能给出及时的路况报告，以帮助司机避开正在堵车的路段，并且帮他们提前规划好行程。汽车制造商、移动应用开发者、运输企业及各类互联网企业都需要 Inrix 的路况报告；奥迪、福特、日产、微软等巨头都是 Inrix 的客户。

（2）云计算

云计算（Cloud Computing），通过使计算分布在大量的分布式计算机上，而非本地计算机或远程服务器中，这使得企业能够根据需求访问计算机和存储系统。云计算服务除了提供计算服务（比如数据分析），还必然提供存储服务（比如云盘）。

云计算技术包含虚拟化技术、分布式处理、分布式数据库、云存储等，它可以对外提供大规模、可伸缩性、灵活性的并行计算能力，用户则通过网络以按需、易扩展的方式获得所需的资源和服务。

大数据与云计算密切相关，就像一枚硬币的正反面一样密不可分，大数据必然无法用单台的计算机进行处理，必须采用分布式计算架构。它的特色在于对海量数据的挖掘，但它必须依托云计算。

拓展内容

阿里云

2009 年阿里巴巴推出了云服务业务，阿里云正式成立。阿里云成立的初衷是为支持集团子公司业务，同年 11 月阿里云支持了淘宝“双 11”活动。现在，阿里云已经为阿里巴巴搭建了全球最大的混合云基础架构，以公共云与专有云的形式成功运行了淘宝、天猫、支付宝的核心交易，“双 11”期间系统可实现每秒交易峰值 17.5 万笔，每秒支付峰值 12 万笔。凭借阿里巴巴在电商运营、网络支付、物流管理等方面的技术积累，阿里云在政务、游戏、金融、电商、医疗、物联网、O2O 等多个行业领域提供了优质服务。

（3）人工智能

人工智能（AI），主要研究、开发用于模拟、延伸和扩展人的智能的理论、方法、技术及应用系统。人工智能研究的一个主要目标是使机器能够胜任一些通常需要人类智能才能完成的复杂工作。当前人工智能的研究范畴包括自然语言处理、知识表现、智能搜索、机器学习、知识获取、组合调度问题、感知问题、模式识别、逻辑程序设计、软计算、不精确和不确定的管理、神经网络、复杂系统、遗传算法等。

随着云计算和移动网络的日渐完善，智能手机为人工智能带来了新的应用场景，目前实际应用包括语音助手（譬如 iPhone 中的 Siri）、自动驾驶技术、AlphaGo（深度学习）等。

（4）虚拟现实技术

虚拟现实技术（VR）是一种可以创建和体验虚拟世界的计算机仿真系统，它利用计算机生成一种模拟环境，是一种多源信息融合的、交互式的三维动态视景和实体行为的系统仿真使用户沉浸到该环境中。

虚拟现实是多种技术的综合，其关键技术包括实时三维计算机图形技术，广角（宽视野）立体显示技术，对观察者头、眼和手的跟踪技术，以及触觉 / 力觉反馈、立体声、网络传输、语音输入 / 输出技术等。

目前电商线下与线上最大的不同在于个人的购物体验，线上与线下相比体验感较差，但有了 VR 技术和 AR 技术，跟现实一样的虚拟商城将会被打造出来，充分满足用户的消费体验；因此，VR+ 电商是未来的购物趋势。在未来，VR+ 电商或许会取代线下购物，3D 购物、VR 全景购物成为用户的首选。

网商学堂

VR购物模式

2016 年“双 11”购物狂欢节的时候，阿里巴巴首次在手机淘宝中开通了 VR 购物入口，开始探索 VR 电商业务。而梅西百货公司也为此次 VR 购物做了精心准备，精选了 24 个产品，用户只要戴上 VR 眼镜，就能马上进入纽约最大的梅西百货线下店，像逛实体店一样到处“走走看看”，点击其中的十几款产品，购买页面也会随即跳出。

未来，技术创新将在电商战线上继续发挥引导作用、扩大技术创新融入日常生活的机会。从大数据预测、虚拟现实（VR）、智能家居、移动支付到智慧物流等，都将为用户带来新的体验。

1.1.4 移动消费日益频繁

当前智能手机已渗透到大众的日常生活，移动业务逐渐多样化，现代人购物习惯和消费方式也随之变化，青年和中年群体移动购物热情极高，用户移动消费与移动支付频繁；特别是社交、购物和资讯方面的需求高涨，越来越多的用户接受了移动支付方式。

根据《中国移动互联网发展报告（2019）》，2018 年我国移动互联网购物交易规模为 50677.6 亿元，同比增长 30%，在网络零售中的占比达到了 73.2%。2020 年年末，中国移动互联网网购交易规模将会达到 6.5 万亿元。

国内网购市场已经进入移动消费时代，特别是手机购物、在线旅游和本地生活服务 O2O 是移动消费额度最大领域，移动端已超过 PC 端成为网购市场主要的消费场景。

在中国移动购物企业交易规模市场占比方面，2018 年阿里巴巴占比超五成，达 58.2%，排行第一，在中国移动购物市场占据绝对的优势；京东占比 16.3%，排在第二名；拼多多占

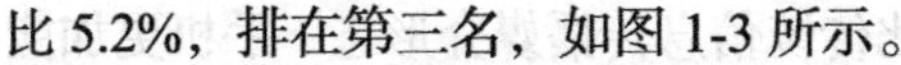

比5.2%，排在第三名，如图1-3所示。

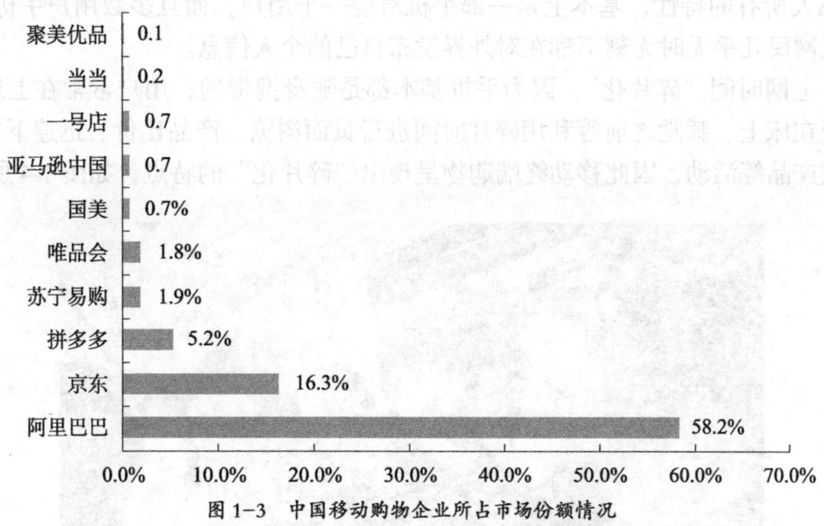

图1-3　中国移动购物企业所占市场份额情况

1.1.5　移动用户行为发生变化

据艾媒咨询统计，截至2018年中国移动电商的用户规模达5.12亿人，同比增长8.2%，2019年我国移动支付使用人数已增至7亿，移动用户总量在持续增长，而用户行为也在发生变化。

1. 上网方式

当前中国智能手机持有率高，达86%，并且渗入消费者日常生活场景，国内用户上网的设备主要集中在计算机、笔记本、平板、智能手机上，其上网的时间分配为：移动上网包括智能手机（36.8%）和iPad（14.6%），两个平台的总和已达51.4%。由此可见，移动智能设备的使用时间已经超过了PC端。

当前国内“80后”和“90后”是移动消费主力，且月均消费2000元以上的中高消费用户占比逐渐提升。不同年龄、学历、消费能力、手机品牌的用户也表现出不同的消费行为特征，电商、团购、旅游、网约车和支付五大移动消费平台的用户使用时间也不尽相同，服装服饰和数码类商品为主要的移动消费商品。

2. 消费行为

消费行为是指消费者在购买、使用、评价和处理等所期望能够满足其需求的产品中所表现出的行为，它对企业的发展和生存有着重要影响。不管是产品设计和改进，或者制定企业营销策略，都要以消费者的消费行为为依据。随着移动互联网时代的到来，消费者的消费行为又有了一些新的特征。

第一，随时随地。相比PC端的网络购物，移动终端的购物会更加随意轻松，购买产品基本不会受到时间和空间的限制。同时，基于位置的服务（LBS）可以让消费者实现更精确的搜索，更便利地获取信息。只要智能手机在手，消费者就可以随时随地通过手机上网浏览产品并进行比价，最后下单完成购物。

第二，更具个性化。由于移动设备（如智能手机），其独有的价值在于移动设备既具有个人生活工具又具有信息传播媒介两方面的属性。相比传统信息传播媒介形态，手机更加能够显示其私人所有的特性，基本上是一部手机对应一个用户，而且多数用户手机 24 小时不离身。手机网民几乎无时无刻不都在对外界发布自己的个人信息。

第三，上网时间“碎片化”。因为手机基本都是随身携带的，用户常常在上班和下班的路上，甚至在床上、睡觉之前等利用碎片时间进行页面浏览、产品比价、迅速下单、社会化推荐、收藏产品等活动，因此移动终端购物呈现出“碎片化”的特点，如图 1-4 所示。

图 1-4　手机使用的碎片化

移动互联网时代最突出的特征就是社交化、本地化、移动化。社交化媒体使得每个网民都是独立的信息源和传播媒介。本地化的 LBS 技术使消费者的搜索更精准。移动化使消费者能够充分地利用碎片化的时间。移动端作为一种随时随地可以接入网络的工具，使得网络信息与消费行为变得更为密切。

因此，移动互联网时代的消费者行为模式为：基于兴趣的广泛浏览，与品牌形成互动→用户在互联网使用行为中表达 / 暴露消费需求→智能地自动接收企业个性化响应，做出购买决策→消费决策形成并付诸行动：购买、体验→消费者在互联网分享消费体验信息，并主动参与信息扩散，即 IERAS 模式。

智能手机事实上改变了消费者购物的方式，让用户可以随时随地考察产品、购买产品、评价产品。青年群体移动购物热情极高、社交和购物行动频繁，且随学历和支付能力增长而增多。“80 后”“90 后”群体淘宝网使用频繁，在社交、购物、影音娱乐、理财支付等方面体验较为频繁，各类型 APP 均有涉及。

1.1.6　商家开始重视移动营销

随着移动互联网的发展和用户逐渐移动化，企业开始发力移动营销，移动互联网的使用比例上升。企业广泛使用多种互联网工具开展交流沟通、信息获取与发布、内部管理、商务服务等活动，且已有相当一部分企业将系统化、集成化的互联网工具应用于生产研发、采购销售、财务管理、客户关系、人力资源等全业务流程中，将互联网从单一的辅助工具，转变为企业管理方法、转型思路，助力供应链改革，踏入“互联网 +”深入融合发展的进程。

职场连线

招聘岗位：微信营销推广

岗位职责：

1. 根据公司旗下的网络平台，进行客户沟通、跟踪与维护，推广会务。
2. 利用新媒体渠道，建立微信群，加好友，为公众号加粉。
3. 利用软文、视频等资料资源，进行微信群的推广，介绍公司产品、服务等，增加客户对公司的认可度与黏度，提升公司的知名度。
4. 在微信群运营过程中，进行数据分析统计，进行转化，提升市场销售业绩。

任职要求：

1. 大专及以上学历，电气、电子等相关专业及有渠道资源者优先。
2. 良好品行、无不良嗜好、有团队合作精神。

比如，有 34.0% 的企业在基层设置了互联网专职岗位；有 24.4% 的企业设置了互联网相关专职团队，负责运维、开发或电子商务、网络营销等工作，互联网已经成为企业日常运营过程中不可或缺的一部分；35.5% 的企业通过移动互联网进行了营销推广，其中有 21.9% 的企业使用过付费推广，而且像微信营销、文案策划、新媒体营销等职业岗位开始兴起。

随着用户行为全面向移动端转移，移动营销将成为企业推广的重要渠道。在移动营销企业中，微信营销推广使用率达 75.3%，是最受企业欢迎的移动营销推广方式；此外，移动营销企业中建设移动官网的比例为 52.7%，将 PC 端网页进行优化、适配到移动端，是成本较低、实施快捷的移动互联网营销方式之一。

1.2 移动营销概述

移动营销（Mobile Marketing）指面向移动终端（手机或平板电脑）用户，通过无线网络直接向目标受众定向和精确地传递个性化营销信息，并通过移动社交工具、APP、微网站、微店等网络渠道，与消费者开展信息互动，以达到市场营销目标的行为。

1.2.1 移动营销模式变革

新应用、新业态逐渐创造新价值。近年来，移动互联网新产品、新应用、新模式不断涌现，带来蓬勃发展的生机与活力，引领新型经济模式，催生信息消费新业态。直播平台和网红催生网红经济，网约车、共享单车、短租市场等引领分享经济，移动应用平台深挖数据价值，加快了大数据经济的发展。

移动营销在广告形式、媒体环境、产业链、渠道等方面都有着新的发展趋势：移动端视频广告和原生广告规模迅速扩大，场景营销概念开始流行；移动端流量变现加速，PDB 形式快速发展；OTT、VR 等新渠道带来增量可能，移动营销企业业务得到充分曝光，CPH 等广告收费新方法带来新的启发，移动营销手段越来越多样化。

移动营销的发展变革体现在4个方面：①信息触达和用户体验。广告更像是用户真正所需要的信息；②消费者洞察。移动端用户黏性强，场景丰富，可得到更全面的用户画像；③营销全过程的技术化，包括采购、创意素材制作、受众分析、效果监测等全流程都在向技术化方向发展；④数据价值变现。数据挖掘和定向优化，在广告领域已经越来越成为成熟的实践。

移动广告领域，视频广告和信息流广告发展最快。国内视频APP内容质量有显著提升，泛IP娱乐的火热、热门剧情话题的不断引爆、流行娱乐节目的引进和创新、网络视频自制剧的精彩，吸引了大批量用户的注意力，由于移动设备的便携性，越来越多的PC端用户转而使用移动端观看视频节目，移动视频的受众大量增长。而网络流量和广告主预算都集中到了移动端视频上，移动端视频广告兴起已成明显之势。

程序化购买助力移动端流量加速变现，引流加广告是互联网产品主流的商业模式，大多数移动应用也采用此种方式，用户对移动设备的使用时长、频率进一步提升，用户对移动端的依赖性增强，许多APP的使用行为已经融入到用户的日常生活中。

1.2.2 移动营销的特点

移动营销的过程实质是针对目标市场定位（Target），通过具有创意的沟通方式（Communication），依托移动互联网，向受众传递某种品牌价值（Value），以获益（Profit）为目的的过程。移动营销行业的主体包括广告主、移动营销服务商、移动媒体和受众，营销行为基于移动互联网完成，核心目的是帮助广告主推广其产品或服务的相关信息。

移动互联网，无时无处不互联，一切皆可植入营销活动，移动互联网时代企业开展营销活动时应注意：企业媒体化、产品病毒化、用户粉丝化。移动营销具有如下特点。

1. 便携性

移动终端具有先天的随身性，实用有趣的手机应用服务让人们大量的碎片化时间得以有效利用，吸引越来越多的手机用户参与其中；平台的开放性也给手机用户以更多个性化的选择；基于信任的推荐将帮助企业打造出主动传播的天然SNS，快速形成品牌黏度。

2. 精准性

在浩瀚人海中如何锁定与自己项目相匹配的目标人群并把新盘信息有效传播，借助手机、报刊、短信等投放系统，通过精准匹配将信息实现四维定向（时空定向、终端定向、行为定向、属性定向），传递给与之相匹配的目标群体。

3. 成本低

在目前全球金融危机的压力下，降低企业营销成本，拓展企业市场成为迫切需求。基于移动互联网络的移动营销具有明显的优势，它以其低廉的成本、广泛的受众规模成为企业提升竞争力、拓展销售渠道、增加用户规模的新手段，并受到越来越多企业的关注。由于具有移动终端用户规模大，不受地域、时间限制，移动营销以其快捷、低成本、高覆盖面的特点与优势迎合了时代潮流和用户需求，成为新财富时代的一个重大机遇和挑战。

4. 互动性

移动营销具有互动性，借助QQ、微信这些即时通信软件，双方交易、沟通时，可以方便地传递信息，微信、微博等很多 APP 都加进了语音功能，交流方式从以前的文字、图片，延展到了语音和视频；用户可以在微博、微信社群中互动、关注、分享、转发、点赞等。

1.2.3　移动营销的作用

移动营销已经成为一个不能被忽视的渠道，很多公司已经把移动广告当作了第一位的营销方式。移动营销有助于企业实现以下商业目的。

1. 推送产品信息

随着智能手机的普及，手机网民的数量在逐年递增，如今越来越多的人更习惯于使用手机来网购和在线支付。所以，企业需要借助移动媒体，开发独立的移动网上商城来进行移动营销，有利于企业直接通过手机向用户展示企业信息与产品信息。

2. 提高站点访问量

当前广告形态和广告媒体都在发生变化，移动广告在整个行业当中的地位越来越重要。据统计，2015 年到 2020 年年间，移动端的流量将会每年增长 45%。在未来，企业站点的流量将主要来自移动端。因此开展移动营销，是提高企业站点访问量的重要手段。而企业 APP 是一个企业展现自身的平台，可以与目标用户便捷沟通，同时方便手机用户随时随地查询和浏览，有效占领移动互联网的入口。

3. 拓展新用户

越来越多的企业认识到了顾客的重要性，并加深了对顾客在帮助企业构建新的竞争能力中所起作用的理解；企业基于营销与推广的需求，利用各类搜索技术、新兴媒体、网络广告等，将企业信息以丰富多彩的样式展现给有需求的客户，并积极搭建官方微博、官方微信、企业自媒体等，吸引用户加入，开展粉丝营销，通过网络互动，促成交易，从而有效地拓展客户。

4. 开展网络促销

由于移动互联网信息传播快，信息展示效果佳，所以可以通过移动促销以启发需求，引起消费者的购买欲望和购买行为，最终能够实现营销目标。比如企业可以借助微信促销工具等（见图 1-5），开展大转盘、摇一摇等移动促销；而微商城运营也离不开促销活动，比如多人拼团、节日促销等，可以吸引用户的注意，扩大影响力。

图 1-5　微信促销页面

5. 提高销售量

各大企业商家都开始重视移动端的用户市场，并且纷纷寻求建设手机移动网上商城来进行移动营销，开展移动业务和拓宽产品在移动端的销售渠道。移动网上商域是企业开拓移动端市场所必备的工具，并且企业的移动网上商城开发主要是为了增加产品的销售渠道，多一个营销平台。企业拥有自己独立的移动网上商城就可以吸引更多的手机用户，并进一步提升产品的销量。

6. 提升品牌形象

企业借助移动媒体可以拉近与移动用户的距离，更快、更好地服务用户和粉丝，有利于企业和客户建立一对一的联系，并让企业对于客户的咨询或者是投诉问题能够更快速地响应；客户只要通过移动网上商城直接咨询或投诉，企业都能够及时回应并为客户解决问题，从而提高用户体验，提升企业品牌形象。

1.3 移动营销方法

当前是移动营销的时代。用户依赖于从手机中获取信息。新颖而有趣的内容最受读者的欢迎。用户的移动社交与互动十分频繁。因此，商家必须重视移动营销。

当前，主要的移动营销方法包括：移动广告、APP 推广、微信营销、微博营销、场景营销、口碑营销、病毒性营销、搜索引擎营销、移动社群营销、网络直播营销、粉丝营销等。

移动广告、链接推广、搜索引擎营销、病毒性营销等方法是原有网络营销方法在移动端的应用；而微博营销、微信营销、移动社群营销、网络直播营销等，是新出现的基于移动社交媒体的营销方法。下面就其中几个方法进行介绍。

1. 移动广告

移动广告，是用户通过移动设备（手机、平板电脑等）访问移动应用或移动网页时显示的广告。相对传统广告，其投放媒体主要为移动媒体，包括手机网站、微商城、公众号、APP 等。

广告行业历经多年的发展渐趋成熟，投放渠道渐趋多元化。受移动互联网快速发展的助推，移动广告逐渐成为广告市场的主力军，占数字广告 21.7% 的市场份额。相比之下，传统渠道份额占比日渐下滑。2018 年中国移动广告市场迎来真正爆发，市场规模突破 2500 亿元，增速达 37%。移动广告平台市场整体规模达 220 亿元，较去年增长 29.6%。2018 年中国移动 DSP 市场规模达 300 亿元。

随着移动广告市场高速发展，大量广告主开始尝试移动广告投放方式，对于广告投放技术的要求也快速提高。行业竞争将突破服务专业性的竞争，对于智能技术的竞争愈加激烈。移动广告行业进入智能、创意和高效的时代。未来移动广告平台或将侧重搭建和优化 DSP、DMP 等产品矩阵，为程序化购买提供技术支撑，提高广告投放效率，以及投放精准性。

2. APP 推广

APP，即 Application，是指手机应用软件，也是智能手机得以处理各种业务的基础。截至2019年4月，我国市场中的移动应用累计数量达到449万款，市场规模位居全球第一。

随着移动用户花费在APP上的时间逐渐增长，移动应用市场已成为企业、商家争夺的焦点。

APP推广是一种重要的移动营销方法，也是移动应用能否获得广大用户下载和注册使用，并最终成功的重要因素。通过APP推广，企业和商家要达到提高下载量、增加用户数、增加活跃用户数、提升留存率等商业目标，这对于发展用户，向用户提供便捷的服务是非常关键的。

APP推广可以分为线上推广和线下推广两种。其中线上推广还可分为应用市场推广、网盟推广、换量推广几个方面。无论是免费推广还是付费推广，首先要分析好产品定位和用户群体，不同的阶段需要用不同的模式。在APP刚上线时，从免费推广做起，时时关注用户在社区、贴吧，以及各应用市场的评论情况，及时反馈，并进行产品升级。

3. 微信营销

微信是一款手机即时通信软件，支持通过无线网络发送语音、视频、图片和文字信息，可以单聊及群聊，还能根据地理位置找到附近的人，带给朋友们全新的移动沟通体验。

微信营销是企业或个人借助微信系统所开展的朋友圈营销、微信群推广、微信公众号运营、朋友圈广告等一系列的营销活动。微信营销是基于社交网络的推广，也是面向粉丝的推广，还是对原有营销模式的创新。

微信交流不存在距离的限制，用户注册微信后，可与周围同样注册的“朋友”形成一种联系，用户订阅自己所需的信息，商家通过提供用户需要的信息，推广自己的产品，实现点对点沟通。

由于微信的用户越来越多、影响力越来越大，微信的营销价值也越来越重要。特别是随着自媒体的发展，微信公众号的作用被商家和企业所看重，微信公众号的价值在于建设企业信息门户，集聚用户和粉丝，打造自媒体频道，策划活动吸引用户参与，直接服务于移动用户，提供调研、报名、订购、支付等服务。

而且移动交易平台也在创新，目前已经涌现出微店、有赞、V店、微信小店等一大批基于微信系统的交易平台，这些交易平台已经与微信公众号打通，有助于企业开店和个人开店，从事移动销售和移动客户服务。

4. 微博营销

微博，即微博客（MicroBlog），是一个基于用户关系的信息分享、传播及获取的自媒体平台。用户可以通过Web、客户端、APP构建个人社区，以140字左右的文字发布信息，并即时分享。

微博营销以微博作为营销平台，以听众（粉丝）作为潜在营销对象，借助微博内容向网友传播企业、产品的信息，树立良好的企业形象和产品形象。微博营销还可以基于用户感兴趣的话题进行交流互动，达到营销目的。

微博营销也是基于社交网络的推广，微博具有媒体属性，是用户喜爱的社交媒体，因此充分利用微博的“自媒体”属性，做好“内容营销”，是微博营销最重要的手段。

微博营销涉及的范围包括认证、有效粉丝、朋友、话题、名博、开放平台、整体运营等。自2012年12月后，新浪微博推出企业服务商平台，为企业在微博上进行营销提供一定帮助。

当然，很多参与微博营销的企业，多数停留在用有奖活动聚集粉丝的初级阶段，这种方法聚集起来的粉丝不能算精准受众。微博运营更好的方法是发布产品知识、搜索关键词、开展话题讨论，找到对一些特定关键词和话题有兴趣的受众，还有就是要花大力气积极与用户互动。一些企业进行微博营销的通病是只发布信息，不与跟随者交流，这样就会使热情起来的粉丝失去激情。

5. 口碑营销

口碑（Word of Mouth）源于传播学，由于被市场营销广泛应用，所以就有了口碑营销。传统的口碑营销是指企业通过朋友、亲戚的相互交流将自己的产品信息或者品牌传播开来。

口碑传播，即由生产者以外的个人通过明示或暗示的方法，不经过第三方处理、加工，传递关于某一特定或某一种类的产品、品牌、厂商、销售者，以及能够使人联想到上述对象的任何组织或个人信息，从而导致受众获得信息、改变态度，甚至影响购买行为的一种双向互动传播行为。

网络推广的最高境界就是即使自己不去做推广，知名度和访问量也会不断上升，这也就是我们通常所说的口碑营销。在移动营销中，口碑是关于品牌的所有评述，是关于某个特定产品、服务或公司的所有的人们口头交流的总和。

口碑营销，就是吸引消费者和媒体的注意，使得他们关注、谈论、传播品牌或公司，并且生成一些有趣、引人入胜、有传播价值的内容。

例如，黑莓手机采用过口碑营销，通过一个故事来传播：大家一起去南极玩，遇到危险，所有的手机都没电了，只有黑莓手机还有电，所以黑莓手机是安全必需的。由此可见，口碑营销依靠的都是大家感兴趣并容易让用户更多口口相传的信息。

6. 粉丝营销

“粉丝”，即某个人物、某个产品或者某个企业的热心追随者或支持者，他们认同某个产品或某种理念，也认可品牌价值。比如，“果粉”就是指苹果手机的忠诚用户，“玉米”就是指李宇春的粉丝。

在“粉丝”对于崇拜对象的热情投入中，往往伴随一系列狂热的消费行为，这种行为甚至会扩展到各个经济领域，以至于形成了一种经济现象——“粉丝经济”。

粉丝经济以情绪资本为核心，以粉丝社区为营销手段增值情绪资本。粉丝经济以消费者为主角，由消费者主导营销手段，从消费者的情感出发，企业借力使力，达到为品牌与偶像增值情绪资本的目的。

粉丝营销就是通过粉丝营销的系列工具，将潜在消费者变成粉丝，与粉丝产生互动，将粉丝的喜爱转变成购买行为，又将发生了购买行为的消费者升级成黏性更高的铁杆粉丝，让品牌持续和粉丝保持高热度与高黏性，从而提升销售转化率。

粉丝营销的本质就是培养品牌认可度和忠诚度，展示品牌的人格魅力，让用户知道品牌，被品牌吸引，从而产生信任感和依赖感。

品牌商在开展粉丝营销时可以设计一些线下活动，比如珠宝企业可以设计一些相亲活动，培育未来的潜在消费者。小米公司主要通过小米同城会来让粉丝参与其线下活动，大大提升粉丝对品牌的认同度；其本质上，这些人渴望有一个归属感的群体，渴望被承认。

拓展内容

Papi酱

Papi酱原名姜逸磊，毕业于中央戏剧学院导演专业，是2016年崛起的网红，被称为网红界第一人，她通过制作一系列自嘲和吐槽的搞笑短视频迅速扩散，成为现象级自媒体，拥有无数粉丝，后来还获得千万元的风险投资。

7. 病毒性营销

病毒性营销，即通过提供有价值的信息和服务，利用用户之间的主动传播来实现信息传递的目的。

病毒性营销并非真的以传播病毒的方式开展营销，而是通过用户的口碑宣传网络，信息像病毒一样传播和扩散，利用快速复制、转发的方式传向数以万计的受众。病毒性营销是一种高效的信息传播方式，这种传播是用户之间自发进行的，因此几乎是不需要费用的。

病毒性营销的传播途径包括：免费下载的电子书、电子贺卡、视频短片、Flash动画、有趣的文章或图片、网络漂流瓶、QQ消息、优惠券、免费的软件等。

病毒性营销的成功案例是Hotmail.com。Hotmail是世界上最大的免费电子邮件服务提供商，它的新用户注册采用了好友间的邀请方式，在创建之后的一年半时间里，就吸引了1200万注册用户，当时公司以每天超过15万新用户的速度在增长。

8. 移动社群营销

社群，是网友因相同或相似的兴趣爱好聚集在一起而形成的虚拟组织。而社群营销，是基于相似的兴趣爱好，通过某种网络载体聚集人气，通过产品或服务满足群体需求而产生的商业形态。

随着移动媒体和移动社交的发展，移动社群已成为发展趋势。移动社群营销将关系营销、定制营销、体验营销和口碑营销充分融合，发挥社群的交互式优势，重塑品牌、社群与消费者的关系，从而打造新的营销模式。

移动互联网、社会网络的融合提供了人和人之间随时随地进行社交的平台，激发了人的社交和创造需求。人们可以根据自己的多元需求，自由地创建和管理社群，寻求满足感和归属感。另外，人们加入社群的主动性、满足感和归属感的强化，又会促进移动社群的进一步发展与活跃，人和人的实时交互和自由聚合变得无所不在和无所不能。

社群时代的社交关系是一种全新的信任关系，处于现实社交的熟人关系与虚拟社交的陌生人关系之间的交叉地带。一方面，社群工具的普及使人突破现实的“熟人社交”，向陌生人拓展，出现“半熟社交”的新圈子；另一方面，社群圈子的拓展又能使人找到真正的知己和合作伙伴，建立超脱现实的信任关系。

社群营销将关系营销、定制营销、体验营销和口碑营销充分融合，发挥社群的交互式优势，重塑品牌、社群、消费者的关系，在三者的互动中打造全新的品牌营销模式。通常品牌和消费者需要建立长久的情感关联与互动体验。社群时代的品牌运营是先通过独到的产品创意来吸引粉丝，再通过营销手段激活粉丝参与，优化产品体验，最后通过持久的粉丝关系维护来打造品牌和提升品牌价值的。基于社群，品牌和消费者找到了连接的最短路径，只要一个品牌创建者有足够的闪光点、吸引力、人格魅力甚至是噱头，就可以迅速聚集一群追随者，而这群追随者决定了这个品牌的生命力。

课堂训练

请大家各自分析 1 个微信群、1 个 QQ 群，完成以下调研任务：

微信群人员总数：________________ QQ 群人员总数：________________

微信群熟人总数：________________ 微信群陌生人总数：________________

QQ 群熟人总数：________________ QQ 群陌生人总数：________________

微信群与 QQ 群经常交流的话题是：________________________________

9. 网络直播营销

随着互联网技术的不断发展，网络已成为发展速度最快而且越来越占据主要地位的媒体。而随着人们获取信息的要求越来越高，已不再局限于只通过网络了解文字信息，更多的用户希望通过网络获取音视频信息，实现新闻发布会、产品发布会、体育比赛、教学交流实况、商业宣传、庆典活动等的现场实况。

网络直播平台和用户越来越多，各网络平台、企业也在尝试利用新的媒介形态提高影响力，争夺注意力和网络流量资源，争夺热爱网络直播的年轻用户。这使得网络直播营销逐渐成为一种最热门的移动营销方式。

网络直播营销是指在现场随着事件的发生、发展进程同时制作和播出节目的营销方式，该营销活动以网络直播平台为载体，面向粉丝或观众开展，达到企业获得品牌的提升或是销量增长的目的。

比如巴黎欧丽雅通过直播戛纳电影节众明星在化妆间用欧莱雅产品化妆的全过程，使其天猫商城多款产品售罄；淘宝网策划了“5 · 17 饿货节百人直播活动”，通过“直播 + 销售”，“边看边买”的模式，以及 100 位主播的流量，成功吸引了 700 万人涌到网站，直播互动上百万条，合作品牌销量大增，如图 1-6 所示。

思政园地

网络直播营销是一种新型的移动营销方式，因其具有直观、互动、生动的特点，让很多年轻人非常喜爱。但是近年来也有部分直播平台直播内容无底线，部分主播为炒作无下限，公开发布错误的政治、历史言论，频繁曝出不雅行为、飙车、裸露的直播视频，引起轩然大波。

图 1-6　网络直播活动

为加强对互联网直播服务的管理，我国先后出台并实施了《互联网直播服务管理规定》《网络表演经营活动管理办法》等法律法规，对网络直播行为作出了严格的限制。国家网信办、文化部等部门在依法严查网络视听平台，特别是网络直播中传播色情、暴力、谣言等行为。

因此，我们一定要遵守国家法律法规，从事合法的网络直播营销业务。

10. 场景营销

场景（Scene），原意是指戏剧或电影中的场面。营销也需要场景；场景就是用户所处的商业情景；改善营销场景有助于增进消费体验、促进消费。

当前，线下商店客流不断减少，网络流量获取难度越来越大，费用节节升高，于是商家越来越重视营销场景的营造。

场景营销是指基于对用户数据的挖掘、追踪和分析，在由时间、地点、用户和关系构成的特定场景下，连接用户线上和线下行为，理解并判断用户情感、态度和需求，为用户提供实时、定向、创意的信息和内容服务，通过与用户的互动沟通，树立品牌形象或提升转化率，实现精准营销的营销行为。

例如宜家商场里的家居从来不是单独存在的，它把每一件家居都布置到“家”的场景中，给人以温馨舒适、身临其境的感觉，从而触发购买欲望。又如三只松鼠的产品与其他企业没什么不一样，但却好评如潮，复购率高，原因在于他们提前考虑到消费者的需求，比如会在包装里提供湿纸巾，会把山核桃切个缝，方便剥取，等等，让消费者真正做到打开即食，不用再费时费力。

我们已经进入场景时代。在当今，发生在每个人身上的任何一个镜头，可能是一段与客户的交谈，也可能是一次与闺蜜的逛街，甚至是在星巴克喝咖啡的任何一个瞬间，对于任何产品来说都可能是一个使用场景及体验场景。

课堂训练

你还知道哪些移动营销方法？你还知道哪些有趣的移动营销故事？

1.4 移动营销职业素养

1.4.1 移动营销必备素质

1. 移动营销要素

移动营销是基于移动市场调研，深入地研究移动用户需求，全面地制定营销战略，运用和整合多种新兴的营销手段，来实现企业产品在移动互联网消费市场上的营销目标。

在移动商务中，消费者与商家主要通过移动互联网沟通，移动营销作为一个新的营销渠道，在未来几年里将成为商家连接客户的首要途径。随着移动互联网技术的发展，企业对移动营销方面也更加重视，可以说，移动营销是网络营销的一次升级。

在移动营销中，如图 1-7 所示，我们需要关注如下核心要素：商家、消费者、移动互联网、移动媒体、产品、营销内容、营销人员、推广费……

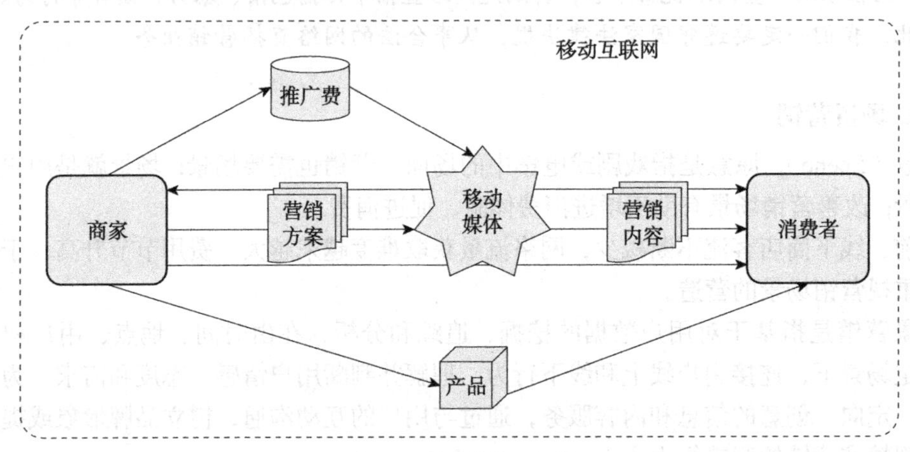

图 1-7　移动营销示意图

目前，电子商务、零售行业、教育培训、金融投资、房产、汽车、快销品、餐饮酒店婚庆、旅游、展会、IT 等行业都适合于开展移动营销，移动营销将帮助广大企业实现服务、营销方面的全面升级。

2. 移动营销人员需要具备的素质

移动营销相对于传统市场营销、网络营销，在移动渠道、技术运用、营销内容、信息沟通方式等方面有显著不同，它具有技术性、多媒体性、互动性、精准性、即时性等特点。

移动营销从业人员一般需要具备如下职业素养和能力。

（1）基本的职业素质

比如较强的沟通能力、管理能力、协作能力、抗压能力，具备良好的服务精神和服务意识，具备一定的创新意识和开拓精神，有较强的学习能力，具备良好的职业道德。

（2）较好的电商专业能力

一名合格的移动营销从业人员，要懂互联网、电子商务，要能够熟练应用计算机、智能手机、平板电脑等终端设备；要熟悉互联网、移动互联网的各种应用，包括搜索引擎、电子邮件、新闻客户端、网络论坛、网络博客、视频网站、直播网站、移动社群、知识社区、微信等应用，以及企业网站、淘宝网店、微店、微网站等网络交易平台。

（3）要具有移动营销能力

移动营销能力具体包括新媒体运营能力、营销策划与渠道投放能力等。

①新媒体运营能力。在当前移动互联网碎片化时代，微信、微博、抖音等新媒体 APP 占据了人们 90% 的社交与闲暇时间，这些移动应用的用户数量巨大，蕴含着巨大商机。为此，营销人员可以从中挖掘不少种子用户，分析用户需求，开展宣传推广工作。

新媒体运营能力，具体包括自媒体建设能力、内容建设能力、视频拍摄能力、粉丝运营能力、产品选品能力、移动媒体推广能力、客户服务能力等。

②营销策划与渠道投放能力。开展网络市场调研，分析用户需求，研究市场竞争态势，策划移动营销方案，策划营销活动，借助各种移动互联网营销渠道，进行内容分发和信息推送。

因此，从业者要具备移动调研能力、用户需求分析与用户画像能力、营销方案与营销活动的策划能力、广告策划能力、营销活动的实施能力、渠道对比与选择能力、营销费用测算能力、内容分发能力等。

③文案策划能力，即内容建设能力，在移动互联网环境下，营销推广的内容载体主要有文字、图片、视频三种，而无论哪种内容载体都需要强大的文字功底去支撑，而目前 50% 的营销宣传内容都是以文字形式展现的。要写出好的文案就需要深入了解自己的产品，还需要足够地了解产品受众群体的需求。

文案策划具体需要学习和研究：标题策划、开篇组织、内容策划、热点分析、文案结构规划、广告植入、软文写作技巧、借势营销、节日活动策划等内容，具备较强的新闻敏感性、网络文案编辑、软文写作能力等。

④数据分析能力。移动营销过程的实施，我们要经常依托于网店、微信公众号、APP 等交易平台，一切活动都可以通过数据展现，运营即数据，数据会告知营销者一切信息。营销工作自始至终都需要不断地收集店铺和用户的数据，了解活动方案和推广内容是不是用户喜欢的、广告的曝光率是多少、有多少的成交，等等，通过这些运营数据了解营销效果、客户反馈、市场反应，不断改善和优化产品和营销方案。

因此，营销人员需要会用相关数据分析软件，分析网店或商城的客户数据；负责网络数据的收集、整理和处理工作，做好详细的“数据传递记录”，能够对数据进行整理、汇总和分析处理与管理店铺数据等能力。

⑤移动营销工具应用能力。移动营销的基础是移动互联网、计算机技术、新兴的信息技术。随着技术的进步，移动营销活动也越来越复杂，不再单纯是人际沟通、面对面洽谈、话术推销等方式，为了提高移动营销的效率、效果，也为了提高营销活动的广度与深度，我们必须要学会利用一些营销工具，比如调研问卷工具、图片处理软件、视频剪辑工具、即时聊天软件、数据分析工具等。

合理地运用工具会节省营销人员很多时间，且容易制作出高质量的推广作品，营销信息更容易被推送给大众用户。所以移动营销人员需要熟练掌握 Photoshop、Premiere、H5、站

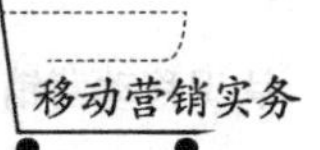

长工具、数据魔方、易企秀、微信编辑器等工具的使用方法。

最后，营销能力再强也需要产品和运营的支撑，产品、运营、市场推广是三位一体的。没有好的产品，营销也不能把故事讲好；没有强大的运营支撑，营销也就无话可讲。

1.4.2 移动营销岗位与职责

当前我国移动电子商务正呈现良好的发展势头，企业应用成为移动商务发展的热点，呈现出广泛渗透、规模扩张的特点。移动营销市场也随之飞速发展，2018 年市场规模达 3000 亿元人民币，增速达 45%。移动社交、移动视频、移动电商、移动资讯等平台近年来加速广告变现探索，已经成为移动营销市场的重要增长动力。

移动商务市场的高速发展造就了大量的人才需求，行业人才短缺是近年来的常态现象；移动营销是新兴领域，特别是随着移动社交平台的广泛使用，移动端交易额的不断提升，以及新媒体赢得用户的喜爱，移动人才需求更为旺盛。

据统计，移动营销领域企业人才招聘最为频繁，是市场需求最为旺盛的岗位，包括新媒体运营、微信营销、文案策划、文案编辑、新媒体营销、微信推广、信息编辑、视频拍摄、视频剪辑、网络美工、微店运营等。

随着不同公司招聘的移动营销人才的岗位名称与岗位描述略有差异，但整体上，移动营销领域中的主要岗位，经过整理归纳，如表 1-2 所示。

表1-2 移动营销岗位

工作岗位	岗位职责	应具备的职业能力
微信营销	负责建立微信群，开展微信群营销；负责微信公众号的管理与运营工作，能完成公众号加粉、信息策划、编辑、推送任务；能够策划微信专题与活动	熟悉微信群营销；熟悉微信编辑工具；熟悉微信公众号运营；具备文案策划和推广能力；能策划微信专题，开展微信互动。善于把握社会热点，能策划年轻人喜爱的文案
新媒体运营	负责微信、微博、头条、直播平台等新媒体运营工作；能够撰写文案，策划专题，推送信息；开展企业或产品的策划与宣传工作；增加粉丝，提高关注度、活跃度	熟悉互联网媒体传播特点，具备较强新媒体运营能力，具备文案策划、信息编辑能力；具有新闻敏感性，能开展策划专题活动
文案策划	负责网站、网店文案的撰写，撰写推广软文，编写策划文案，参与产品广告策划，完成其他文字工作。 负责为各项销售及促销活动提供创意性的文案	具备较强的新闻敏感性，能开展产品文案策划。具有较强的编辑整合能力，能对产品创意和产品卖点进行深入挖掘和提炼，撰写产品广告文案；文字功底深厚，具备优秀的文案编辑和撰写的能力；能够准确捕捉产品亮点，有创新思维
营销策划	负责微博、微信产品文案、微信公众号活动策划；负责各类文案策划及撰写，包括广告文案、产品宣传推广文案；负责营销活动规划	具有独立的思考能力、解决能力及敏锐的洞察力；具备营销活动策划能力；有营销创意，具备微信公众号等营销策划经验

续表

工作岗位	岗位职责	应具备的职业能力
视频剪辑	负责公司所需要新媒体短视频的视频剪辑与后期制作；负责短视频、文字、标题等编辑运营；对视频进行筛选、剪辑、编辑、修饰、音频处理	有视频剪辑经验，具有良好的剪辑能力，能熟练使用Premiere等剪辑软件独立完成剪辑；对视频内容进行二次创作，具有良好的影视镜头感和节奏感；对音乐、画面有一定的品味和鉴赏力；拥有较强的学习能力
网络美工	负责网店、公众号等平台装修设计、视觉设计、界面设计；承担网店产品拍摄、图片设计与修饰的任务；能根据营销要求进行创意设计	熟练利用各种绘图工具，具有扎实的美工功底，懂色彩搭配，对页面布局有独到见解，有创造力，懂摄影艺术，熟悉PS软件
网络客服	负责网站、网店的客服工作，与客户沟通，完成销售和售后工作	熟悉网店客服工作，沟通、协调、亲和能力强；熟悉客服技巧和沟通礼仪；具备较快的打字速度和熟练的客服话语
网络主播	担任网络主播，与粉丝网络聊天；通过演唱歌曲等才艺演出与粉丝互动；能担任网络主持，参与线上线下娱乐互动活动	熟悉网络直播与运营；拥有才艺表演或主播经验；具有内容直播运营能力、视频内容运营经验；能独立完成活动策划及直播活动；熟悉网络直播设备

在移动营销活动中，企业要想取得理想的营销效果，需要掌握社交、网媒、应用市场三大媒体核心资源，覆盖尽可能多的移动用户，并努力做到开展新媒体运营、做好渠道推广、对用户的精准营销。

信息技术不断进步，媒体不断推陈出新，这就对移动营销人员提出了更多要求，要争取成为复合型人才，具备多种技能和全面的素质，要不断积累能力，强化新的技能，提高自己的职业竞争力，适应移动互联网行业快速发展变化的特点。

课堂训练

请大家各自去查找一个有移动营销典型案例，完成以下调研任务：

案例公司：________________ 应用的新技术：________________

应用的移动营销方法：________________________________

案例情况：____

____

综合实训

（一）实训背景

温州名购网（温州名鼎电子商务公司）创办于2009年，是由温州市政府和浙江工贸职业技术学院扶持下的一个专业性温州名品购物平台。网站上囊括了温州的各类名牌产品如奥康、康奈、红蜻蜓的皮鞋，高档眼镜、打火机、瓯王府酒等，也包含了温州工艺大师们设计制作的各类特色非遗产品如瓯绣、瓯塑、瓯窑等，它是一个集温州名品于一体的电子商务平台，如图1-8所示。

图 1-8 温州名购网

（二）实训目标

学生已经对移动营销知识和移动营销岗位职责形成了基础认知，通过本实训活动，学生可以了解市场中典型企业开展移动营销的情况，加深对移动营销的理解。

（三）实训任务

1. 通过网络了解或实地走访温州名购网，分析其移动业务开展及移动营销推广情况。
2. 分析区域名优产品，可以采用哪些移动营销方法有效地开展营销。
3. 分析某同学手机中 APP 的使用情况，了解 LBS 技术在移动营销中的应用。

（四）实训步骤

教师以案例演示温州名购网网络营销渠道及电子商务开展情况。

教师以案例说明几种常见的移动营销方法；引导学生完成实训任务。

举出国内几个领先的移动互联网企业，并分析其主要业务（或服务）。

知识与技能训练

一、单选题

1. 以下哪个公司在移动互联网时代表现不佳？（　　）

A. 苹果公司　　B. 腾讯公司　　C. 京东公司　　D. 万达集团

2. 通过自媒体聚集用户，并提供产品或服务满足群体需求，而产生的移动营销方法是（　）。

A. 移动广告　　B. 口碑营销　　C. 网络事件营销　　D. 移动社群营销

3. 移动营销的发展得益于（　　）。

A. 网络基础设施的改造　　B. 移动支付的普及　　C. 用户行为在移动化

D. 企业的重视　　E. 新技术的应用　　F. 以上都是

4. 用户可以在微博、微信中阅读、关注、分享、转发、点赞等，这是移动营销的（　　）。

A. 便捷性　　B. 低成本　　C. 精准性　　D. 互动性

5. 在移动营销中 CPI 是指（　　）。

A. 移动社交用户　　B. 数字信号处理　　C. 移动娱乐公司　　D. 程序化广告交易系统

二、多选题

1. 移动互联网时代的特点有（　　）。

A. 终端设备移动化　　B. 支付方式移动化

C. 网络无处不在　　D. 随时随地交易

2. 常见的无线网络技术有（　　）。

A. WiFi　　B. 3G/4G　　C. WiMAX　　D. LBS

3. 开展移动营销有助于企业（　　）。

A. 提高销售业绩　　B. 发展网络用户

C. 提高站点访问量　　D. 树立网络品牌

三、简答题

1. 相对于网络营销，移动营销的特点有哪些？

2. 试分析信息技术进步对移动营销的影响。

3. 尝试比较口碑营销与病毒性营销的异同。

4. 试分析移动商务全过程中的哪些环节会用到自动识别技术。

四、实训题

1. 举出国内几个领先的移动互联网企业，并分析其主要业务（或服务）。

企业名称	主要业务	提供业务的主要方式	是否有开展移动营销	开展移动营销的方式（方法）
优衣库	衣:			
饿了吗	食:			
携程	住:			
滴滴	行:			
美团	娱:			
拼多多	购:			
去哪儿	旅:			

2. 打开自己的智能手机，在设置—应用（管理）—权限管理中，分析自己手机中的哪些应用程序（APP）需要调用位置服务（LBS），请至少写出 5 个，并分析 LBS 在这些 APP 中可以发挥什么作用。

APP 名称	是否调用 LBS	分析位置服务的主要用途	分析位置服务在移动营销中的作用

项目2

移动广告

移动广告微课

知识目标

1. 了解移动广告的基本概念
2. 熟悉移动广告的特点、作用与要素
3. 熟悉常见的移动广告类型
4 掌握移动广告效果评估方式
5. 熟悉 H5 广告设计的方法

能力目标

1. 掌握移动端广告营销的基本技能
2. 能够从客户心理角度分析移动广告的设计要素
3. 能够开展移动广告营销效果评估
4. 能够设计出满足营销需求的 H5 页面

素质目标

1. 具备移动广告设计与营销思维
2. 遵守广告法、具备良好的职业道德
3. 拥护并实践习近平新时代中国特色社会主义思想

思维导图

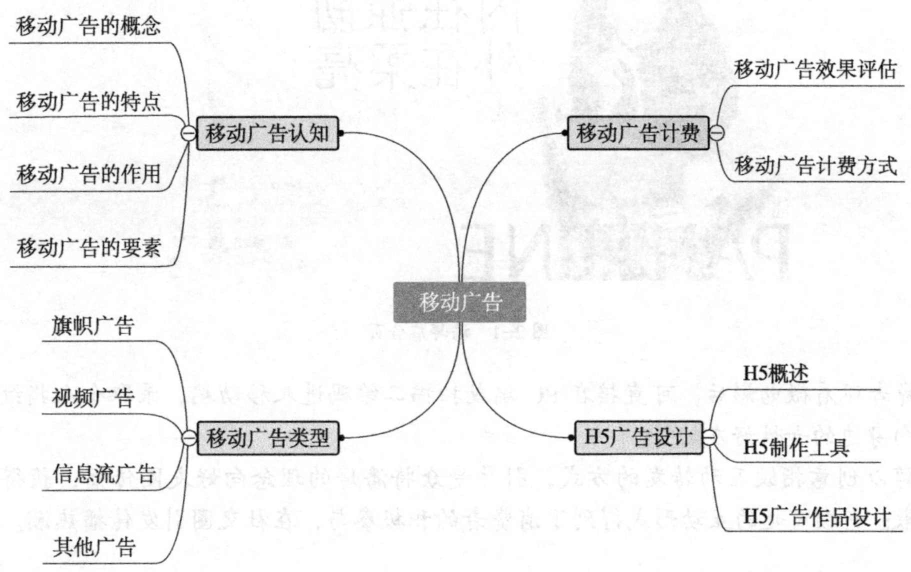

案例导入

内心强大、外在闪耀——潘婷新体验

潘婷作为国内女性洗护用品的知名品牌之一，为了拉近品牌与目标群体的距离关系，获得用户的认可，深度挖掘了这些年轻女性的共性：渴望内心强大活出漂亮的心境；同时，根据标签将目标人群分为白领、年轻妈妈、“90后”不同的三个代表性族群。根据受众族群推送相应主题微电影，实现精准沟通，获得内容强共鸣。

借助腾讯视频的强大传播力、影响力及用户基数，将生活中常见的点赞行为融入互动中，受众观看微电影后可在PC端或扫描二维码进入移动端，录取指纹制作心意卡，分享给身边的女性，新颖跨屏互动引发消费者的积极参与和朋友圈的传播热潮。搭建“向女性献赞”系统勋章平台，吸引人群参与活动点亮腾讯微博的勋章，很好地树立了潘婷的品牌形象。

层层递进的营销流程，让潘婷能够渐进式地推进受众行动，让受众逐步接受与认可品牌理念。最终，品牌微电影播放总量超过3000万次，获得点赞1038万次，也让潘婷在年轻女性中购买意向度提升了3%（潘婷广告页如图2-1所示）。

【案例思考】

潘婷如何借助移动社交网络开展营销？营销创意点在哪里？

【案例启示】

潘婷深入洞察年轻女性渴望被认同、被赞赏的心理，将现实中竖起大拇指点赞的行为融入到网络互动中；基于腾讯QQ ID系统累积的社交大数据，精准挖掘微电影故事的最佳沟通受众——年轻妈妈、白领和“90后”，分别推送相应主题微电影，大大提升受众的共鸣

图 2-1　潘婷广告页

度；消费者观看微电影后，可直接在 PC 端或扫描二维码进入移动端，录取个人指纹制作心意卡，向身边的女性好友献赞。

潘婷以创意指纹互动转发的方式，引导受众将潘婷的理念向好友圈传播，获得更大范围的扩散；新颖有趣的互动形式得到了消费者的积极参与，在社交圈引发传播热潮。

近年来随着中国 4G 技术的成熟和 5G 的到来，移动互联网产业下的广告业务蒸蒸日上，诞生了很多移动社交平台、广告交易平台、新媒体平台，在未来的移动互联网广告产业发展过程中，移动广告营销势必会成为广告主重要的营销阵地。

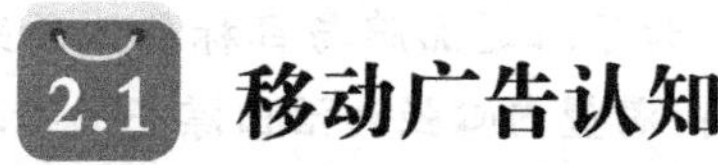

2.1 移动广告认知

2.1.1　移动广告的概念

1. 移动广告的定义

移动广告是指基于无线通信技术，以移动设备（如手机、平板电脑、穿戴式设备等）为载体的广告形态。移动营销中的移动广告如图 2-2 所示。

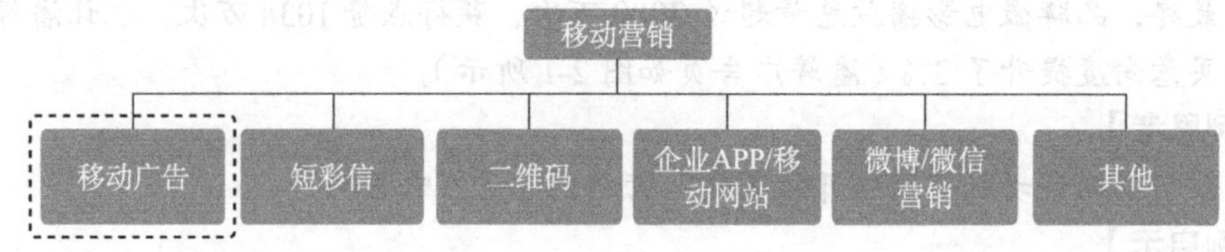

图 2-2　移动营销中的移动广告

常见的移动广告形式包括图片广告、文字广告、插播广告、H5、移动链接广告、视频广告、重力感应广告、车载移动广告等。它是一种依托手机终端的新型营销方式，与传统媒体相比具有精准性、互动性、灵活性和个性化的特点，较之传统媒体广告服务则更为关注随身性、便捷性、用户收看场景和网络承载力。

移动广告作为新兴广告产业，顺应了移动营销的趋势，广告受众规模越来越大，特别是2013年以来，国内移动互联网已经进入发展快车道。目前，品牌广告主的广告预算向移动端转移的趋势十分明显，移动营销的巨大潜力将在未来三至五年充分释放，进入行业繁荣期。

2. 移动广告的发展

广告行业历经多年发展渐趋成熟，投放渠道逐渐被打开。在多元化投放渠道中，数字广告成为当前广告主最受欢迎的投放渠道，而受移动互联网快速发展的助推，移动广告逐渐成为广告市场的主力军，占据数字广告的大壁江山。

艾媒咨询显示，2019年中国移动广告市场规模达4158.7亿元，市场规模增速趋于平缓，如图2-3所示。随着移动互联网潜能不断释放，广告主对于移动广告的投放需求将持续增加，需要有更加精准的广告投放方式，信息流广告应运而生。它将成为广告主要承载模式，市场价值进一步增强。而腾讯系和阿里系的信息流产品覆盖了超6亿用户量，处于市场前列。

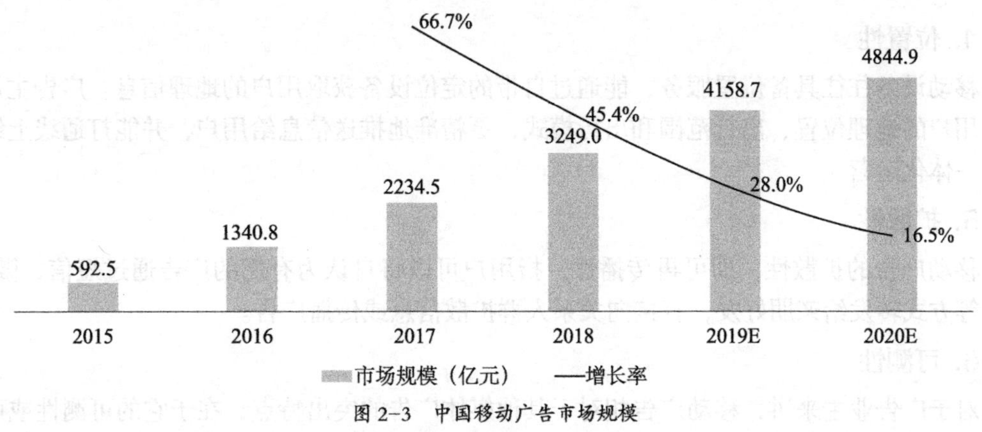

图2-3　中国移动广告市场规模

移动互联网的高速发展为移动广告的变革提供了巨大的空间，未来的移动广告将基于大数据体验，平台资讯与服务更加完善，从而实现用户与广告主的互动，让受众在娱乐、休闲的同时可以对产品产生“情感诉求”，以此达成购买、消费的目的。未来几年移动广告必将向程序化购买、场景营销、泛娱乐营销、新媒体营销、移动社群营销等方向发展。

2.1.2　移动广告的特点

1. 精准性

相对于传统广告媒体，移动广告在受众人数上有了很大超越，传播范围也更广；并且可以根据用户上网习惯、行为偏好和实时情境将广告直接送到用户的手机上，真正实现“精准传播”。

2. 即时性

移动广告的即时性来自于手机的可移动性。手机是个人随身物品，绝大多数用户会把手机带在身边，甚至24小时不关机，所以手机媒介对用户的影响力是全天候的，广告信息到达也是最及时最有效的。

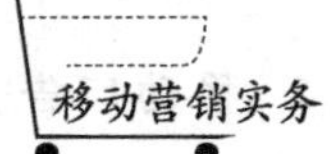

3. 互动性

移动广告可以借助点击、扫码、摇一摇、重力感应等各类互动形式，丰富移动广告的展示效果，吸引用户关注和转发，引导用户执行交易动作，增强消费者的主动性，提升其阅读体验。

拓展内容

重力感应在智能手机中的应用

手机重力感应技术，利用压电效应实现，通过测量手机内部一片重物（重物和压电片做成一体）重力正交两个方向的分力大小，来判定水平方向。通过对力敏感的传感器，感受手机在变换姿势时重心的变化，使手机光标变化位置从而实现选择的功能。

通过手机的重力感应，可以自动切换手机界面，以及实现一些交互功能，比如游戏方向控制、甩屏翻页、甩动切换、摇一摇抢红包等。

4. 位置性

移动设备往往具备位置服务，能通过自带的定位设备获取用户的地理信息。广告主可以根据用户的地理位置、出行范围和出行模式，更精准地推送信息给用户，并能打通线上线下进行一体化运营。

5. 扩散性

移动广告的扩散性，即可再传播性，指用户可以将自认为有用的广告通过短信、微信、微博等方式转发给亲朋好友，直接向关系人群扩散信息或传播广告。

6. 可测性

对于广告业主来讲，移动广告相对于其他媒体广告的突出特点，在于它的可测性或可追踪性，包括受众数量、点击情况、交易数据等可准确统计。

2.1.3 移动广告的作用

1. 平台推广

平台推广是移动营销的主要职能，即帮助网站获得尽可能多的有效访问量；移动广告通常会链接到相关产品页面或站点首页，用户对网络广告的每次点击，都为平台带来访问量。因此，移动广告对于平台推广具有明显的作用，尤其是关键词广告、Banner 广告等。

2. 促进销售

用户受到各种形式的移动广告吸引而获取产品信息，已成为影响用户购买行为的因素之一，尤其当移动广告与企业站点、网上商城等营销手段相结合时，产品促销活动的效果更为显著。移动广告对于销售的促进作用不仅表现在在线直接销售上，也表现在通过互联网获取产品信息后对线下销售的促进上。

3. 指导消费

现代化生产门类众多，新产品层出不穷，网络消费者可选择性多；互联网不仅可以展示产品信息，还可以分享网络大咖、意见领袖、先前用户的意见，甚至可以通过网红的演绎促进销售，因而能起到指导消费的作用。

4. 品牌推广

移动广告最主要的效果就是提升企业品牌价值，哪怕用户不点击广告，同样会产生传播效果。在所有的移动营销方法中，移动广告的品牌推广价值最为显著。同时，移动广告丰富的表现手段，也有助于展示产品信息、树立企业形象。

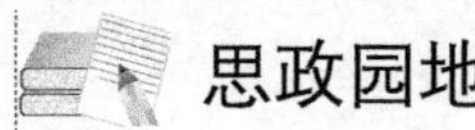

思政园地

“我们的价值观”公益广告

党的“十八大”以来，各地各部门广泛开展图说我们的价值观公益广告宣传，充分运用书法、剪纸、泥塑、农民画等传统文化元素，借助电视、报纸、户外、车载媒体、网络等渠道，展播了一大批主题突出、创意新颖、深受群众喜爱的作品，如图 2-4 所示，这些作品创意地阐述了社会主义核心价值观，引起了社会各界的高度关注和观众的热烈反响。

图 2-4 “我们的价值观”公益广告

2.1.4 移动广告的要素

1. 广告主

广告主是广告的投资者同时也是广告的传出者，广告主可以根据自己的产品属性提出投放需求，通过广告传播提升产品影响力和品牌形象，实现商业价值。

2. 广告媒体

广告媒体就是传播媒体，广告媒体为移动广告提供了传播渠道，它可以根据目标用户的消费行为精准投放广告。当前主流的移动广告媒体包括微博、微信等社交媒体，微信公众号、头条等自媒体，各大门户网站，移动搜索引擎，电商购物平台，视频网站，短视频平台等。

3. 广告受众

广告受众就是观看广告的用户群体，也就是指广告要影响的用户群体，也就是广大的智能手机用户群体。作为移动广告的接收群体，广告受众可以提供充分的数据反馈。

4. 广告费用

广告费用就是移动广告的制作及投放等一系列活动所产生的费用。广告费用的多少取决于广告主的要求、广告媒体的选择、投放的频次等因素。

5. 广告服务商

广告服务商就是广告服务的提供者，它为移动广告提供技术支持，根据广告主提出的广告要求定位目标受众，进行广告策划，然后选择最适合的传播渠道。

6. 需求方平台

需求方平台（DSP），即为广告主提供的跨媒介、跨平台、跨终端广告的投放平台。

随着互联网和广告业的飞速发展，DSP 应运而生，它允许广告客户和广告机构更方便地访问和更有效地购买广告；由于该平台汇集了各种广告交易平台、广告媒体、供应方平台，甚至媒体的库存，可以简化网络广告烦琐的购买步骤。

课堂训练

每个人在手机网站或 APP 中，选择一个典型的移动广告，完成以下调研任务：

广告类型：________________ 广告主：________________

广告媒体：________________ 广告受众：________________

广告计费方式：________________ 广告费用：________________（估算）

请根据自己的理解给这些广告做个简单的分类：________________

2.2 移动广告类型

2.2.1 旗帜广告

1. 旗帜广告概述

旗帜广告（Banner Advertising），即横幅广告，是最早出现的网络广告，也是最常见的网络广告形式，其形象特色早已深入人心。旗帜广告通常置于页面顶部或底部，最先映入网络访客的眼睛，创意绝妙的旗帜广告对于建立并提升客户品牌形象有着不可低估的作用。

旗帜广告是将 GIF、JPG、SWF 等格式的图像文件定位在网页中，大多用来表现广告内容，同时还可使用 Java 等语言使其产生交互性。

旗帜广告的特点是短小精悍、重点突出，尤其是一些购物类 APP 主页上的 Banner 广告，对引导用户消费起到很大作用，如图 2-5 所示。不过，有的移动广告平台的 Banner 广告大多都是轮播出现的，容易产生视觉疲劳从而让用户忽视它的存在。

图 2-5 手机网站中的旗帜广告

2. 旗帜广告设计原则

（1）动态化设计

具备动态感的旗帜广告可有效吸引用户。统计表明，动态广告的吸引力比静态画面高 3 倍，广告效果更好，而且设计者可把冗长文字来传达的思想通过动态化设计来表现，使广告内容一目了然。

（2）适当时限

旗帜广告应尽量使动态效果不超过 3 秒钟，最长的也不能超过 5 秒钟。设计者应注意用户的浏览速度，如果超过 5 秒钟，读者将没有耐心等待，从而失去进一步了解产品的兴趣。

（3）精练正文

广告图案能使信息凝聚，不分散，但是如果无法用图案来表达信息，文字就显得很重要了，广告设计者应使正文长度最短，突出关键字，使用户在最短的时间内抓住关键信息，并产生进一步了解产品的欲望。

（4）易读性

旗帜广告采用的是一种快速传递信息的方式，因此极其重要的是设计者应使之尽可能容易被阅读。决定旗帜广告是否容易阅读的因素包括广告的尺寸、颜色、背景、行与行之间的距离、字与字之间的间隔，甚至还有字型。

通常不要让广告正文靠近广告的边缘，而要留有相当的空隙，这样才不显得拥挤，风格舒缓；如果需要把正文分成许多行，也不要挤在一起，广告关键词要突出、明朗。

（5）忌滥用颜色

有时为了创造品牌效应，广告设计者会用到多种颜色来创造自己满意的效果。但应使用适量的颜色，一般不超过 3 种。

3. 旗帜广告影响因素

（1）广告位置

在一个网页上一般不会出现两个以上的旗帜广告，如果只有一个，往往放置在顶部比较有效。放在顶部的旗帜广告，网络用户不用拖动滚动条就可以看到，因此这个位置受到绝大多数广告主的青睐。

（2）点击行为

网络用户是否点击旗帜广告，对建立品牌忠诚度影响巨大。据美国传媒机构统计，若受众未打开旗帜广告，广告对消费者产生的影响只有 5%，而那些浏览过广告的消费者忠诚度高达 50%。

（3）互动效果

旗帜广告中设计互动效果，可以提高用户的参与性和网络传播效果，这就在广告受众和广告主之间形成了关系营销。旗帜广告由于篇幅有限，为了增加消费者的印象及吸引受众点击广告，必须在几秒钟之内抓住用户的注意力，因此要尽量在旗帜广告中增加与受众喜好相近的内容，让用户对此感兴趣，有点击的倾向。

（4）内容更新

针对同一广告媒体（广告位），可投放一系列不同的旗帜广告，从而形成整体效应。可以保持广告主题不变，而以更换广告图片，以吸引用户的注意力。研究表明，每周更换一次图片，可以保持新鲜感。此外要确保旗帜广告的内容和风格接近于所在网页的内容，这样可与网页相互补充、相得益彰。

2.2.2 视频广告

1. 视频广告概述

视频广告是指在手机网站、微博、微信公众号、移动商城上展示的视频 / 动画形式的广告，如图 2-6 所示。

视频广告分为传统视频广告和移动视频广告两类。传统视频广告是在视频内进行设置和投放的广告，而移动视频广告分为传统贴片广告和内置控件广告。

移动视频广告，主要通过移动互联网在移动设备中（手机、平板电脑等）所展现的一种方式，其技术主要采用数码及 H5 技术，融合视频、音频、图像及动画，在手机用户开启或退出移动应用等“碎片时间”来插播视频。

移动视频广告的特点表现为：声影具备、碎片时间展示、不滞留手机页面、互动性、感官性较强。移动视频广告主要应用于各种移动应用，如电子书、手游、工具类软件等，以及一些移动设备上的视频播放器。作为一种新的广告展示模式，它已逐渐被移动用户所接受。

2. 移动视频广告形式

（1）悬浮窗口式广告

多用于 APP 启动页或者过渡页面中，该模式的特点是视频播放窗口不固定，用户可用手指移动，比较灵活，互动性比较强，如图 2-7 所示。

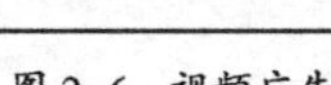

图 2-6 视频广告

图 2-7 悬浮窗口式广告

（2）贴片广告

多用于移动设备的视频播放器，与传统互联网的土豆、优酷等视频网站的贴片广告模式相近。例如，爱奇艺播放器中的贴片广告如图 2-8 所示。

图 2-8 爱奇艺播放器中的贴片广告

（3）内置控件广告

多用于 APP 或手游的资源加载的页面中，如图 2-9 所示。由于资源加载等待时间长，可以被用户插播视频广告，该模式的特点是不可移动，可配合加载进度条，看起来比较自然。

3. 移动视频广告的展示方式

（1）在应用或游戏启动页面展播

在手机应用启动时，出现精美加载页面，展示视频广告，配合加载进度条，如图 2-10 所示，此模式与传统互联网视频，如优酷、新浪网等相类似，较符合用户的习惯。

（2）在应用或游戏的过渡页面展播

在手机应用或游戏不同界面或关卡过渡的时候播放广告，如通过某个关卡后，可出现一个过渡页面或直接在通往下一个关卡之前播放广告，如图 2-11 所示。

图 2-9　网易客户端内置控件广告

图 2-10　某手机 APP 的加载广告

（3）在应用或游戏结束页面展播

在手机应用退出之后，播放视频广告，如连续剧片尾广告，该模式对用户打扰最小。

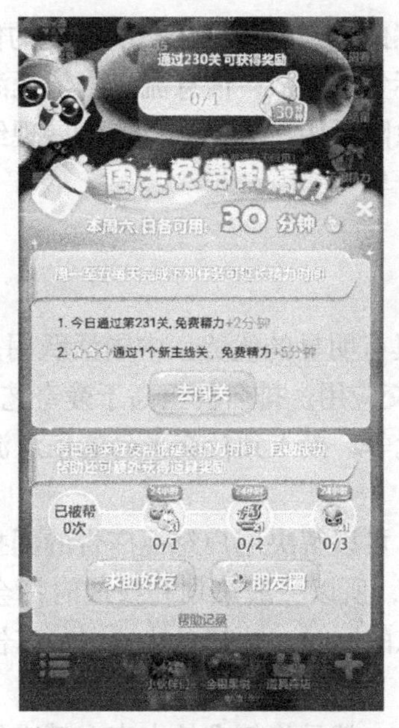

图 2-11　开心消消乐游戏通关广告

2.2.3　信息流广告

1. 信息流广告概述

信息流（Feeds）广告，是在社交媒体用户好友动态，或者资讯媒体和视听媒体内容流中的广告。

信息流广告在 2006 年由 Facebook 首先推出。这种穿插在内容流中的广告，对用户来说体验相对较好，对广告主来说可以利用用户的标签进行精准投放，因此在移动互联网时代迎来了爆炸式增长，几乎所有的互联网媒体，包括国内的微信、头条、微博等都推出了信息流广告平台，如图 2-12 所示。

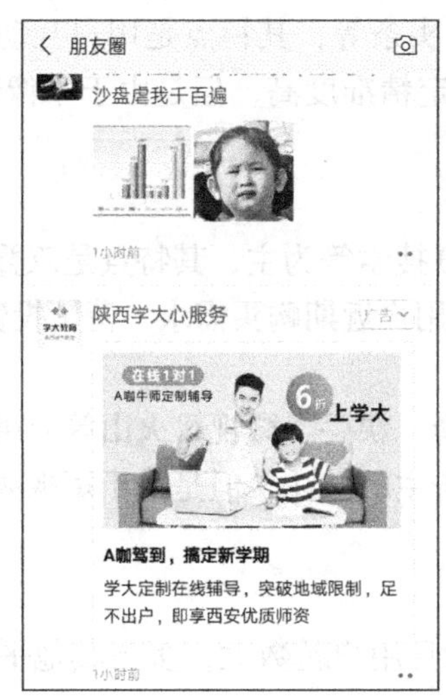

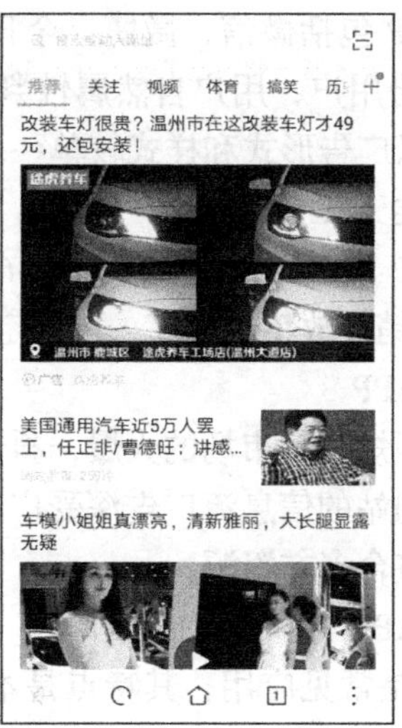

图 2-12　典型的信息流广告

信息流广告以一种十分自然的方式融入到用户所接受的信息当中，用户触达率高；根据广告主的需求，它支持按用户标签去投放；信息流广告依托海量的用户数据和信息流生态体系，可精准捕捉用户意图，有效降低用户干扰，将广告展现给目标客户，并且容易激发受众的主动性，促使其主动接受、分享。

2. 信息流广告的特点

（1）用户规模大，黏性强

网络社交平台的用户规模具有明显的优势，中国活跃用户排名前 10 位的 APP 中，就有微信、QQ、微博、头条 4 个社交应用，排名甚至高于爱奇艺等视频应用。

移动互联网时代流行跨界竞争，投入到社交平台的信息流广告在快速增加。

（2）具有原生性，效果好

信息流广告具有原生特性，可以解决用户忽视广告的困扰。信息流的广告需要与产品功能混排（资讯或是社交分享等），所以一般策划和投放时都会避开硬广告的形式，让受众在使用互联网产品功能、浏览信息的同时，顺其自然地浏览广告。

（3）大数据助力，更精准

信息流广告最有价值的地方，就是将精准的内容在精准的时间推送给精准的用户，可获得很好的效果。通过大数据技术，可以采集用户基础信息，分析用户行为和需求，设置用户标签，在适合的场景中投放广告，进行产品的个性化推荐。

移动用户在日积月累的网络浏览习惯当中，已经慢慢形成阅读流动信息的习惯，通过对内容的原生加工，让用户渐渐忽略其广告属性，更能够达到品牌推广的作用，最终完全融入到用户的社交生活中。

3. 信息流广告投放的主要媒体

（1）新闻资讯类 APP

新闻资讯类 APP 包括各大门户网站 APP、新闻客户端等，用户基数大、访问频次高、黏性强。资讯类产品也是率先推出信息流广告的，所以广告售卖形式多样，广告位样式也较多，需要提前规划，做好精准投放。

（2）社交媒体类 APP

社交媒体类 APP 包括微信、微博、今日头条等，其特点是用户互动性强，信息可二次传播，拥有大量注册用户，用户自然属性判定精准度高，但是由于不像新闻资讯类 APP 有较多内容频道，所以广告形式和样式较单一。

（3）搜索引擎类 APP

搜索引擎类 APP 以手机百度、搜狗、360 搜索等为主，其特点是双叠加功能（搜索 + 资讯），用户庞大，营销投放精准度高，可锁定用户近期购买需求，营销投资回报率高。

（4）短视频类 APP

由于移动互联网短视频市场的火爆，抖音、快手、微视、火山等应用很受年轻用户的欢迎。所以，短视频网站的信息流广告深受广告主的关注，但是由于短视频类的信息流广告制作成本较高，需要整合多方资源。

（5）浏览器类 APP

浏览器类 APP 是常见应用，其特点是本身用户基数大，多与其他平台整合，仅首页触发，用户关注度低。

(6) 其他主流站点

其他主流站点包括某些提供单一服务的产品（如 WiFi 万能钥匙、滴滴出行等），由于功能较单一、用户使用频率低，所以一般为多产品联合投放，相对于其他类型的信息流广告，投放范围、精准度、转化率都略显不足。

通过以上介绍，可以看出信息流广告在很大程度上决定了使用场景，即产品价值。新闻资讯类 APP、社交媒体类 APP、搜索引擎类 APP 由于用户量大，精准度高，可操作性强，是广告主目前比较青睐的信息流广告阵地。

课堂训练

查找资料，分析当前信息流广告的主要的展现形式、常用的计费模式、主流的广告媒体、广告的投放流程，以及典型的广告案例。

主要的展现形式	
常用的计费模式	
主流的广告媒体	
广告的投放流程	
典型的广告案例	

2.2.4　其他广告

1. 插屏广告

插屏广告也叫插片广告，是移动广告中的一种常见形式，具有较为强烈的视觉冲击效果，是目前移动广告平台主流的广告形式之一。在用户的移动应用（APP）开启、暂停、退出时以半屏或全屏的形式弹出，展示时机巧妙，避开用户正常使用应用时的干扰。

插屏广告的尺寸较大、视觉效果震撼，因此拥有非常高的点击率，广告效果佳，是目前比较有效的精准广告推广形式。插屏广告示例如图 2-13 所示。

图 2-13　插屏广告示例

插屏广告采用了自动广告适配和缓存优化技术，可支持炫酷广告特效，视觉冲击力强。其不足的方面是，插屏广告通常在程序界面切换或者暂停的时候弹出，用户误点概率很大，比较影响用户体验。

2. 积分墙广告

积分墙广告也是一种常见的移动广告形式，是第三方移动广告平台提供给应用开发者的另一新型移动广告盈利模式。积分墙广告示例如图 2-14 所示。

图 2-14　积分墙广告示例

积分墙是在一个应用内展示各种积分任务（下载安装推荐的优质应用、注册、填表等），以供用户完成任务获得积分的页面。用户在嵌入积分墙的应用内完成任务，该应用的开发者就能得到相应的收入。

积分墙分有积分和无积分两种模式。有积分的模式内含“虚拟积分”的功能，开发者可以在自己的应用中设定消耗积分的功能，比如购买道具，以刺激用户在应用中安装积分墙的产品，获得积分进行消耗。无积分的模式分为列表和单个应用两种展示模式。通常以推荐“热门应用”“精品推荐”等为推荐墙入口，用户点击进入，便可看到推荐的优质产品。

3. 原生广告

原生广告是一种让广告作为站点内容的一部分，植入到实际页面设计中的广告形式。它是从网站和 APP 用户体验出发的盈利模式，由广告内容所驱动，并整合了网站和 APP 本身的可视化设计，融合了网站、APP 本身的广告，这种广告会成为网站、APP 内容的一部分。原生广告示例如图 2-15 所示。

原生广告在形式、内容上和网站、APP 融为一体，由用户感兴趣的内容所驱动，能进行良好展示。

Solve Media 认为，原生广告是指一种通过在信息流里发布具有相关性的内容产生价值，提升用户体验的特定商业模式。由此可见，原生广告是从信息流广告中衍生出来的一种新的移动广告形式。

图 2-15　原生广告示例

2.3 移动广告计费

2.3.1　移动广告效果评估

1. 概念

广告效果评估是指运用科学的方法来鉴定广告投放的效益，主要包括广告心理效果评估、广告经济效益评估和广告社会效应评估三个方面。

①广告心理效果评估，也称为广告本身效果评估，是指并非直接以销售情况的好坏评判广告效果的依据，而是以广告到达、知名度、偏好、购买意愿等间接促进产品销售的因素作为依据来判断广告效果的方法。

②广告经济效益评估，就是评估在投入一定广告费及广告刊播之后，所引起的销售额和利润的变化状况。尽管它的影响因素有很多，比如广告促销、销售时间、地区、经济、风俗习惯、价格、质量等，但这种经济效益的变化是可以用数据来证明的，因此在评估的时候要客观科学地用具体数据来反映这一变化。

③广告社会效应评估，社会效应涉及的受众范围广，内容复杂，影响也是长期性的。这就要求营销人员在进行社会效应评估时，必须充分考虑各方面的情况，对广告的社会效应做一个客观评价。

2. 移动广告效果评估指标

目前，移动广告效果的评估指标有以下几种。

（1）点击率指标

点击率是指移动广告被点击次数与被显示次数之比。它一直都是移动广告最直接、最有说服力的评估指标之一。点击行为表示那些准备购买产品的消费者对产品感兴趣的程度，因为点击用户很可能是受广告影响而形成购买决策的客户，或者是对广告中的产品或服务感兴趣的潜在客户。

（2）业绩增长率指标

对于电子商务交易平台，要评估其中所发布的广告效果，最直观的指标就是平台销售额的增长情况，因为移动端的跟踪程序可以判断买主是从哪个网站链接而来的、购买了多少产品等信息，从而对广告效果有了直观评估。

（3）回复率指标

回复率指标主要反映移动广告发布期间及之后一段时间内客户咨询量、资料索取量、下单量、电子邮件收件增长情况等，可作为辅助性指标来评估移动广告的效果。

（4）转化率指标

“转化”被定义为受移动广告影响而形成的购买、注册或者信息需求。有时，尽管顾客没有点击广告，但仍会受到移动广告的影响而在其后购买商品。转化率是指用户点击广告到成为一个有效激活或注册甚至付费用户的比例。

3. 移动广告效果评估方式

（1）通过访问统计软件

使用一些专门的软件（如 WebTrends、Accesswatch 等），可随时监测广告发布情况，并能进行分析、生成相应报表，广告主可以随时了解在什么时间、有多少人访问过载有广告的网页、有多少人通过广告直接进入到网站，等等。

（2）通过广告管理软件

可从市场研究监测公司购买或委托软件公司专门设计适合需要的广告管理软件，用以对移动广告进行监侧、管理与评估。

（3）根据市场反馈情况

统计用户咨询量及下单量在广告投放后是否大量增加来判断广告投放的效果。如果投放之后目标受众的反映比较激烈，反馈大量增加，则可以认为广告的投放是成功的。

2.3.2 移动广告计费方式

移动广告的计费方式和传统网络广告有很多相同的地方，现阶段主要计费方式包含以下几种。

1. 千人印象费用 CPM

CPM（Cost Per Mille，千人印象费用），即广告条每显示 1000 次（印象）的费用，其取决于消费用户的“印象”。CPM 的收费标准往往根据广告投放主页的热门程度（即浏览人数）划分价格等级。

2. 每点击费用 CPC

CPC（Cost Per Click，每点击费用），是指以每次点击为单位计算广告费用，更加符合移动用户的消费习惯和广告主诉求，避免了不必要的广告费用浪费。如关键词广告一般采用这种定价模式。

3. 每行动费用 CPA

CPA（Cost Per Action，每行动费用），即根据每个访问者对移动广告所采取的行动收费的模式。对于用户行动有特别的定义，包括用户完成注册行为、形成一次交易、提交有效问卷、完成转发任务等。

对广告主来说，这种计费方式可以规避广告投放风险，而对于移动媒体来说，这一形式使得风险和收益并存，如果投放成功，收益要大于 CPM 等计费方式。

4. 安装计费 CPI

CPI（Cost Per Install），是指按软件实际安装情况计算广告费用，主要用于 APP 推广，是前期获取用户的有效方式。

5. 佣金计费 CPS

CPS（Cost Per Sales），按销售成功情况支付广告费用，一般根据移动广告所产生的直接销售金额的某个比例支付佣金的一种定价模式。

6. 按参与付费 CPE

CPE（Click Per Engagement，按参与付费），是一种新的关于广告营销的计费方式。所谓的 Engagement（参与）可以表达为多种形式，比如转发、关注、收藏、短链点击等，CPE 常用于信息流广告。

7. 观看计费 CPV

CPV（Cost Per View），是指按照广告完整播放来计算广告费用。这种计费模式较适用于图片、视频类广告。广告主仅为完整看完广告视频的用户付费。

8. 时长计费 CPT

CPT（Cost Per Time），按广告投放的时间长度计费，也就是按固定价格包时长的计费方式，广告主选择广告位和投放时间，费用与广告点击量无关。

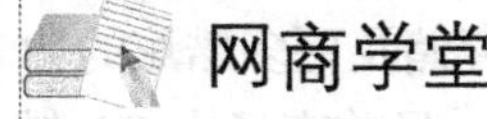

网商学堂

广告计费方式对比

开展营销活动，最基本、最重要的方法就是打广告。随着媒体的变迁，广告形态的不断创新，广告计费方式也在推陈出新。由于广告主与广告媒体的价值主张不同，所以选择哪种计费方式，双方往往需要博弈。

CPM 出现得最早，门户网站使用得较多，因为有访问量做基础，广告费比较可观，但广告效果往往不佳；CPC 是随着搜索引擎出现的，相比而言，其单价高、效果较好；CPA、CPI 在 APP 推广中用得较多，按行为付费的方式对广告主比较有利；CPS 对广告主最有利，但很多媒体不愿意采用这种计费模式；CPT 则是双方都能接受的计费模式，一般适用于访问量较稳定的网站，或者非热门媒体。

2.4 H5广告设计

2.4.1 H5 概述

H5 就是第五代 HTML，是网页标记语言的行业规范。HTML 历经 5 次修改，2014 年 10 月最终定稿。现在的 H5 可以在移动设备上支持多媒体内容，如 video、audio 和 canvas 标记，之前版本要通过 Flash 等插件来完成命令。H5 还引进了新的功能，真正改变了用户与文档的交互方式。

H5 可以把广告做成一个场景，通过二维码或者转发链接，让用户更直观地体验互动，场景可以包括：图片、视频、音频、地图、导航、会议报名、产品链接等多个模块，是一种新的移动媒体广告模式。H5 广告场景如图 2-16 所示。

图 2-16　H5 广告场景

2.4.2 H5 制作工具

随着智能手机的广泛使用，基于移动端的 H5 广告迅速发展起来，H5 之所以能引发如此广泛的效应，根本原因在于它能提供免插件的音视频、图像动画、本地存储及更多酷炫的功能。营销人员只要对图片和文字稍加处理，就可以达到自己满意的效果。目前市场中 H5 制作工具有很多。

1. 易企秀

易企秀是一款针对移动互联网营销的手机网页 DIY 制作工具，用户可以编辑手机网页，分享到社交网络，通过报名表单收集潜在客户或其他反馈信息。

用户通过易企秀，无须掌握复杂的编程技术，就能简单、轻松地制作基于 H5 的精美手机幻灯片页面。同时，易企秀与主流社交媒体合作，让用户通过自身的社交媒体账号就能传播分享、展示业务、挖掘潜在客户。易企秀提供统计功能，让用户随时了解传播效果，明确营销重点、优化营销策略，从而持续积累用户。易企秀 H5 场景如图 2-17 所示。

易企秀的主要用途包括：企业宣传、产品介绍、活动促销、预约报名、会议组织、收集反馈、微信增粉、网站导流、婚礼邀请、新年祝福等。

易企秀的优点是简单易用，可以在手机上做 H5 页面的动态演示。它的文本、按钮、图表、动画效果等与 PPT 相似，还提供表单功能。

图 2-17 易企秀 H5 场景

当然易企秀的功能有一定的局限性，比如设计自由度较低，主要面向对 H5 页面效果要求不高的用户，对于复杂场景的实现，易企秀有些力不从心。

2. 兔展

兔展是一款免费的 H5 页面生成平台。兔展简化了用户展示创意的方式，用户只需通过 PC 端或移动端简单操作，便可将图文、音乐、动画等多种要素融为一体，制成个性化的专属展示文档，并随时监测传播效果。新媒体时代，兔展通过新颖的制作效果、强大的交互功能，直击用户的传播需求，提高营销效果。兔展登录场景如图 2-18 所示。

图 2-18 兔展登录场景

兔展的优势是页面 DIY 程度较高，动态效果实现起来也简易方便，可制作比较个性化的 H5 页面。其缺点为：屏幕界面大小不可调节，上传的图片会出现比例失调的情况，生成后发布到各尺寸屏上页面会存在拉伸现象。

3. MAKA

MAKA（码卡）是一个 H5 在线创作及创意工具，专注企业级服务，为企业提供搭建社交媒体数字营销的服务，包括企业形象宣传、产品展示，到数据可视化展示、活动报名、时下流行的创意点，满足企业对于信息发布的需求。MAKA 还为企业提供新媒体营销领域商业效率提升和自营销管理解决方案的服务。MAKA H5 登录场景如图 2-19 所示。

MAKA 功能与兔展类似，每一页的具体效果可以具体编辑，单页操作性较高，有新手（有模板）和高阶（无模板）两种编辑模式。模板素材丰富，有多种动态效果及交互效果可供选择，可用于制作邀请函、产品介绍、企业宣传、招聘、商品促销、个人简历、音乐相册、节日贺卡、婚礼请柬、招生培训、盛大开业、总结报告、生日祝福等。

图 2-19　MAKA H5 登录场景

职场连线

招聘岗位： 广告策划与设计

岗位职责：

1. 负责项目的广告策划、营销推广等工作。
2. 根据广告内容，可以进行独立构思、策划和平面形象设计。
3. 完成相关线上、线下传播活动文案的撰写、图片设计。
4. 配合公司各节假日活动及推广海报和画面设计。

任职要求：

1. 广告学、美术设计或相关专业大学专科以上学历。
2. 一年以上广告设计经验，拥有广告公司经验的优先。
3. 有较强的沟通、协调能力和开拓意识，思路清晰、反应敏捷。
4. 能熟练使用 Photoshop、Illustrator、AI 等设计工具。
5. 有团队协作能力。

薪资待遇： 月薪 6000 ～ 8000 元。

2.4.3　H5 广告作品设计

1. H5 广告设计要素

在设计一个 H5 广告之前，首先要明确设计目的，即根据企业营销现状、广告目标和受众需求，设计一个有趣的 H5 广告，如图 2-20 所示。

综合考虑营销目标和受众需求，要设计一个好的 H5 需要考虑内容创意、诱发传播和优质渠道三个方面。

（1）内容创意

和传统网络广告一样，H5 广告作品设计首先要考虑的就是内容创意。一个好的创意可以把运营需求和受众痛点很好地结合在一起，在安慰或激励用户的同时推广了自身活动、产品或品牌。

经典案例：Next Idea x 故宫，如图 2-21 所示。

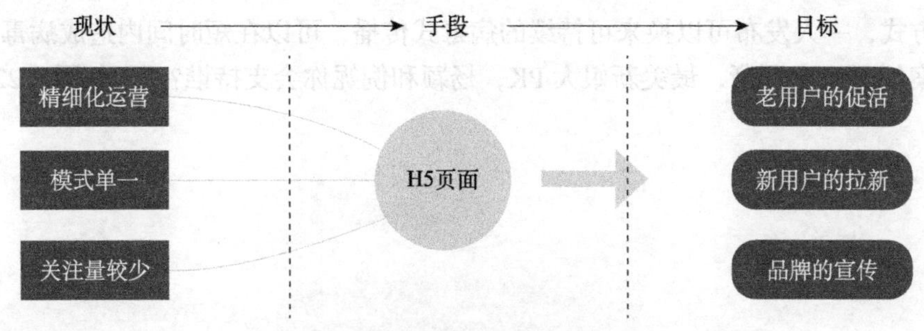

图 2-20 H5 广告设计目的

图 2-21 Next Idea x 故宫

这个 H5 作品是腾讯创新大赛报名通知。明朝永乐皇帝朱棣从故宫的画中穿越到现在，戴上太阳镜、唱着 rap、跳着骑马舞、玩自拍、发朋友圈，想法很有新意，迎合了创新大赛的主题。

（2）诱发传播

H5 内容的触发点，同时也必须是吸引用户的点，在第一时间引诱用户过来点击很重要，否则再好的 H5 也不会转化成流量。触发点要有诱惑性，提供用户不得不点的理由。这个诱因可以是奖励，可以是触到痛点的文案，可以是美食美色，可以用的方式包括以下几种。

- 标题吸睛。例如，“十二星座适合开什么车？”，主要利用人们的好奇心。
- 悬念营销。例如，“做到这三点，你也可以成为年薪四十万的创意总监”，策略是制造悬念、引人猜想。
- 红包利诱。例如，“送送送”“发发发”，受众从来不会拒绝红包。

同时，为了获得需要的宣传效果或者品牌影响力，需要选择合适的传播机制。例如，集赞或接力方式，一人发布可以换来可持续的病毒式传播，可以在短时间内造成病毒式影响。

经典案例：“七夕开撕，最美新娘大 PK，杨颖和倪妮你会支持谁？”，如图 2-22 所示。

图 2-22　电影最美新娘大 PK

这个 H5 是为宣传电影《新娘大作战》制作的。作为剧中的主角，杨颖与倪妮是敌对关系，那么谁会赢得最终的胜利呢？投票权在用户的手里。点击花球，抛给两位女神，她们会争抢花球，谁抢到了花球就为自己的获胜机会增加了一票。该设计具备强烈的参与感，容易诱发传播。

（3）优质渠道

以上两点确立后，接下来需要的就是选择合适的发放渠道了。应尽可能利用所有能推广 H5 的渠道，目前比较常用的方式有：通过公众号的图文群发推广、微信群推广、线下二维码推广等。APP 和自身公众号的推广算是比较保守的形式，前提是自身 APP 有足够大的用户群体或者自己的公众号有足够多的活跃粉丝。

2. H5 交互设计策略

目前就交互形式来说，H5 在移动端的交互形式通常包括点击、滑动、擦除、长按等。按照交互的轻重程度，H5 推广可以分为以下三大类。

（1）展示型交互

展示型交互，就是打开 H5 页面或者几个简单的滑动或点击操作就开始展示内容，对交互的要求最少，对内容质量的要求较高。这种 H5 一般展示一段 H5 视频或者动画，要求在展示的一瞬间就能抓住受众的注意力。

展示型交互的常见的表现形式有以下几种。

①视频方式。视频方式最为简单，打开 H5 就开始播放视频，一直到结束。这种 H5 广告对于视频内容的要求很高，能否达到运营目的，就要看视频内容的质量了。

经典案例：建国 70 周年的国庆节视频海报，如图 2-23 所示。

②幻灯片式。传统幻灯片式的播放也属于展示型交互，通过触发切换不同页面内容，一页一页地观看，利用图文和音乐播放来讲故事。

由于制作简单、周期短，这种 H5 展现形式适用于使用频繁、小型的需求，用在线编辑器的话，不需要任何开发，只需要配备一名设计和文案即可。因此，幻灯片式特别适用于定期发布或者结合热点的营销活动。

幻灯片式的常见应用包括话题法、数据法等。

图 2-23 国庆节海报

- 话题法。追踪热点事件，发表借助热点事件达到品牌传播或者产品推广的目的，比如滴滴“春节返乡”的话题。
- 数据法。用数据说故事，如支付宝年度账单，就是通过幻灯片式的 H5 场景故事，将用户的消费数据进行呈现，既生动又有趣。
- 科普法。介绍有趣、有用或者极其重要却鲜为人知的小知识，如在朋友圈流行的养生小知识等。
- 温情法：一个节日的问候，一个对母校的祝福，或者一个心灵鸡汤的故事等，就可以赢得数以百万计的转发。

经典案例: 2017 春节和家人怎么过? -Airbnb，如图 2-24 所示。

图 2-24 2017 春节和家人怎么过

③空间展示方式。空间展示指的是将移动端屏幕当作一个展示窗口，打开后可以通过简单交互（移动或触控）看到很多信息。常见的形式包括全景交互及“一镜到底”。

经典案例：一镜到底、一刀未剪的大剧发布——优酷，如图 2-25 所示。

优酷曾推出一个一镜到底 + 万花筒的广告，进入页面后，动画自动播放，镜头从远慢慢拉近，以一镜到底的形式展现优酷网站上收录的电视剧、综艺等各类节目，按住屏幕不滑动时，展现方式会变成万花筒，松开则恢复。最后一页到达优酷会员推广页面，点击“拉上伙伴一起酷”分享给小伙伴，也可点击“加入会员”跳转到外部链接。H5 设计丰富艳丽，配合动感音乐，效果炫酷，震撼人心。

图 2-25 优酷一镜到底

拓展内容

一镜到底

一镜到底，是指拍摄中没有“cut”（剪辑）情况，运用一定技巧将作品一次性拍摄完成，提供一种天衣无缝的观赏效果。

因为加载的内容多，技术实现复杂，所以采用“一镜到底”形式的广告作品并不多。

但是如果用得好的话，广告效果非常酷炫，展示内容丰富，造成的传播力也大。2016 年天猫“双 11”期间“穿越宇宙的‘双 11’邀请函”就是采用了一镜到底的设计手法，用户只需要一步操作，就可以看到一个宇宙，让人赞不绝口。

（2）引导型交互

相对于视频广告，H5 的优势是可以加入互动。特别对于有故事情节的广告，通过交互式的引导，让受众和故事形成互动，会提升受众的参与感，激励受众继续看下去。

根据内容形式不同，引导型交互的 H5 有以下几种引导方式：

①互动视频式引导。这种方式需要精心选择触发时机，配合故事的结构，烘托整个故事的气氛。

经典案例：首个手机话剧团开张了——天猫，如图 2-26 所示。

图 2-26　天猫手机话剧团

这个互动视频堪称经典，一方面它的话剧部分非常具有魔性，演员很有表现力，视觉冲击感很强，另一方面又结合了恰到好处的交互触点，把控住了受众观看的节奏，将“天猫无忧购”这几个字牢牢地印在了人的脑海里。

②小场景式引导。由于幻灯片切换方式相对沉闷，所以很多 H5 广告的切换会采用小场景方式，每一页是一个场景，在当前场景中制造一个有趣的热点，让用户触发热点并切换到下一个场景，或者有多个场景可以选择，每一个场景会有一个互动性的小故事。

经典案例：妈妈再打我一次——京东母亲节，如图 2-27 所示。

图 2-27　妈妈再打我一次

采用回到小时候挨妈妈打，结合小游戏的形式，引起回忆，带来欢乐。先选择妈妈打你的理由，然后演绎这个场景，之后随机出现 4 种打击方法：如来神掌、打狗棍、无影脚、召唤术，每种妈妈打你的方式都配着搞笑夸张的动画，打完还问舒不舒服，认不认错，如果认错就进入主题页，妈妈老了，再也打不动你了，母亲节了，你想妈妈了吗？如果不认错，就挨次体验各种被虐招式吧！

③页面探索式引导。设计一个大场景，通过让受众在场景内主动探索来达到运营目的。在探索过程中，受众一边体验着浏览的乐趣，一边接收着 H5 推广宣传的故事或概念，在探索的最终，受众会被引导到相关的 APP 或者活动页。

经典案例：杜蕾斯美术馆，如图 2-28 所示。

图 2-28　杜蕾斯美术馆

（3）游戏型交互

游戏型H5相比于展示型和引导型来说，最注重交互。设计一个简单的小游戏，通过有趣的游戏交互来达到吸引受众的目的，可以满足受众获得感官刺激、打发无聊时间或者炫耀自己的目的。

①图片合成。经典案例：我的小学生证件照——天天P图，如图2-29所示。

图2-29 天天P图我的小学生证件照

2016年，就在“六一”儿童节的时候，天天P图新增了小学生证件照功能，可以使用这个功能把自己P成小学生证件的样子，通过一键生成图片，让用户秒变小学生，在朋友圈引起了广泛的传播和关注。

②网络测试。一般通过简单的几步问答选择，就给出一个有意思的测试结果。目前其主要形式是开展一些带有预测、恶搞、科普或者祝福意义的测试，然后博取用户关注微信公众号或下载APP。

经典案例：没想到你是这样的安全带——滴滴出行，如图2-30所示。

“你知道多少关于安全带的知识呢？”“汽车安全带雏形是哪个国家发明的？”“最先使用三点式安全带的是哪个汽车厂商？”“安全带的克星是什么”“乘坐出租车不系安全带可能发生什么事故”“安全带的织带主要组成成分是什么？”这些问题你知道吗？通过一系列测试，案例最终将滴滴的安全出行理念传输给受众。

③原创小游戏。经典案例：2017年鸡鸡向上小游戏，如图2-31所示。

加载后进入首页介绍活动主题“鸡鸡向上”，随后介绍游戏的玩法，进入游戏后，用户点击屏幕可以使小鸡跳动起来，左右晃动手机可以控制小鸡的坠落方向，除了灯笼外其中还有各种小道具，跳到小道具上可以使小鸡变身，想要小鸡不停向上，那么就来挑战吧。

以上就是常见的H5广告交互设计，设计者还可以将双屏互动、地理定位、声音识别、面部识别等技术融入其中，借助各种应用场景增强用户的交互体验，使H5广告更有参与感和传播度。

3. 易企秀作品设计

易企秀是一个移动场景制作工具，用户可设计H5广告、长页面、表单页、视频页、

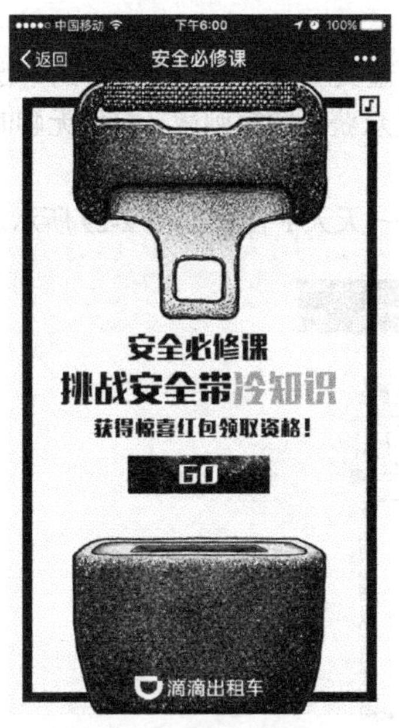

图 2-30　滴滴出行测试 H5

图 2-31　2017 年鸡鸡向上小游戏

互动页面等作品。其背景图片尺寸一般为 640 像素 ×1008 像素；图片格式可以支持 .png、.jpg、.gif，但图片大小应尽量控制在 1MB 以内；易企秀作品的背景音乐格式最好为 .mp3 格式，大小应尽量控制在 1MB 以内；作品的页面数量是无限制的，但想要有更好的用户体验，一般以 6 ～ 12 页为宜。

（1）注册登录

注册易企秀账号可以利用自己的手机号、个人微信号，以及 QQ、微博、邮箱账号等第三方账号进行注册。

（2）创建场景

进入工作台，点击上方的功能栏，选择“H5”，可以从“模板创建”或“空白创建”中选择一种，如图 2-32 所示。模板创建是指可以利用平台内现有的作品作为模板，去修改完善。“空白创建”是指从空白状态开始设计自己的作品。

图 2-32　创建易企秀作品

（3）熟悉工作台界面

易企秀的工作台包括左、中、右三个部分，左侧是素材区，提供文本模板、艺术字、图片、图文模板等素材，可供用户自由选择。中间是工作区，用户可以将各种素材添加到手机尺寸大小的工作区中，也可以修改工作区中的文字、图片、背景、音乐、形状、组件、表单、特效等素材。右侧是管理区，用户可以设置页面、管理页面、管理图层，以及执行预览、保存、撤销、导出、发布等动作。

（4）确定作品主题与作品结构

假如我们要为温州天天牛奶公司设计一个企业宣传作品，那主题可以设置为“天天牛奶、天天健康——温州天天牛奶公司简介”。因为作品设计的目的是为宣传公司，所以作品中应该包括封面页、公司介绍、发展历程、主打产品、公司优势、公司荣誉、联系方式、封底页等内容，这样作品主题与作品结构就规划好了，如图 2-33 所示。

图 2-33 易企秀作品页面编辑

（5）页面设计

在管理区中点击“页面管理”按钮，可通过单击“+ 常规页”按钮，在工作区中增加一个新页面；在页面中，可导入公司的图片作为背景或者配图；在页面上方点击“文本”按钮，可以在页面中添加“文本框”，增加公司的文字介绍。

（6）添加音乐

易企秀作品一定要添加与内容相匹配的背景音乐，作品的效果才能体现出来。在工作区中点击“音乐”按钮，可从乐库中选择适合的音乐，也可以自行上传音乐。

（7）作品设置

易企秀作品的各页面设计完成之后，可以点击右上角的“预览和设置”按钮，可以填写作品标题、作品描述，更换封面图片，设置翻页方式、作品访问状态等。

（8）预览与发布

作品设置完成之后，可以点击“发布”按钮，可将作品分享到社交网络中，如图 2-34 所示。

图 2-34　易企秀作品设置与发布

综合实训

（一）实训目的

学生已经对移动广告知识和移动 H5 设计有了初步的认识，通过本次实训活动，学生可以巩固移动广告的类别、形式、媒体、计费、交互效果等知识；并通过广告设计工具的实操，掌握广告创意策划、设计流程、交互设计，提升移动广告策划与设计的实操能力。

（二）实训任务

1. 海飞丝去屑洗发水是大家熟悉的产品，请你为它设计一个旗帜广告，分析目标用户并选择合适的传播媒体。

2. 某月饼公司想策划一个“中秋赏月、品月饼”活动，请你利用易企秀为公司设计一个 H5 邀请函。

（三）实训步骤

1. 教师演示

引导学生分析海飞丝去屑洗发水的产品成分、特点、功效、卖点、价格，以及目标用户，结合用户需求（痛点），总结需要呈现在广告中的要素，一般包含三个要素为宜；并要提出呈现产品外观特效的创意；最后根据目标用户的兴趣爱好，选择合适的广告媒体。

首先查找月饼公司的资料、产品系列、产品特点；分析活动目的，对中秋节文化内涵进行分析，提出广告创意；并设计活动内容、活动流程，确定活动嘉宾、活动道具、时间地点等；最后用易企秀工具逐页设计实现。

2. 学生操作

①熟悉产品，分析广告受众，提出广告创意，完成移动广告的设计思路。

②准备广告设计的相关素材，包括文字、图片、视频、文案等。

③利用 Photoshop、易企秀工具，将广告设计出来。

④同学之间互评互助，修改、完善作品。

知识与技能训练

一、单选题

1. 以下哪个媒体不适合投放移动广告？（ ）

A. APP 商店　B. 手机游戏　C. 室外广告牌　D. 直播平台

2. 在移动广告中 CPC 是指（ ）。

A. 千人印象费用　B. 每次点击费用

C. 每次行动费用　D. 按销售收入付费

3. 新浪网比较适合采用（ ）的移动广告计费方式。

A. CPM　B. CPC　C. CPA　D. CPT

4. 短视频平台中，移动广告的最佳时长为（ ）。

A. 5 秒　B. 10 秒　C. 15 秒　D. 20 秒

5. 用户在浏览微信朋友圈时，在信息中发现了一个推广 APP 的广告，这种广告形式称为（ ）。

A. 信息流广告　B. 移动视频广告　C. 富媒体广告　D. 原生广告

6. 广告主可以在几分钟，最多几小时之内收到反馈以评估广告的传播效果，这属于移动广告评估的（ ）。

A. 方便性　B. 广泛性　C. 客观性　D. 及时性

二、多选题

1. 移动广告的特点有（ ）。

A. 精准性　B. 即时性　C. 互动性　D. 位置性

2. 移动广告的投放媒体包括（ ）。

A. 网站　B. APP　C. 微信公众号　D. 微店

3. 旗帜广告的特点包括（ ）。

A. 可定向性　B. 可跟踪性　C. 可操作性　D. 交互性

4. 信息流广告优势包括（ ）。

A. 用户精准度高　B. 用户浏览度高

C. 用户体验度高　D. 相关度强

5. 使用易企秀制作一个邀请函，作品中必须包含的页面有（ ）。

A. 邀请理由　B. 活动时间地点

C. 参会对象　D. 参会报名表

三、简答题

1. 相对于传统广告，移动广告的特点有哪些？

2. 移动广告的作用包括哪些？

3. 举例说明视频广告的展示方式有哪几种。

4. 移动广告效果评估的指标包括哪些？

四、实训题

1. 请打开手机上的三个应用（比如微信、京东、抖音 ...），分析这些平台上都投放了哪些广告，并做详细分析。

应用名称	广告主题	广告主	广告形式	计费方式	广告创意评价
					广告的创意是什么？是否具有吸引力？

2. 某汽车公司要设计一个H5广告，请你根据所学的H5交互设计策略，撰写一个广告策划方案，300字左右（包含广告主题、呈现的内容、广告进度、交互效果等）。

项目3

APP推广

APP 推广微课

知识目标

1. 了解 APP 及 APP 推广的基本概念
2. 熟悉 APP 常见的推广方法
3. 熟悉 APP 推广的注意事项
4 熟悉 APP 推广的方法
5. 熟悉 APP 地推的方法与策略

能力目标

1. 掌握 APP 推广的基本技能
2. 能够分析 APP 推广效果
3. 掌握 APP 地推的操作流程
4. 具备 APP 地推的实施能力

素质目标

1. 具备团队合作意识
2. 具备 APP 推广的法律意识和职业道德
3. 拥护并实践习近平新时代中国特色社会主义思想

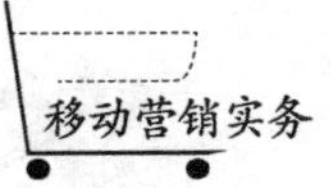

思维导图

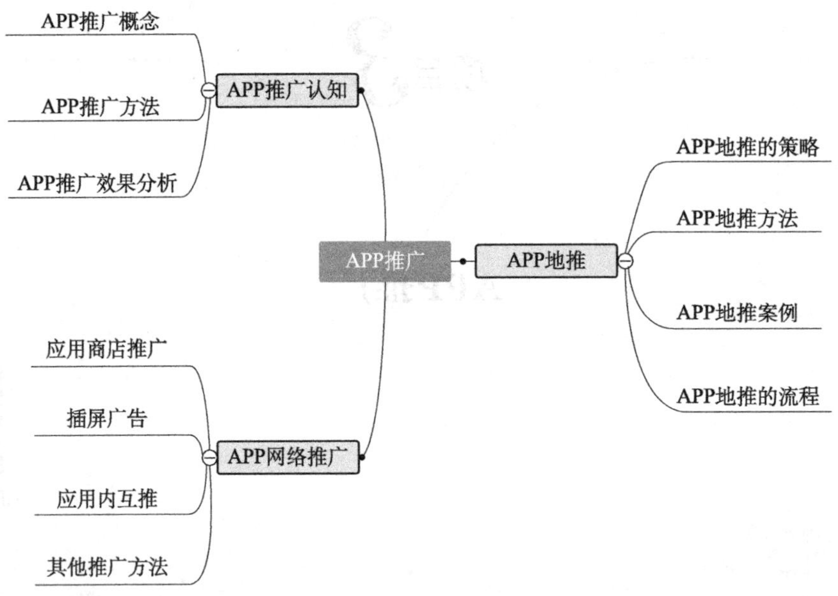

案例导入

饿了么的疯狂地推

对互联网企业而言，除了“全面营销”的渠道策略、品牌时间传播，地推是永远少不了的，而对地推做到极致的无疑是饿了么，如图 3-1 所示。正是依靠这种方式，让饿了么从最初几个人的小公司，最终与美团平起平坐。

图 3-1　饿了么地推

饿了么在最初的推广阶段，直接杀入餐厅，然后一桌一桌地问，手上带着礼品，现场请求消费者下载，一般小女生都有同情心，都会下载体验，而且还可以享受到优惠。

下班之后，人们经常会发现饿了么员工举牌大游行，不出一个星期，人尽皆知。地推的地点，无疑是上班族较多的地点。而从渠道营销、品牌方式到地推，三种方式哪种都必不可少，根据自己产品的特点及资源，选择自己适合的方法。把每一种方法做到极致，就一定有效果，坚持、努力、执着，APP 推广就是如此。

【案例思考】

饿了么为什么要深入餐厅做推广，为什么做商街的举牌大游行?

【案例启示】

饿了么 APP 是大众化的网络订餐平台，任何有就餐需求的消费者都是它的潜在用户，深入餐厅和上班族较多的地点做推广，好处是可直接面对消费者，推广更加直接、高效。饿了么员工举牌大游行，一般选择繁华的商业街，那里人流量大，方便被更多消费者看到，也容易营造出一个营销事件，概念深入人心，甚至成为人们街头巷尾的话题，实现口碑营销。

3.1 APP推广概述

3.1.1 APP

APP，即 Application，是帮助用户处理某些业务的手机应用软件。借助于各类 APP，有助于完善智能手机原始系统的不足，增加使用的个性化，为用户提供更丰富的使用体验。比如用户手机或者 PAD 中普遍会安装微信、支付宝、美团等生活应用类 APP，以及美图、360 管家等工具类 APP。

截至 2018 年 12 月，我国市场中的移动应用累计数量达到 600 多万款，规模位居全球第一。据 APP Annie 报告，2010 年 7 月至 2017 年 12 月期间，苹果 APP Store APP 下载量超过 1700 亿次，用户消费支出超过 1300 亿美元。2010 年 7 月至 2018 年 5 月，APP Store 上可供下载的 APP 共有超过 200 万款。2018 年第一季度，全球 APP 下载量和交易额再次被刷新。APP Store 和 Google Play 上 APP 的下载量达到 275 亿次，同比增长 10%，用户在两大平台上的消费支出高达 184 亿美元，同比增长 22%。

移动应用程序主要分为三大类：一是娱乐类，主要有手机游戏、影音播放、资讯阅读、拍照摄影、运动与健康等；二是生活类，包括社交通信、餐饮外卖、交通出行、网络购物、移动支付等；三是工具类，包括美图美颜、系统优化、外文翻译、办公学习、个人理财等。

在过去两年中用户花费在 APP 上的时间增长了一倍；到 2020 年年底，全球智能手机和平板电脑用户数量会增加到 62 亿。而全球移动应用程序市场规模增长至 1890 亿美元。移动应用市场已成为企业、商家争夺的焦点。

图 3-2 主要介绍了当前中国最热门的几款 APP，这些 APP 估计大部分人都有用过。

图 3-2 热门 APP 排行榜

3.1.2 APP 推广定义

当前各类 APP 层出不穷，商家要让消费者安装和使用自己的 APP，提高用户的安装量、激活率和使用效果，必须要做大量的 APP 推广工作。

APP 推广就是借助二维码推广、手机应用商店推荐、用户邀请注册、奖励机制等手段，鼓励用户下载、安装 APP，并激活账号的一系列市场推广行为。

APP 推广是移动应用能否获得广大用户下载和注册使用，商业项目最终取得成功的重要因素。通过 APP 推广，商家要达到提高下载量、用户数、活跃用户数、留存率等目的。

企业开发一个 APP 自然是希望用户来使用；那么在 APP 推广的时候，我们常用的方法包括应用商店、积分墙（广告墙）、插播广告、手机应用媒体、手机应用论坛、手机预装等。

3.1.3 APP 推广的营销模式

APP 推广的主要营销模式有植入广告模式、注册返利模式和销售返利模式。

1. 植入广告模式

在众多的功能性应用和游戏应用中，植入广告是最基本的模式，广告主通过植入动态广告栏形式进行广告植入，当用户点击广告栏的时候就会进入网站链接，可以了解广告主详情或者是参与活动，这种模式操作简单，只要将广告投放到那些下载量比较大的应用上就能达到良好的传播效果。

2. 注册返利模式

这种推广模式是，广告发布商把符合自己定位的应用发布到应用商店内，用户通过手机应用平台下载应用，然后完成注册，广告发布商将支付一定报酬用来鼓励用户的这种行为。这种营销模式具有很强的实验价值，让用户了解产品，增强对产品的信心，提升品牌美誉度。

3. 销售返利模式

该模式基本上是基于互联网购物网站的，将购物网站移植到手机端。用户可以随时随地地浏览网站获取商品信息，进行下单，这种模式相对于手机购物网站的优势是快速便捷，内容丰富，而且这种应用一般具有很多优惠措施。

3.2 APP推广方法

3.2.1 常用的 APP 推广方法

1. 应用商店推广

应用商店，即 APP Store，也叫应用市场，专门为智能手机、平板电脑等提供收费（免费）应用下载服务的软件商店，如图 3-3 所示。

图 3-3　应用商店示意图

应用商店推广即引导用户通过应用商店下载并安装 APP，这是一种非常重要又很基础的方法；用户可以通过手机厂商应用商店、电信运营商应用商店、第三方应用商店、软件下载站等进行 APP 的下载和安装。

为了向用户更好地提供移动应用下载和安装的服务，如苹果、三星、华为、小米，它们都建有自己的应用商店；像中国移动、中国电信同样有应用商店，还有一些像 360、百度等第三方应用商店。传统的软件下载网站也有提供这种 APP 下载的功能。所以说，我们可以把自己的 APP 上传到这些应用商店中，供用户下载，这样无形当中就提高了 APP 的使用量。

应用商店推广流程：

①准备 APP 上线的资料，包括公司、产品、推广资料等。

②应用商店开发者后台账号申请。

③上传 APP，分析竞品，制定策略。

④通过应用商店的审核。

⑤渠道合作推广。

⑥推广数据分析。

第一，推广团队要准备 APP 上线的资料，因为不是每个应用商店都接受所有的 APP 的，它需要做一些审核的工作，当然完成这些审核工作包括：要准备公司的资料、产品的资料、推广的资料等；第二，推广团队要在应用商店后台申请开发者的后台账号；第三，可以把自己的 APP 上传到应用商店中，并且分析竞品，制定合理的策略；当我们的 APP 通过应用商店的审核之后，就可以供用户下载了，这个时候可以继续找一些合作渠道商来做推广，以及对应用商店推广的数据做一下分析。

课堂训练

请大家拿出手机，打开自己手机的应用商店首页，在首页上选择一个应用分类下排名前 5 的 APP 应用，完成以下调研任务：

1. 请依次写出 5 个 APP 的名称：________________________________

2. 请分析这 5 个 APP 排名靠前的原因。

原因 1：____________ 原因 2：____________ 原因 3：____________

3. 你觉得哪个 APP 做了付费推广，理由是什么？

____

2. 积分墙推广

积分墙推广：在一个应用内展示各种任务（下载安装推荐的应用、注册、填表等），然后用户在嵌入有积分墙的游戏内完成任务，以获得虚拟货币奖励。这样可以带动网友下载并安装 APP，如图 3-4 所示。

积分墙推广起量快，效果显而易见，大部分采用 CPA 形式，价格 1 ～ 3 元不等。但以活跃用户等综合成本考量，成本偏高，用户留存率低，业内领先的服务公司有 tapjoy、微云、有米、万普等。

图 3-4 积分墙推广

在图 3-4 中可以看到，国内很多移动应用都支持这种积分墙推广，通过这种方式鼓励大家下载安装，所以说这是一种比较有效的 APP 推广方法。

另外，当前很多网站喜欢做 APP 排行榜。购买各大应用商店的排行榜的黄金位置，可以达到快速推广、获得用户关注和下载的目的，所以说排行榜也属于积分墙推广的一种。但是这种方式费用较高，当然能够进入排行榜，APP 的下载量是比较可观的。

3. 插屏广告

在手机应用开启、暂停或退出时，以半屏或全屏的形式弹出 APP 推广广告。插屏广告因为尺寸大、视觉效果震撼，所以点击率很高，广告效果佳，有时候是能够带动用户下载和安装的。这种方式尤其适合手机游戏，如图 3-5 所示。

图 3-5　插屏广告推广

插屏广告投放平台选择策略介绍如下。

①视频类 APP。视频类广告在 PC 端的发展已经比较成熟，用户的接受度比较高，体验感也不错。

②游戏类 APP。可以充分利用用户等待游戏的时间段来展示广告，同时也缓解用户情绪。

③工具类 APP。如小说阅读类的工具类 APP，缓解用户眼部疲劳。

④休闲益智类 APP。可以投放在功能或关卡中，出现频率高，可以获得较好的展现机会。

插屏广告投放技巧介绍如下。

①投放的插屏广告要与投放的应用相协调，最好选择和应用相符的广告调性、字体颜色、广告边框、图片风格等，提高用户的点击率和转化率。

②选择视觉效果最佳的尺寸，一般应该等于或者大于手机一半的屏幕，如 600 像素 × 500 像素、600 像素 ×600 像素等。

③广告需要经常更换文案和设计素材，常给用户以新鲜感，缓解视觉疲劳。

4. 手机应用媒体及论坛

专注于智能手机、移动媒体领域的一些网站影响力较大，可作为 APP 推广媒体；一些网络垂直社区和专业数码论坛，人气旺盛，也可以作为 APP 推广渠道。目前主流的智能手机社交平台有微云、九城、腾讯、新浪等，潜在用户明确，能很快地推广产品。这类推广基本采用合作分成方式，合作方法多样。

5. 手机厂商预装

手机厂商预装就是与手机制造厂商合作，在手机出厂的时候就预装好 APP。这种方式用户转化率高，是最直接的发展用户的一种方式。但费用较高，比较适合知名企业、使用率高的 APP；并且推广周期较长，一般需要 3 ～ 5 个月。

6. 应用内互推

应用内互推，又称为换量，就是通过资源合作推广的方式互换流量，两家企业在各自的应用场景中相互推广对方的 APP，相互置换用户。

7. 网络论坛和移动媒体

有一些专注于智能手机、移动媒体领域的网站影响力较大，可作为 APP 推广媒体；一些网络垂直社区和专业数码论坛，人气比较旺盛，也可以作为 APP 推广渠道。比如说像机锋网、小米社区可以作为网络论坛进行推广，另外，像中关村在线，也可以作为好的移动媒体来做推广。

还可以通过社会化媒体推广，在微博、微信及其他平台中，寻找具有一定影响力或者拥有大量粉丝的账户，对 APP 相关广告进行转发传播。一般按文章篇数付费，价格事先双方商量好，是一种性价比较高的推广形式。现在用户的微信群很多，可以通过在微信群里做活动，如下载 APP 送红包等，效果好的话，每天能带来几百个下载量。与点赞和刷评论的公司或组织合作，通过刷评论冲榜，提高排名，也可以获得 APP 的用户量。

8. 刷榜推广

这种推广方法本质上是一种非正规手段，但是在国内非常受欢迎，毕竟绝大部分苹果手机用户都会使用 APP Store 去下载 APP。如果公司 APP 直接排在前几名的位置，可以快速获得用户的关注，同时获得较高的真实下载量。

不过，刷榜的价格是比较高的，国内榜 Top25 名的价格，每天 1 万元左右，Top5 的价格每天需要两万多。由于这种推广成本比较高，所以一般会配合新闻一起运作，这样容易快速出名。

最后，总结对比一下以上几种 APP 推广方法：对于官网下载这种方法，有利于企业自我宣传；应用商店，它的推广质量比较好；手机媒体和网络论坛推广，它的影响力很大；积分墙推广，比较容易实现集中推广；插屏广告容易实现精准营销；应用内互推，它的成本是比较低的；手机预装方式的存活率高；注册返利模式，它的激活率较高。以后在做 APP 推广时，可以从中选择一些合适的方法。

3.2.2 ASO

ASO（APP Store Optimization），就是移动应用商店优化，特指苹果公司应用的 APP 排行榜的优化，现在也泛指提升 APP 在各类 APP 应用商店或市场排行榜和搜索结果排名的过程，如图 3-6 所示。

移动应用商店优化主要是利用 APP Store 的搜索规则和排名规则让 APP 更容易被用户搜索或看到。通常我们说的 ASO 就是 APP Store 中的关键词优化排名，重点在于关键词搜索排名优化。

在进行优化的过程中，要重点考虑以下影响因素。

1. 应用名称

应用名称由主标题和副标题组成，对于应用排名的影响就类似于网页中“Title”标签对网站的影响，是对应用排名影响较大的因素之一。好的应用名称能

图 3-6　应用商店关键词搜索结果

够让用户迅速记住 APP，并了解其主要的功能。但是应用名称却不像网站的“Title”标签那么容易修改，很多时候名称是早就定好的，但是还是要考虑用户在应用商城搜索此类应用时最常用的关键词来做优化。

2. 关键字或标签

上传应用时填写的关键字或者标签，就像制作网页时填写的“Key Words”标签一样。虽然现在“Key Words”标签对 SEO 已经没有太大的作用，但是 APP Store 排名规则的发展显然也没有成熟到忽略关键字的地步，所以在进行优化时一定要思考 APP 要设置的关键字，以方便用户快速地找到应用程序。

3. 应用的描述

很多商城还需要区分简要描述和详细描述，简要描述往往显示在应用列表页，详细描述则是应用的重点介绍内容。APP 的描述对于应用的推广也是极其重要的，因为用户在搜索结果列表页看到应用时，吸引他们点击进入详情页的就是应用的描述，而且这个因素还将直接与应用的搜索结果点击率有关，而搜索结果点击率也很可能影响应用在该搜索结果的排名，如图 3-7 和图 3-8 所示。

图 3-7　网易严选 APP 的简要描述

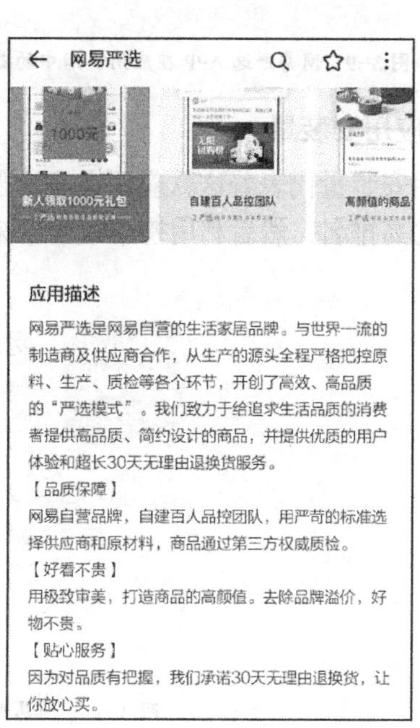

图 3-8　网易严选 APP 的详细描述

4. 应用的截图及视频

详情页里应用的截图及视频是用户浏览 APP 时最直观的感受，同时也会影响应用在排行榜的位置，因此选择最能代表 APP 特点的截图或者视频，不仅能提升 APP 在应用商店中的排名，还能抓住用户的心理，吸引其尝试下载应用，如图 3-9 所示。

5. 用户评价

很多的 APP Store 都提供了按照用户评价排行的选项，虽然在现在的用户评价中可能存在相关操作的不良问题，但是类似于淘宝网站，良好的评价总能赢得用户的关注，如图 3-10 所示。

图 3-9 网易严选 APP 在应用商店中的截图

图 3-10 APP 在应用商店中的评价

6. 应用安装量

应用安装量代表着这款应用在客户群体中的影响力和接受度，可以通过刷榜使应用获得下载量的高排名，然后利用榜单效应带来大量下载，如图 3-11 所示。

图 3-11 网易严选 APP 在应用商店中的安装量

7. 活跃用户量、活跃用户比例及短期用户留存度等

所有的 ASO 都是建立在产品有用性的基础之上的，对于任何应用开发者来说，保持产品质量，提高活跃用户量、活跃用户比例及短期用户留存度等才是最重要的。

8. 相关应用推荐

当用户搜索某个 APP 应用时，往往会出现相关应用推荐，这类似于淘宝网的“直通车推广”或者“相关链接”，通过建立与知名度高和下载量大的 APP 之间的相关应用推荐展现，可以为自己的 APP 带来一定的浏览量和下载量，是一种有效的推广方式，如图 3-12 所示。

图 3-12 考拉海购 APP 在应用商店中的相关应用推荐

拓展内容

小程序

小程序是腾讯公司推出的一种不用下载就能使用的应用，它提供了一个简单、高效的应用开发框架和丰富的组件及 API，帮助开发者在微信中开发具有原生 APP 体验的服务。经过将近两年的发展，腾讯公司已经构造了小程序开发环境和开发者生态。现在小程序应用数量超过了一百万，覆盖 200 多个细分的行业，日活用户达两亿。小程序开发门槛相对较低，难度不及 APP，能够满足简单的基础应用，适合生活服务类线下商铺及非刚需低频应用的转换。小程序能够实现消息通知、线下扫码、公众号关联等七大功能，还在许多城市实现了支持地铁、公交等民生服务。

3.2.3 APP 推广效果分析

手机 APP 推广可以直接与受众互动，甚至直接安装、打开 APP，减少互动过程中的阻碍与干扰。相对于传统推广，手机 APP 推广具备特殊优势，而受众行为的有效监测逐渐成为 APP 推广效果评估最重要的标准。配合移动互联网强大的数据统计分析能力，为 APP 推广效果的可衡量性提供了可靠的技术基础。

目前常用的 APP 推广效果评价指标有以下几个。

1. 趋势指标

计算每一个渠道每日趋势的相似度，相似度越高，渠道趋势评分越高，反之评分越低。

渠道流量趋势反映了渠道的推广状态，是判别渠道推广是否正常的关键指标。在大规模渠道流量变化的环境下，获取、理解、显示能够导致流量态势发生变化的关键要素，预测最近发展趋势的顺延性，为最终的决策与行动提供数据依据。

2. 活跃度指标

各个渠道每分钟的活跃度和线上渠道对比；如果相似度低，说明对应渠道人均 PV 和在线时长低，则评分低。

活跃度可以在一个较为宏观的层面看到渠道推广来的用户整体进入 APP 的情况。如果单独分析每日活跃用户数，很难发现根本性问题，因为用户每天都会大量新增，也会有很多流失，需要结合单位时间内活跃用户的数量和整个 APP 的生命周期来综合分析。

活跃率是指单位时间活跃用户数与总用户数的比值，通过活跃率可以了解 APP 用户的整体活跃度。通过对比不同渠道来看用户活跃度，能够很好地鉴别渠道的好坏。

3. 用户行为指标

根据每一个渠道的 PV、启动次数、操作次数、推送打开、推送到达、播放次数、联网次数，综合以上 7 种用户行为和数据，与标准渠道数据做相似度计算，确定用户行为指标的结果。

活跃用户量小于 1000 的 APP 渠道有很大的随机性，趋势指标、活跃度指标对异常渠道识别不准确，因此针对活跃用户量小于 1000 的渠道补充了用户行为指标，根据用户行为可以分析用户的喜爱偏好、使用习惯、产品热度等，同时也能用来比较渠道推广的质量。

4. 留存指标

在 APP 推广初期，通常用户数量增长会比较快，但用户也会随着时间的逐步流失，其留存率会逐渐下滑，经过一段时间沉淀才能稳定。根据渠道新增用户每日留存率组成渠道留存指标，来判断渠道留存率变化趋势与正常渠道的趋势的相似程度。留存指标主要包括次日留存、周留存、月留存和渠道留存 4 个方面。

（1）次日留存

新导入的用户不一定需要该 APP 的服务或功能，或者离用户喜好有偏差，大部分用户很快就会流失了。针对用户可能流失的原因，设计符合产品特点的新手引导，优化新用户转化路径，通过不断地修改和调整来降低用户流失率，提升次日留存率。一般优秀的 APP 的次日留存率可以达到 40%。

（2）周留存

如果用户在一周的时间内较好地完成 APP 的使用和体验，还能够继续使用，说明这部分用户的忠诚度较高。

（3）月留存

通常移动 APP 的迭代周期为 2 ～ 4 周，所以月留存是能够反映出一个版本的用户留存情况的，一个版本的更新，总会或多或少地影响用户的体验，所以通过比较月留存率能够判断出每个版本更新是否对用户有影响。

（4）渠道留存

因为用户来自不同的渠道，用户质量会有所不同，所以要分析各渠道的用户留存率情况，而且排除用户差别的因素以后，再去比较次日留存、周留存，可以更准确地判断产品上的问题。渠道留存可以反映出用户对 APP 的忠诚度，通常随着时间延长而不断下降，一般 30 日后维持较稳定的数值，可以认定为推广成功。

目前 APP 推广的效果评估已经进入精确评估阶段，除了以上提到的几点，每千人曝光成本、每点击成本、每安装成本及每注册 / 成交成本等精密评估方式都被用来进行 APP 推广效果的评估。

网商学堂

KPI

KPI（Key Performance Indicator）即关键绩效指标法，是国内大多数互联网公司针对员工进行绩效考核的一种考核方式。不同公司、不同部门的考核指标有所不同。

产品经理的 KPI 会更加偏向于交易数据，比如交易额、销售指标、客单价、复购率等。社交类企业会注重用户留存、活跃度、阅读量、转发率等。APP 推广活动的 KPI 考核侧重于下载量、安装量、用户的活跃度、转化率等。

3.3 APP地推

3.3.1　APP 地推概述

大部分 APP 推广渠道都是以线上为主的；但仅靠线上推广远远不够，线上推广渠道往往存在不准确、转化差、成本高等问题，甚至有些单位对数据造假。因此，地推普遍受到企业重视，线下推广工作也必须做好。

地推：就是开展地面推广，比如，推广游戏、移动应用等，如图 3-13 所示。

图 3-13　APP 地推

截至 2018 年我国拥有地推企业 2000 多家，每年承接推广项目几十万个。比如，近年来饿了么和美团在外卖 APP 地推领域的竞争达到空前激烈的程度。

3.3.2　APP 地推的类别

线下推广的方式有很多，不同产品有着不同的推广方式和渠道，只有在合适的场景下推广合适的产品，才能达到最好的效果。比如，对于一般生活中的人来说，下班以后的第一件事情就是买菜，也就是说买菜就是他的需求，这个时候在小区门口摆摊卖菜，正好符合消费者的场景化需求。

所以场景化消费的关键在于构建的场景是否能够引导用户去消费。一般线下推广有以下几种场景化。

1．商街地推

每个城市都有若干条繁华的商街，商街客流量大，中高端用户较多，关注度高，容易取得较好的推广效果，如图 3-14 所示。但商街的消费群体结构比较复杂，因此适合综合性推广。

图 3-14　商街地推

由于商圈的场地费用比较高，适合大型展销会、路演等推广形式，适合很多商家联合摆展，可以降低场地费用，基本在 2000 ～ 4000 元/个展位。

城市商街适合开展项目路演、品牌宣传、展销会等，也适合于新款数码产品和金融产品的推广。

最佳推广时间：假日、节日。

2．校园地推

当前青年学生是移动消费的最大群体，国内目前大中专在校生超过 4000 万人，且学生们的消费能力强，消费频次高，尤其是网购、外卖、游戏、社交等网站服务的主要用户群体，是一个巨大的目标市场，如图 3-15 所示。

当前 APP 市场中，适合学生的产品有很多，学校的场地费用不贵，一般在 1000 ～ 2000 元/天，由于学校特殊限制，很多商品和服务无法现场售卖，可以考虑一些有益的服务项目，比如，驾校、教育培训、餐饮、影讯、学生兼职等项目。

适合推广的产品：驾校学车、英语培训、社交软件、3C 产品。

最佳推广时间：每学期开学时、每学期放假时。

图 3-15　校园地推

课堂训练

说说你在校园里见过的 APP 推广方式都有哪些？你认为哪种方式效果最好，为什么？

3. 社区地推

社区是民众生活的地方，潜在的市场空间不言而喻，小区主要以生活消费为主。消费具有客单价低、频次高的特点；社区推广场地费用一般在 200 ～ 800 元/天；适合推广的产品包括：生活类消费品、保健品、日用商品等，如图 3-16 所示。

最佳推广时间：周六、周日。

图 3-16　社区地推

4. 商场地推

商场是一个人流量比较大的地方，因此是一个非常适合做地推活动的场合，如图 3-17 所示。要做好商场地推需要注意下面几点。

第一，根据自己做地推活动的需要挑选一个合适的场地。

第二，做地推活动的场地也需要好好地布置，这样会更加有利于地推活动的进行。

第三，做商场地推活动还需要一定的人员对进入商场的顾客进行一个引导，这样一来地推活动效果也会更加有效。

第四，做地推活动的时候可以赠送一些小礼品，特别是一些非常实用的小礼品。

图 3-17　商场地推

3.3.3　APP 地推的流程

随着线上推广成本的不断攀升，流量红利已经不复存在，越来越多的商家把渠道放到线下，希望通过线下渠道打开新的推广缺口。

APP 地推工作包括如下几个步骤：第一，需要明确做地推的目的；第二，要确定地推产品类型；第三，选择地推的场景；第四，挑选活动奖品；第五，实施活动预热；第六，线上线下互动推广；第七，分析地推效果。

1. 明确做地推的目的

在做 APP 地推时，首先推广团队要明确做地推是展示产品功能，还是挖掘潜在用户，还是提高 APP 的安装量，还是提高用户数、提高交易量、开展口碑营销。这个就是要明确推广的目的；有了推广目的之后才可以做一些针对性的策划。

2. 确认地推产品类型

地推活动可以推广房产、金融产品、数码产品等，也可以推广 APP、微信公众号等网络应用。为此，推广团队要根据企业的要求，明确要推广 APP 还是推广微信公众号，或者是这两者同步推广。

3. 选择地推的场景

根据我们要推广的产品，推广团队可选择不同的地推场景，如商街地推、社区地推、高校园区地推等。

4. 挑选活动奖品

推广人员在做 APP 地推的时候，由于要跟用户直接打交道，所以为了提高用户的积极性，要准备一些奖品和礼物，通过这些礼物来吸引用户参与。当然，要准备什么奖品，什么价位的奖励，准备多少数量的奖励，这个要事先测算好。一般选择价格不太贵的商品，如精美包装的纸巾、贴纸；例如，针对的用户群体是喜欢明星的粉丝，可以送一些和他们喜欢的明星相关的东西，如一些印有明星照片的贴纸、扇子、扑克牌，或者一些精致的卡片、纽扣。若自身是餐饮娱乐企业，可选取自己品牌相对低廉的物品来赠送。当然还有一些普适性的小礼品，如眼镜布、屏幕清洗液、挂历、发卡、小日记本等。

5. 实施活动预热

前期准备工作做好之后，我们要做一些预热工作，比如说提前做好策划，然后在某些区域内进行预先宣传，把广告的文案、材料等事先分发出去。

6. 线上线下互动推广

在 APP 地推过程中，我们主要是通过扫码送礼品，帮助安装，引导用户使用，利用这些方式来提高 APP 的安装量。在活动过程中，我们要吸引更多用户参与。再结合线上推广的优势，将线下活动过程等在线上宣传，形成全方位的传播效应。

7. 分析地推效果

地推活动结束之后，我们要及时分析相应的数据，及时总结，例如，通过本次地推活动，有多少下载量、提高了多少交易量、每日的活跃用户数情况如何，等等。我们要做适当的分析和总结。

3.3.4　APP 地推的策略

第一，在开展 APP 地推的时候，推广人员要明确目标人群，要做精确的定位，我们的产品适合哪一类人。

第二，选择合适的地推场景，如在商厦做地推比较适合于外卖类、融资类、电商类 APP；在商街做地推，比较适合于娱乐类、旅游类、房产类 APP；在社群做地推时，比较适合理财类、教育类、医疗类 APP；在高校做地推，非常适合于外卖类、生活类、社交类 APP。

第三，在做 APP 地推时，地推团队要保证现场人气，要花大力气来造势。我们都知道用户有跟风的特点，越是热闹、人气越高的地方，用户越喜欢参与，所以我们要保证人气比较旺盛，才能保证有好的效果。

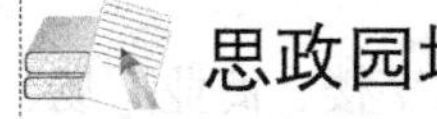

思政园地

文明地推

地推即地面推广，在移动游戏、移动应用推广方面使用较多。有些地推人员随意将海报（或小广告）粘贴在路边电线杆上、道路两旁的墙壁上、街道的地面或社区楼梯的墙面上，等等。很明显，这种宣传方式有悖于文明，违反城市管理规定，也给环卫人员的清除工作增加了负担，因此我们不能采取此类违规的地推方式。

实际中还有些公司，为了吸引眼球，故意制造噱头，采用了较为低俗的地推方式，如模特衣着暴露、广告内容低俗、用词混淆视听，等等，这种现象要坚决抵制和反对。

3.3.5 APP 地推案例

1. 项目介绍

金浩健身中心致力于成为全国最专业的健身连锁机构，推出了健身、游泳、瑜伽、普拉提、民族舞、肚皮舞、芭蕾舞、形体舞蹈、流行爵士、动感单车、少儿体艺、私人教练等服务。凭借专业化的健身管理队伍、丰富多彩的健身教练课程、行之有效的健身服务项目、舒适优雅的运动环境和时尚动感的品牌号召力，金浩健身已成为国内时尚健身运动产业的专业品牌。

2. 推广目标

公司已开发 APP 和微信公众号，由于 APP 的关注度和下载量都比较低，为了提升 APP 的安装量，提高微信公众号的粉丝数量，团队计划以自己的健身中心为原点，分批次开展为期半个月的地推活动。

通过地推活动提升公众号的关注度和 APP 的下载量，宣传公司服务及近期优惠活动，推广公司品牌，提升业绩，如图 3-18 所示。

图 3–18　APP 地推案例

3. 推广方式

派发公司宣传单页，收集潜在客户资料，配合促销活动的执行。

①商圈推广：在黄金时段、城市繁华地段开展传单派发，如街口、写字楼、商业广场、地铁口等人流密集处。

②校园推广：放学时间在高校门口派发传单，目标客户比较集中。

③社区推广：张贴海报、发放单页、承包广告牌等。

④驻点活动：选择中高档社区驻点和商圈驻点等，分为平时和关键时间节点，如节假日。

⑤异业合作：考虑与非竞争性的影院、书城等长期合作。

4. 团队搭建

初步组建地面推广小组 3 个；每组 2 ～ 3 名地推人员；除公司员工，再招募若干名兼职人员，兼职人员以在校大学生为主，以派单、收集信息和张贴海报等为主要工作内容；并指派 1 名市场督导，负责各小组地推工作的管理与考核。

5. 经费预算

根据地推活动的形式、时长、场所的策划，完成活动的经费预算。地推预算表如表3-1所示。

表3-1　地推预算表

项　　目	预算金额/元	计 算 依 据
场地费	500	1场
广告彩页	450	700张
礼品	400	200个
设备设施	180	易拉宝1个
人员工资	3000	每人每天100元，共6人
交通费	220	按实际支出
总计	4750	

6. 前期准备

首先，准备广告传单。从健身中心良好的环境、齐全的健身设施、教练周到的服务、价格的优惠等方面，设计广告单页，并事先打印好。

其次，确定地推场所。团队成员通过查找地图，提前了解合适的推广区域，并确定以公司为中心、方圆1千米的范围，作为本次地推的区域，将重点推广的几处写字楼、商业中心、地铁站、高校、繁华街道等做好标记，并按照距离规划好地推的路线。

然后，准备地推的小礼物。本次推广主要提供小瓶矿泉水和袖珍日记本。

最后，要准备本次地推所需的设备与耗材，包括易拉宝、胶水、胶带等。

为了提高地推效果，公司在APP和微信公众号上也策划了相应的活动页面，设计了推广的落地页，支持用户在线报名、在线预约、微信预充值、办理VIP卡，以及在线领取体验券等。

7. 地推执行

推广团队A主要负责周边的两所大学，两名推广人员利用中午、下午的用餐时间，在高校门口发放广告页，一周共执行了3次。

推广团队B主要负责6个主要街口，两名推广人员利用午餐、下午下班时间，在街道沿街、十字路口的绿化带旁边发放广告页，一周共执行了5次。

推广团队C主要负责万象城等三处商业广场，两名推广人员利用中午、下午、晚餐时间段，在商业中心入口、电梯口等显眼处摆放易拉宝、发放广告页，一周共执行了5次。推广人员还在商业广场的卫生间洗手台上放置了拥有公司名称标志及联系方式的纸巾盒，方便用户抽取使用。

8. 地推总结

经过一周的地推，三个团队共执行推广活动13次，共发放广告单页700多张，发放小礼物150多件；公司的微信公众号新增粉丝380多人，APP推广方面，共有160多人扫码，90多人成功安装了公司的APP，活动期间有350多人领取了体验券，30多人在线办理了健身VIP卡。总体来看，本次地推活动获取的用户精准度高，活动转化率较高。

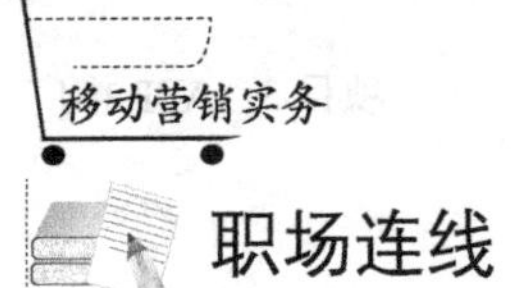

职场连线

招聘岗位：APP 推广专员

岗位职责：

1. 有从事市场推广岗位的强烈愿望，负责产品的宣传和推广工作。
2. 开拓新市场，发展新客户，增加产品销售范围，对市场有一定的洞察力和敏锐度。
3. 愿意从基层做起，想通过销售锻炼自己、丰富阅历。
4. 有良好的语言组织和表达能力，擅于沟通，具有良好的服务及团队协作意识。
5. 有激情和热情，不安于生活的平庸，敢于挑战高薪，实现自己的人生目标。

任职要求：

1. 大专及以上学历，市场营销、电子商务、网络营销等相关专业毕业生。
2. 有责任心、良好的抗压能力、较强的团队合作精神。
3. 能积极主动学习，有很强的自我约束和自我管理能力。
4. 做事认真，具有良好的责任心、亲和力、沟通能力。
5. 具有积极进取的精神及接受挑战的个性。

薪资待遇： 月薪 4000 ～ 8000 元。

3.4 APP推广案例

1. 方太生方家 APP

为了做好 APP 推广活动，方太集团以火锅为主角设计了“接锅侠”这个游戏，旨在提升用户的好感度，吸引更多的人下载和注册方太生活家 APP。用户在游戏中所获的火锅币可自由转换为积分，然后在方太生活家 APP 上兑换好礼，与“方太生活家”建立更紧密的联系。方太集团 APP 推广如图 3-19 所示。

图 3–19　方太集团 APP 推广

2. 星巴克 Early Bird APP

星巴克推出了一款 Early Bird（早起鸟）APP，如图 3-20 所示，当你下载这个 APP 以后，可以设定时间提醒你起床。用户在设定的起床时间闹铃响起后，只需按提示点击“起床”按钮，就可得到 1 颗星，如果能在一小时内走进任一星巴克店，验证这个 APP，即可打折买到一杯咖啡，还有半价的早餐！

当然这个 APP 还可以从设置不起床的后果声音，如“再不起床，迟到了罚款 100 元”，只需要输入公司相关规定即可。

图 3-20 星巴克 Early Bird APP

3. O2O 网站的地推

饿了么、滴滴、e 代驾早期都开展过疯狂地推，并取得不错效果。饿了么地推人员不断去扫楼和扫街，在办公楼、住宅区等地方群发广告，因为点外卖的人经常在这里出没；滴滴的地推人员是挨个去找出租车公司和出租车司机谈合作，鼓励他们使用滴滴打车的软件；e 代驾的地推人员则把印有自己广告的牙签盒、纸巾盒等小礼物分发到酒吧、KTV、饭店等各种场景去，因为这些小礼物是这些场景能用得到的，让用户在使用这些产品的时候知道 e 代驾。又如，百度外卖地推如图 3-21 所示。

图 3-21 百度外卖的地推

4. 有缘网 APP

有缘网，为中国广泛的单身群体提供婚恋服务。在有缘网，每天有海量单身男女在线互动。官方认证、多机制确保用户资料可靠，照片真实、放心交友、安全交友、发布新鲜事、找到身边的人，了解大家的日常动态，让恋爱不再纸上谈兵。

有缘网是中国领先的大众婚恋交友平台，致力于打造专业的婚恋交友平台，备受广大单身男女的青睐，每天在线用户行业领先，功能更全面新颖，用户标签更个性完善。

在社交行业，众所周知，相对于微信、QQ 等主打熟人社交的强关系社交 APP 而言，陌生人交友 APP 天生就面临着两大“如何”难题：一是如何解决用户对陌生人的戒备心理及心理需求匹配度；二是如何实现 Online 到 Offline，在线下衍生更多的价值可能性。有缘网 APP 推广主要是这样运作的。

（1）应用商店优化覆盖词

如何利用苹果 APP Store 关于标题、关键词的字数规则，覆盖更多、更热的行业搜索词，是第一个需要解决的问题。我们通过应用雷达、AppAnnie、ASO100 等工具获取了大量与应用相关的数据，包括行业热门应用、最新搜索热词、竞品排名数据等，然后根据预期收益比选出最优词组进行匹配，同时应用本身的权重也在不断提升，所以需要定期提供 ASO 方案用于 APP 版本更新，利用应用商店的榜单的排名规则，迅速地提升 APP 的关键词排名，并且维护排名。

（2）同类产品包高榜单维护

各大应用商店中的 APP 排行榜单，包括其总榜及分类榜单，会在一天内不定期更新，每次更新都会维持一段时间，APP Store 会就这段时间内应用的表现进行评分，不断调整应用的排名，从而使应用处于一个不断变化的过程中，如图 3-22 所示。

图 3-22　APP 排行榜单

有缘网运营团队开展搜索优化，对移动应用名称、关键词、厂商等信息做优化，并努力做大下载量，争取排序优化；榜单优化方面则以合作冲量、限免冲量、刷榜冲量为主；优化相关搜索，提高转化率；保持在社交类 APP 中长期占据榜单前列，提升知名度。

综合实训

（一）实训目的

学生对 APP 推广的基本知识有所了解，通过本实训活动，学生可以了解在真实企业项目中开展 APP 推广及 ASO 的过程和方法，加深对本项目知识的理解。

学生已经初步掌握了 APP 网络推广和地推的策略和方法，通过本次实训活动，学生可以巩固 APP 推广的方法、策划、效果评估等知识技能；并通过 APP 网络推广和地推的实操，掌握 APP 应用商店推广、插屏广告推广、应用内互推的方法及 APP 线下地推活动的策划与设计。

（二）实训任务

1. 以某个应用商店为例，分析抖音 APP 的推广情况，着重分析抖音在应用商店优化方面都采取了哪些措施，并分析其优缺点。

2. 青团社开发出一款针对高校大学生的兼职类 APP，想策划一期校园地推活动，请你尝试为本次活动规划实施方案。

（三）实训步骤

1. 教师演示

（1）引导学生列举在应用商店中进行 APP 推广的渠道，如 APP 名称、关键字或标签、应用的描述、应用的截图及视频、用户评价、应用安装量、相关应用推荐等，然后分析并总结每个推广渠道的特点，最后提出抖音 APP 在这些推广渠道中的推广注意事项。

（2）首先查找资料，了解青团社兼职 APP 的运营现状、目标用户、市场开发情况，分析该 APP 的地推目标；然后以自己所在的校园环境为基础，尝试列举可用的地推方式；最后分组讨论各种方式的特点，并选择出最优方式或组合。

2. 学生操作

（1）完成抖音 APP 推广渠道分析，以某个应用商店为例，分析企业推广策略，然后分组讨论，并提出推广改进意见。

（2）学生分组，承担调研任务，完成自己所在校园市场的兼职类产品 APP 的应用现状分析，然后分析青团社兼职 APP 的特点和地推目标，最后完成一份 APP 地推策划方案。

知识与技能训练

一、单选题

1. 以下哪个媒体不适合进行 APP 的推广？（　　）

A. 门户网站　　B. 应用商店　　C. 户外广告　　D. 广播电台

2. APP 推广主要的营销模式不包括（　　）。

A. 口碑宣传模式　　B. 植入广告模式　　C. 注册返利模式　　D. 销售返利模式

3. 在 APP 的推广中，下列哪种方式不可取？（　　）。

A. 搜索排行推广　　B. 刷评论推广　　C. 插屏广告推广　　D. 应用内互推

4. APP 网盟类推广方法不包括（　　）。

A. 积分墙　　B. 网盟或代理　　C. 微信群推广　　D. 刷榜推广

5. 常用的 APP 地推策略不包括（　　）。

A. 贪婪型地推　　B. 理智型地推　　C. 需要型地推　　D. 情感型地推

二、多选题

1. APP 所具有的特征有（　　）。

A. 便携性　　B. 实时性　　C. 实时性　　D. 定向性

2. 在 APP 推广时需要注意的事项主要包括（　　）。

A. 避免盲目选择推广渠道　　B. 推广渠道一成不变或者渠道少

C. 推广渠道真实有效　　D. 推广可以随意进行

3. APP 推广效果评价中的留存指标包括（　　）。

A. 次日留存　　　B. 周留存　　　C. 月留存　　　D. 渠道留存

4. APP应用商店推广方法中，可用的应用商店包括（　　）。

A. 手机厂商应用商店　　　B. 电信运营商应用商店

C. 手机系统商应用商店　　　D. 第三方应用商店

三、简答题

1. 常见的APP推广法有哪些?

2. 常用的APP推广效果评价指标包括哪些?

3. 在进行ASO优化的过程中，要重点考虑的影响因素有哪些?

4. 请你列举5个APP地推的主要场景。

四、实训题

1. 现在要采用地推的方式，推广外卖APP、理财APP、英语学习APP、生鲜APP、旅游APP等5款应用，请你选择合适的地推场景，并完成表3-2的填写。

表3-2　实训题1

要推广的APP	目标用户	推广场景	场景的特点	主要推广思路
		校园地推		
		商街地推		
		社区地推		
		实体店地推		
		电梯广告		

2. 请尝试为小红书策划一个APP推广方案，包括项目现状、推广目标、推广方法、实施方案、人员安排、工作进度、效果评估等。

项目4

微博营销

微博营销微课

知识目标

1. 熟悉微博营销的方式
2. 掌握微博营销的流程
3. 熟悉常用的长微博制作工具
4. 掌握话题营销策略

能力目标

1. 熟练应用微博增粉策略
2. 熟练应用微博互动技巧
3. 能够利用工具制作长微博
4. 能够创建微话题

素质目标

1. 具备创新思维与逻辑思维
2. 具备团队合作意识
3. 具备社会化媒体应用的法制意识
4. 拥护并实践习近平新时代中国特色社会主义思想

思维导图

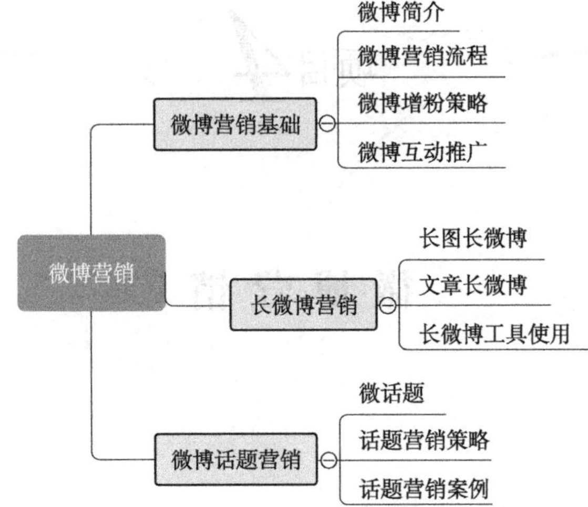

案例导入

小米公司微博营销

小米公司（简称小米）首创了用互联网思维开发手机操作系统的模式，将小米手机打造成全球首个互联网手机品牌，坚持“为发烧而生”的产品理念，打造出发烧友必备手机，吸引人们的注意。据悉，小米手机有 70% 的销量是通过互联网完成的，剩下的 30% 则由运营商完成，如果再进一步细化，有 50% 的销量是通过微博、论坛等社会化渠道实现销售的。

1. 自己操盘，全员参与互动

小米的营销主要是自己操盘，包括公关、微博营销、客服等都是由自己来做的，从而建立了小米矩阵团队，全员参与，有效保证了与用户的零距离沟通。

2. 有奖转发是常态

小米的官方微博几乎天天举办转发抽奖活动，少数的奖品，却赢来了大量的转发。小米不仅能准确找到其微博定位及潜在的消费者群体，更善于分析潜在消费者群体对小米“求之若渴”的急切占有心理，采用“饥饿营销”模式，发布有奖转发等一系列微博通知，吸引目标客户对产品的关注。

3. 米粉互动很重要

小米的几大创始人，都很注重和用户之间的互动。其好处是小米的高层直接面对用户，主动了解客户需求，使用户也有亲近感。

4. 专业人士负责微博营销

小米有 20 多个人专门负责微博营销，且大多数都是对技术、产品精通的员工，会在微博上及时发现用户反映的小米产品的问题并与之沟通。因此小米用户会觉得自己有了和公司直接沟通的渠道。

【案例思考】

小米公司是如何利用微博进行营销的？后期还需要如何做才能保持良好的发展状态？

【案例启示】

微博作为互联网最重要的平台之一，每天拥有千万级的流量，企业应当将其作为自己的营销平台之一。小米公司微博营销的成功便说明了这一点，它运用“饥饿营销”制造出供不应求的买家市场效果，而且还要拥有自己的营销团队，线上线下做好配合，积极发布活动，吸引优质粉丝并与粉丝进行良好的互动。微博营销只是其一，企业一定要保持线上线下的统一,万不可相互排斥，才有可能在激烈的商业竞争中立于不败之地。

微博，是一种通过关注机制分享简短、实时信息的广播式网络社交平台，因其具有互动性、即时性和开放性等优点，迅速被人们所熟知。微博兴起至今，不仅连接了数亿庞大用户群体，还在商家产品宣传方面发挥了重要的营销作用。微博营销注重价值的传递、内容的互动、系统的布局、准确的定位。微博营销显著的效果，也使其得到了快速发展，它能够帮助卖家实现增加自身知名度、推广产品或者服务的目的。

4.1 微博营销基础

4.1.1 微博简介

微博是基于用户关系的社交媒体平台，作为继门户、搜索引擎之后的互联网新入口，微博改变了信息传播的方式，实现了信息的即时分享。

由于手机已成为人们日常生活不可或缺的工具，移动互联网也随之进入一个新的发展阶段，微博移动客户端能同时打破时间、空间限制，实现社交传媒功能，因此，微博营销成为众多企业和商家青睐的重要营销手段。

微博具有多样化的展现形式、图文并茂的产品描述、多样化的沟通互动方式，而且资讯传播迅速。相对于传统营销，微博营销无须经过严格审批，从而节约了大量的时间和成本。对于企业品牌的传播更是行之有效，而且它的用户群体已经超过数亿，是国内最大的社交圈。作为新兴媒体的新浪微博，自从 2010 年上线以来就一直是各大企业推广品牌和产品的首选阵地。

微博营销以微博作为营销平台，每一个粉丝（听众）都是潜在的营销对象，企业通过更新自己的微博向网友传播企业信息、产品信息，树立良好的企业形象和产品形象。微博移动客户端界面如图 4-1 所示，各类企业微博移动营销情况如图 4-2 所示。

国内的微博平台主要有新浪微博、腾讯微博、网易微博等，尤其以新浪微博最具影响力。

新浪微博自 2009 年 8 月上线以来，就一直保持着爆发式增长。2010 年 10 月底，新浪微博注册用户数超过 5000 万。2014 年 3 月 27 日，新浪微博正式更名为微博；2014 年 4 月 17 日，新浪微博在美国纳斯达克上市。

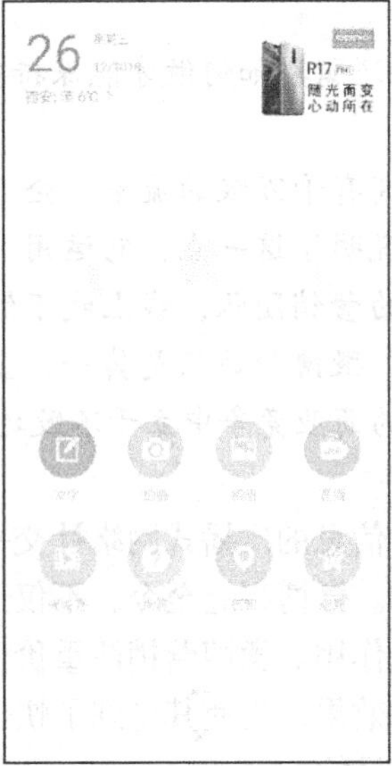

图 4-1 微博移动客户端界面

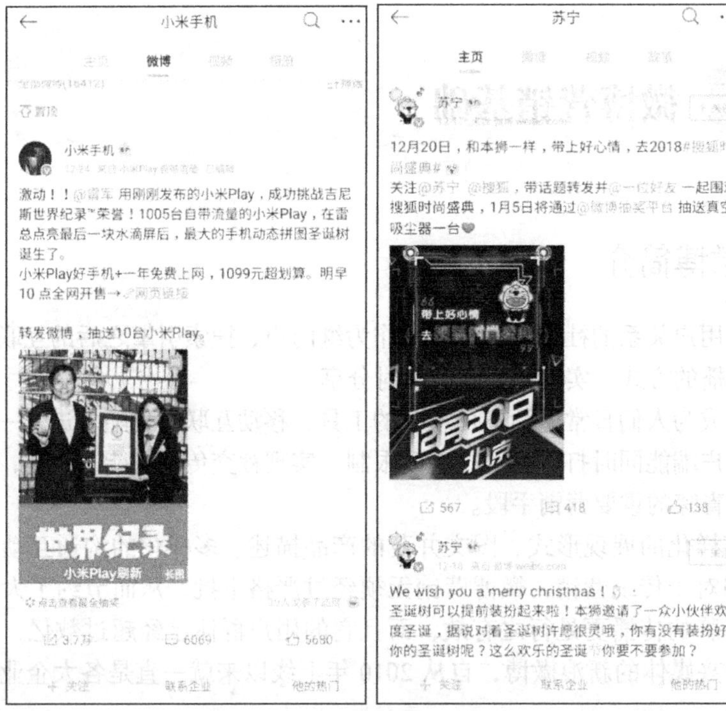

图 4-2 各类企业微博移动营销情况

4.1.2 微博营销流程

1. 市场定位

微博营销的策划，首先需要确定整体目标，即企业的商业目标、营销传播目标和目标受众。商业目标或经营目标，即在一定时期内，企业生产经营活动预期要实现的成果。营销传播目标，即企业的市场营销及传播活动希望实现的目标。目标受众，是指一个企业的业务及营销传播所针对的群体。

2. 现状分析

微博营销现状分析需要分析以下4个方面。

①微博平台分析。以新浪微博为例，它不断推出各种新的功能，如微直播、微访谈、大屏幕等，对这些功能的了解，必然有助于发现对企业有价值的机遇和营销方式。同时，量化公开的业界报告为我们提供了重要数据和信息。

②目标用户分析。对目标用户在微博上的心理及行为特点的全面分析，了解其喜好，从而“投其所好”地满足其需求，实现精准营销传播。通过微博用户发微博、评论和转发，按具体时间分布，有助于了解企业应该在什么时间发布微博或与用户进行互动。

③竞争对手分析。了解竞争对手的微博推广情况也是非常重要的，可以按照行业情况，竞争对手的粉丝数、关注数、微博总数、首次发博时间、话题分布等基本指标考察。企业也可以据此制定活动相关指标的度量，如分享与回复的次数等。

④企业自身分析。如果企业自身已经拥有官方微博，对企业自身微博现状进行分析必然是一个重要环节。与正常的标准作对比，就能够判断是否存在问题，从而对症下药。比如，通过对本企业最近1个月内发布微博的24小时分布情况，和目标用户24小时的转发和评论情况做一个对比，就可以判断出企业发布微博的时间是否合理，是否是在用户最活跃的时间段发布微博等。

3. 目标设定

微博营销传播的目标设定，是与企业的商业及整体营销传播目标保持一致的，而且应该遵循SMART原则，即：S（Specific，明确性）、M（Measureable，可衡量性）、A（Attainable，可实现性）、R（Relevant，相关性）、T（Time-based，时限性）。

在KPI的设定中，有一个误区需要引起注意，即盲目重视粉丝数量，不重视粉丝质量，这也是造成“僵尸粉”横行的原因之一。比如，一个微博账号粉丝数量200万，但是当这个微博账号发布了微博后，只能带来1条评论和2个转发，这么多的粉丝数量没有任何意义。

4. 战略和战术

微博营销传播的具体目标和关键绩效指标确定后，相当于“目的地”已经非常明确了，下一步就是要确定“如何抵达目的地”，即战略和战术的制定。

（1）关注策略

关注策略有两层含义：一层是如何吸引粉丝的关注，另一层是企业品牌微博如何通过主动地关注别人来实现自己的目标。

（2）内容策略

一个优秀的内容策略对微博活动的成功性具有显著推动作用，其中至少有三点非常重要：内容主题、内容来源和内容发布规划。

考虑到企业的传播目标，对于内容主题在这里有一个三分原则可以作为参考：1/3为用户提供有价值的内容，如对用户或用户周围好友有帮助的信息（用于增加转发量和曝光度）；1/3为交互内容，如与用户进行互动的内容（用于体现微博的活跃性，增加交互度）；1/3为品牌和促销等相关内容，如与企业品牌、产品等相关的内容。

内容来源主要包括三大类型：原创、转发、互动（与网友评论交流等），同样可以遵循三分原则。发布时间取决于业务需要，可以制定年度、季度、月度、一周内容日程，并根据上面提到的内容主题提前准备好相关内容，从而指导日常的内容发布和更新。准备并保持一个发布时间规划（类似于媒体刊登计划），并且提前准备好相关内容用于指导每日发布与更新。

5. 运营规划

在宏观战略和具体战术指导下，运营规划也非常重要。

（1）粉丝管理

针对具有不同行为特点的微博用户，应该针对其行为和偏好等，采用不同方式进行沟通与交互，从而进行有效的粉丝管理。

（2）意见领袖管理

意见领袖是大众传播中的信息中介，人际传播中活跃分子，经常为受众提供信息、观点、建议，对他人施加影响的人物。意见领袖管理，需要特定方法和工具的支持。一种方法是从相关度、影响力和合作机会三个维度，对意见领袖进行综合评估。

相关度是指该意见领袖与企业传播目标和内容的相关程度大小；影响力是指该意见领袖的影响力大小；合作机会是指与该意见领袖达成合作的可能性大小。根据这三个维度，可以制定出一套意见领袖管理模型，针对不同的意见领袖，采取不同的管理措施。

（3）微博活动

从是否涉及其他平台的角度来看，微博活动可以进行以下几种活动规划。

①微博活动：仅使用微博平台。

②整合线上活动：微博＋其他网络营销渠道。

③整合活动：微博＋其他网络营销渠道＋线下渠道。

④整合营销传播。微博营销只是众多营销形式中的一种，是为了实现总体目标的众多手段之一。因此，微博营销不能孤立地考虑微博平台的情况，必须要与其他营销形式相结合，优势互补，共同为总体目标服务。

⑤资源规划。这里的资源包括人力、财力、物力等多个方面，如规划好需要的年度或季度预算、建立相关团队或者与外部代理商进行合作等。

⑥网络危机管理。很少有人会质疑微博的市场营销潜力，然而，网络舆论就像一把双刃剑。客户可能投诉、人群可能传播负面信息，所以，为了应对网络舆论危机，企业应具有危机管理机制，及时回应与处理负面新闻。

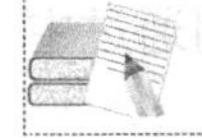

思政园地

网络危机管理

随着新兴媒体的发展，有些人或无良商家恶意利用网络传媒手段散布谣言、诽谤诋毁，通过网络炒作，打击竞争对手，破坏对方声誉，甚至敲诈勒索、收受保护费；“网络水军”“网络黑公关”炮制了不少虚假舆论，严重扰乱了网络传播秩序。因此，政府应严厉打击网络水军、网络黑公关等的非法经营活动。

当然企业也不能矫枉过正，要正确面对来自网络消费者的一些负面评价，通过提高服务水平和产品质量，来化解这些负面言论；切不可走上花钱删帖、虚假宣传、利用网络攻击他人、打击报复的错误道路上。

6. 实际行动

在制订行动计划的过程中，不同类型的工作，需要不同的团队和人员。比如，全年的微博营销战略规划，需要策划方面的人才；日常微博的内容来源搜集、内容撰写、微博日程的规划等，需要内容和文案方面的人才；而微博的图片处理和企业版微博首页的设计，则需要美术设计和注重用户体验方面的人才，等等。

另外，根据不同企业的实际情况和需求（如预算情况等），可以考虑内部和外部两种类型的资源。内部资源指使用自己公司内部已有团队，或新建自己的团队；外部资源指外包给第三方的专业代理公司。这两种方式各有利弊，企业应该结合自身实际情况综合考虑做出选择。

7. 监测控制

在采取行动的过程中，为了保证绩效的不断优化，持续的监测和控制是必不可少的。为了保证绩效的不断优化，需要利用工具来收集必要的数据。在这里，关键的一步就是对这些数据进行分析与挖掘，找出其中有价值和指导意义的要点，从而为接下来的优化进行指导。

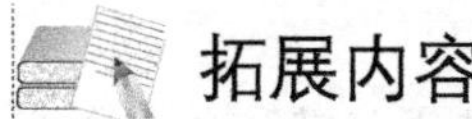

拓展内容

微博矩阵常见的模式

微博矩阵常见的模式如表 4-1 所示。

表4-1 微博矩阵常见的模式

矩阵模式	定义	营销作用分析
1+*N* 矩阵	矩阵以一个母品牌的产品线为主导，在一个大的企业品牌 / 官方微博下，再开设 *N* 个产品专项微博，构成完整的微博宣传体系	对于产品结构和品牌构成相对简单的企业，这种组合模式可以起到弱化品牌定位、强化产品卖点的作用，有利于旗下产品在用户心中形成各自鲜明的产品特色，准确影响目标受众
AB 矩阵	以品牌形象塑造、维护为主旨，通常以一个活动 / 形象微博（Action）和一个品牌微博（Brand）的形式形成矩阵组合	一正一辅，两个账号同时发力，避免信息混乱，微博账号定位不清；一硬一软，品牌硬性信息输出加品牌软性诉求感化，两方面俘获消费者
三维式矩阵	三维式矩阵即在企业人、产品线、生活理念重塑三个维度上，布局微博账号，最大限度发挥企业内部资源的微博布局方式	借助企业名人的影响力，吸引媒体关注，增强媒体关注度。产品改变生活，将产品本身所倡导的生活理念持续输出给受众，形成庞大的群体属性，增强品牌归属感。三个维度，三类受众，影响力优势组合，将更容易在更大的范围内实现注意力圈地

4.1.3 微博增粉策略

粉丝是做微博营销的基础，微博增粉是一项内外兼修的工作，“内”指的是要让粉丝觉得这个微博账号有内容，有持续关注的价值；这里的粉丝是指能够有效转化为企业客户的粉丝。“外”就是指实际增粉的技巧，包括以下三点。

1. 微博账号认证

微博账号认证主要是为了确保用户信息真实、准确，以及鼓励用户对自己言论的真实性负责。如新浪微博，认证通过后，其展示和未经认证时的模板不一样，可以设置一些个性化模式，在内容发布和展示上也占据优势，更容易获得大量粉丝。认证用户还可以申请入驻微博的名人堂，而一旦通过名人堂的申请，那么在微博上的影响力会迅速提升，会得到更多展示的机会，同时也会吸引更多的粉丝关注。

网商学堂

新浪微博账号的五大种类

个人微博：个人微博是新浪微博中数量最大的部分，又可以分为明星、不同领域的专家、企业创始人、高管、“草根”等。

企业微博：很多企业开设了官方微博，部分企业的微博还形成了矩阵式经营，包含企业领导人微博、高管微博、官方微博、产品微博，相互呼应。

政务机构微博：凭借强大的舆论影响力，微博已成为党政机关的主要宣传阵地，目前各类政务机构微博有12万个。

校园微博：各类学校，特别是各大高校纷纷开设官方微博，传播信息、增进沟通，成为学校与学生、学校与社会之间沟通的纽带与桥梁。

其他类微博：包括活动类微博、新产品上市的微博等，这类微博，有一定的时效性。

2. 吸引粉丝关注

要让微博用户主动关注，企业需要制定巧妙的策略，增加粉丝数量。吸引粉丝关注，其做法大致可以分为：

①自有媒体推广。在企业所拥有的媒体上进行推广。

②付费媒体推广。

③赢得免费的媒体报道推广。通过社交媒体转发推广，如通过高质量的内容吸引微博粉丝主动转发和关注。

3. 其他方法

①快速获得第一批粉丝：亲朋好友推荐。

②通过关注同类人群增粉。

③通过其他平台导流粉丝。

④通过外部导流增粉：直播、问答平台、媒体网站、视频平台、博客出版读物、口碑、

搜索等。

⑤通过线上活动增粉。

⑥通过合作增粉：和大 V 合作。

⑦通过原创内容增粉：内容营销。

⑧通过线下活动增粉：线下粉丝比线上粉丝更真实更有黏性。

⑨相互推荐增粉。

⑩名人转发增粉。

⑪借势增粉。

4.1.4 微博互动推广

1. 微博互动

微博营销的优势之一是，可以直接与粉丝进行对话和互动，互动的效果能影响到营销的效果。微博互动主要有两种形式，其一是对粉丝评论进行互动，其二是发布微博活动进行互动。下面我们就这两类互动技巧展开介绍。

（1）对粉丝评论进行互动

对粉丝评论进行互动，是微博互动最常见的一种形式。在每一条微博内容的下面，都少不了要给粉丝回复和引发互动，从而达到更好的导流效果。那么，除了及时给予粉丝回复，在进行这类型互动时，还有一些互动技巧可以通过图 4-3 和图 4-4 中的互动来了解。

图 4-3 微博评论互动

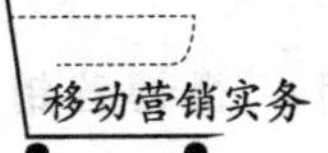

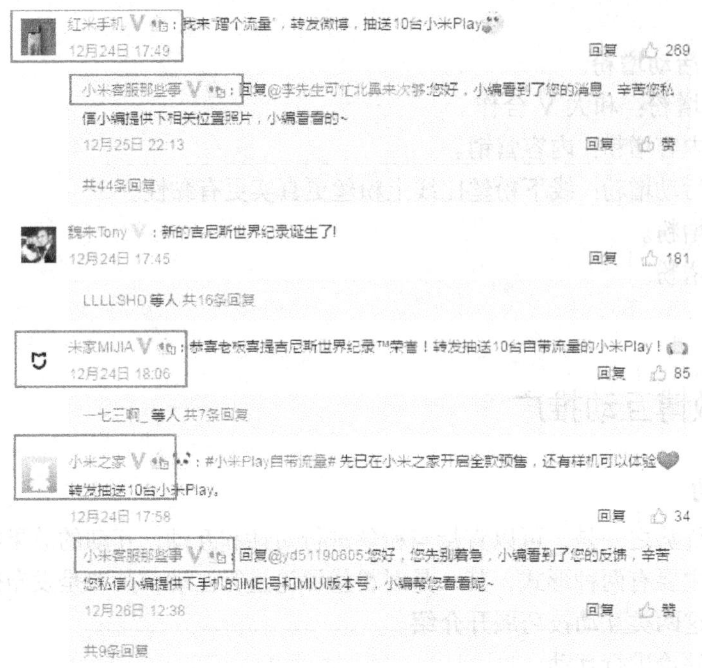

图 4-4　子微博引导交流

从图 4-4 中我们可以看到，在发布一条微博内容后，子微博都会加入到微博互动的引导工作中来，参与和用户的交流和沟通。首先是有选择性地对粉丝进行回复，所回复的内容应为具有良好互动性、可回复性的内容。在具体回复时，采用活泼、俏皮、对话式的语气，在拉近与用户关系的同时，会引发后续粉丝互动，从而达到良好的网店引流效果。我们可以看到在图 4-5 中，引发评论的效果很好。

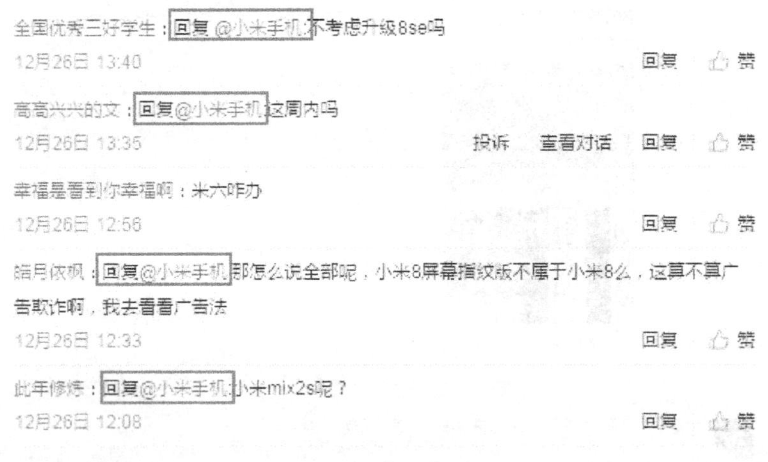

图 4-5　回复引发互动

（2）发布微博活动进行互动

要想展开互动，首先要调动用户，就是调动粉丝参与。对于一个网店（网站）来说，在微博端能做的有效互动之一，便是发布互动内容，召集粉丝参与，并选取参与的个别粉丝给予一定的奖励；奖励的形式多样，可以是产品试用、优惠券等。

我们可以参照图4-6来看，“@小米手机”转发“@雷军”发出的抽奖活动微博内容，加上一个互动：“我真的没有想要参与抽奖，我只是祝我们亲爱的老板生日快乐”，为雷军发出的微博抽奖活动进行了宣传。从直接数据上来看，原微博的转发数达到了94万次，此次活动产生了良好的互动效果，为小米品牌进行了很好的导流。

此外，活动的设置要有一定趣味性，以吸引用户参与。这种互动形式有益于增加用户对企业微博的持续关注，在参与活动的过程中，不知不觉为企业网上商城贡献流量。

图4-6 发布活动互动

微博的特殊性，大大拉近了企业与用户之间的距离，用户在使用企业提供的产品之余，可以利用微博对企业及产品进行反馈，而企业也可以及时地将企业信息及产品信息传递给用户。积极的互动能够保持企业与用户的密切关系，增加用户忠诚度的同时，增加企业商城流量。

课堂训练

学生分角色模拟与用户互动的情境，在微博上针对一个微博活动内容展开互动交流。

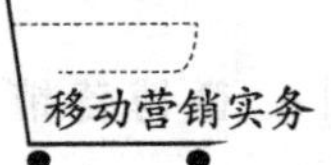

2. 微博推广

（1）粉丝头条

粉丝头条是新浪微博官方推出的轻量级推广产品，当用户某条微博使用粉丝头条后，在24小时内，它将出现在该用户所有粉丝信息流的第一位，增加该条微博的阅读量，扩大微博的影响力。每次粉丝头条的使用时限为24小时，如果需要长时间进行推广，就必须每隔24小时购买一次。

粉丝头条购买价格与用户的粉丝数量、博文质量有关。粉丝数量越多，博文将被越多的粉丝看到，影响力越大，价格就高一些；博文质量越高，越容易引发粉丝转发、评论、点赞，价格越便宜。在计算价格时会排除掉垃圾粉、机械粉、僵尸粉及不活跃的粉丝，以确保价格真实合理。另外，博文内带内生服务链接会享受较大的优惠。微博会员或橙V也会享受一定优惠。

移动端粉丝头条使用方法：进入微博正文，点击右上方的【推广】按钮，进入“博文头条”界面，设置“覆盖人数”，然后点击【去支付】按钮，如图4-7所示，支付成功，完成购买。

图4-7 “博文头条”界面

（2）大V推广

除了利用微博官方博文头条的推广功能进行微博营销，还可以通过大V进行推广。大V是指在微博平台上获得个人认证，拥有众多粉丝的微博用户。一般大V的粉丝数都在50万以上，通过大V进行微博推广是一个非常好的方式，特别是自己的人气不高，刚开始进行微博营销的时候，这个方法非常有效。

4.2 长微博营销

平时在刷微博的时候，我们经常看到很多优秀的博主发布长微博，图文并排十分精美，而且这些好看的长图或者文章总是能够吸引人的眼球。长微博营销就是利用微博平台发布一些长微博内容进行产品或活动的推广，接下来我们就介绍一下长微博。

4.2.1　长图长微博

长图长微博是指将文字或多张图片经过排版生成一张较长的图片，最终发布在微博平台。如图 4-8 所示，“小米手机”发布了一条长图长微博。

那么如何制作出一张好看的长图呢？

步骤一：明确主题，设计创作思路

在制图前务必要明确目标受众，设立好与之相关的主题。当明确目标后，针对目标设计一个线索，要让读图者轻而易举便看清图片的逻辑。

步骤二：收集资料，填充信息内容

将数据或内容作为图片的基础，必须可靠可信，才能准确表达出观点，并且去说服读者。当完成了第一步，确定好图片的主题之后，就要开始行动去搜索权威的资料。

步骤三：整理素材，基础构图

鲜明的元素组织层次可以让读者快速明白图片的逻辑，记住所要传达的信息。因此，需要思考用怎样的方式将收集到的信息整合排版，并且能够突出重点。

步骤四：选择合适的软件，开始制图

如果素材是由多张图片构成的，就可以用美图秀秀等修图软件进行拼接，形成一张长图。如果素材比较零散，可以用 PS、亿图信息图软件等进行制图。

步骤五：发布微博

最后一步可以利用长微博工具、九云图等将图片进行加工并发布。

4.2.2　文章长微博

在旧版新浪微博中，可以点击“长微博”直接发布长微博，版本升级后可以利用头条文章发布长微博。新浪微博早已将微博字数限制从 140 字提升到 2000 字，那为什么还要通过头条文章发布长微博呢？

1. 文章长微博的优势

（1）更好的传播与互动

新浪微博在改版期间进行过内测，内测期间数据显示，头条文章的阅读量较之前版本提升了 152%，互动量提升了 33%，信息流加权提升了 5 倍，给头条文章带来了更多的曝光与传播。

（2）更痛快的使用体验

打开速度慢、发布体验不友好、没有草稿箱等，这是过去使用长微博的用户经常吐槽的问题，头条文章正是为了解决这些问题而来的。头条文章良好的体验主要体现在 4 个方面：高效发布、阅读流畅、传播力强、影响力大。头条文章可以说是为移动而生的，任何人都可以利用碎片化的时间随时随地编写长文内容。

（3）让内容变现更容易

长文写得好不好，不仅体现在阅读量上，变现则是另一种认可。微博打赏、付费阅读、

图 4-8 小米手机发布的长图长微博

广告分成，是目前微博自媒体作者实现变现的三大利器，头条文章不仅会保留以上变现的渠道，还会优化上述的使用体验。比如，付费阅读，原先作者只能通过“管理中心”的“粉丝服务”进行编辑及发布，现在在头条文章的发布器上就可以直接发布付费阅读文章，使用门槛更低了。

2. 发布文章长微博的步骤

下面介绍一下通过头条文章发布文章长微博的步骤。

步骤1：点击微博编辑栏下方的“头条文章”按钮，进入“头条文章”编辑页面，如图4-9和图4-10所示。

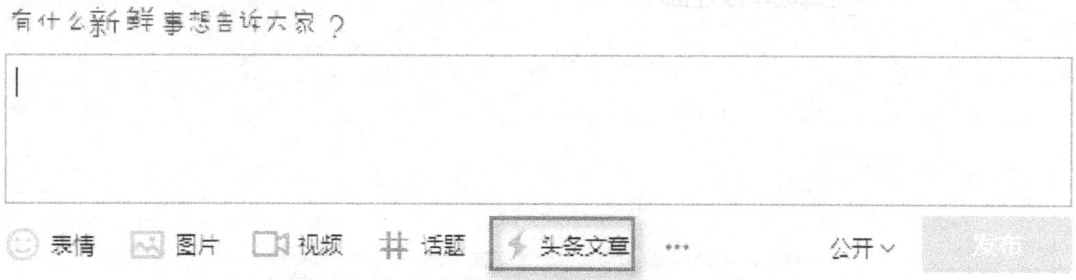

图4-9　点击“头条文章”按钮

图4-10　“头条文章”编辑页面

步骤2：将事先编辑好的文章标题及正文内容添加至相应的编辑栏内并添加封面图片，如图4-11所示。

步骤3：点击操作页面右下方的“下一步”按钮，屏幕跳出窗口提示即将发布的信息，点击“发布”按钮即可发送一条微博头条文章，点击头条文章链接就可以查看该头条文章的详细内容，如图4-12和图4-13所示。

图 4-11　添加头条文章内容

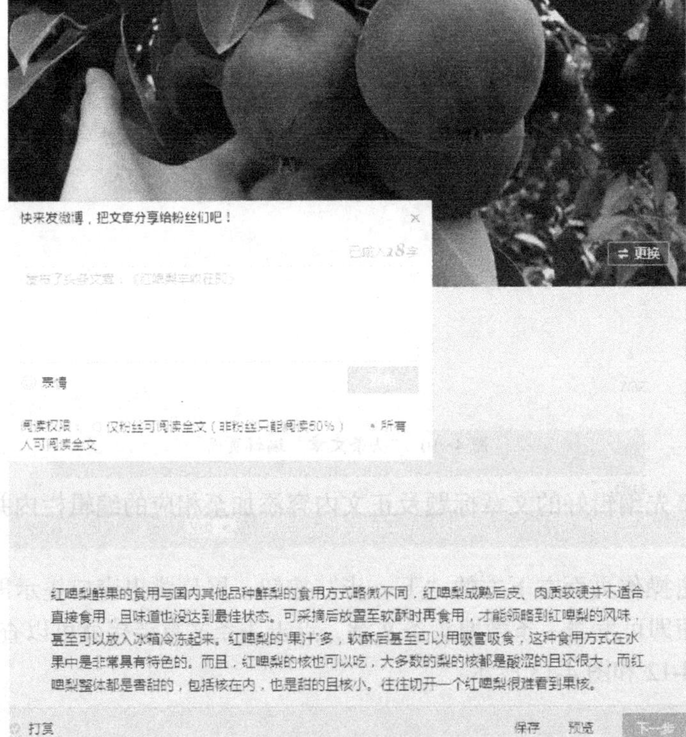

图 4-12　点击"发布"按钮

图 4-13 发布好的头条长微博文章

4.2.3 长微博制作

排版合理、背景合适的长微博可以用哪些工具来制作呢？以下主要介绍几个常用的长微博工具。

1. 长微博工具

长微博工具是一款编辑软件，它支持用户复制感兴趣的文章，选择喜欢的字体和颜色，并把文字生成图片。

长微博工具的界面如图 4-14 所示，在输入文字后可以插入图片，设置背景，只需要点击“生成长微博”按钮即可转换成功。

图 4-14 长微博工具的界面

生成长微博后会出现如图 4-15 所示的界面，点击“预览图片”查看最终效果，如果不满意可以继续进行修改。

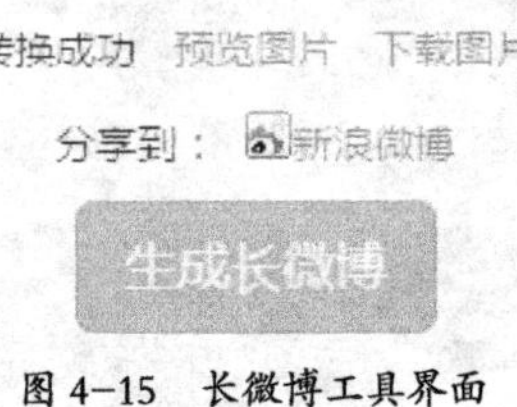

图 4-15　长微博工具界面

在长微博工具中，文字可随意排版，图片、背景可以随意插入切换，但是图片存在官方水印，而且添加自己的水印需支付费用。

2. “太长了”

“太长了”是专门为新浪、腾讯 QQ、搜狐、网易等超过 140 字的长微博发布而设计的一个文字转图片工具。

“太长了”界面如图 4-16 所示，基本操作同长微博工具相似，可以图文结合排版，修改字体及字号，选择各种风格的背景。在转换图片成功后可以直接发送到微博上。

图 4-16　“太长了”界面

在“太长了”中可以加入自己的版权，但缺点是图片只能插入到头部和尾部，有一定的限制。

3. 九云图

九云图是一款非常实用的图片分享软件，它支持用户将任意图片共享发布到微博、朋友圈之类社交平台，支持各种图片格式相互转换，还能记录文档被哪些人阅读过。

九云图登录界面如图 4-17 所示，它可以将文档转换生成长微博或长图片，一键转发至新浪微博。同时，支持转发手机微信（即微信朋友圈）、微信公众号、头条号等，并提供合成背景音乐、添加视频、设置密码和水印等功能。如图 4-18 所示，将提前排版好的文档上传至九云图，即可一键转发至新浪微博。

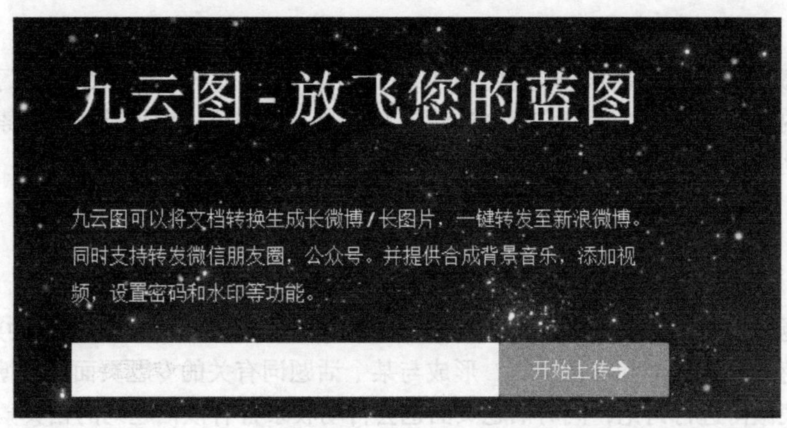

图 4-17　九云图登录界面

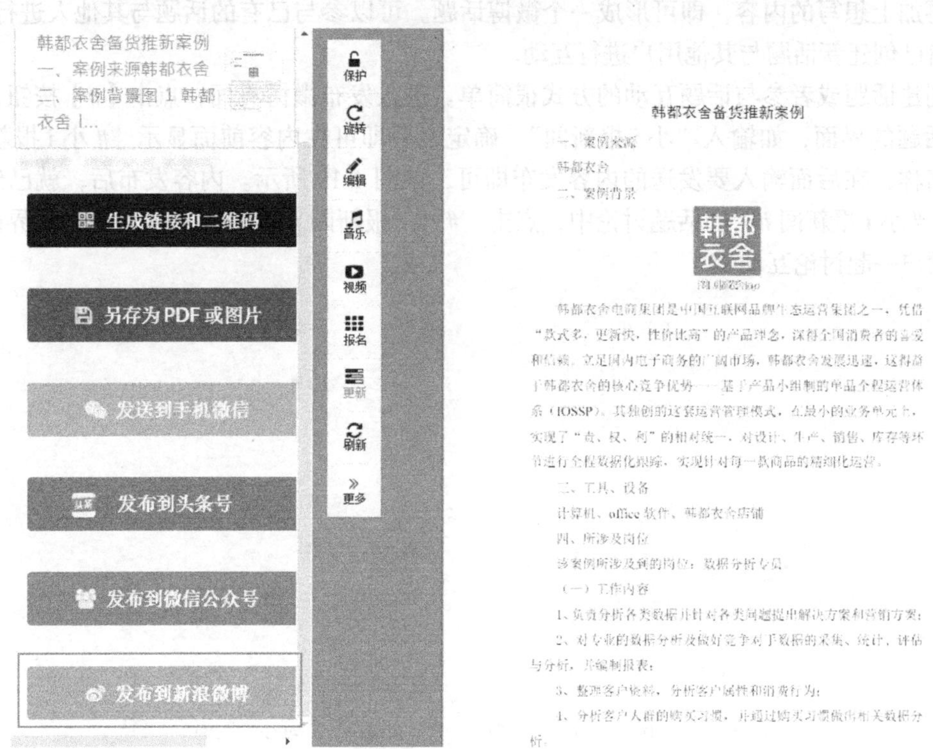

图 4-18　九云图工作界面

课堂训练

请大家在网上搜索，还有哪些常用的长微博制作工具？

4.3 微博话题营销

在策划微博文案、更新微博之前，推广者先要去搜索一下当前有哪些热门话题，用户最感兴趣的内容是什么，然后将它策划进营销文案中，这样可以增加被用户搜索和阅读的机率，从而达到营销的目的。

4.3.1 微话题

微博话题，简称微话题，就是根据微博热点、个人兴趣、网友讨论等多种渠道的内容，经过话题主持人补充修饰和加以编辑，形成与某个话题词有关的专题页面。微博用户可以进入该页面发表微博进行讨论，同时话题页面也会自动收录含有该话题词的相关微博。

“微博话题”就是微博搜索时的关键字，其书写形式是将关键字放在两个“#”号之间，后面再加上想写的内容，即可形成一个微博话题。可以参与已有的话题与其他人进行互动，也可自己创建新话题与其他用户进行互动。

创建话题或者参与话题互动的方式很简单。进入发布微博界面，点击【#】按钮，出现输入话题的界面，如输入“小 i 报新闻”，确定之后即可在内容前面显示“# 小 i 报新闻 #”话题名称，在后面输入要发送的内容发布即可，如图 4-19 所示。内容发布后，就已经参与到了“# 小 i 报新闻 #”的话题讨论中，点击“# 小 i 报新闻 #”，即可进入话题讨论界面，与其他用户一起讨论互动。

图 4-19　创建、参与微博话题

如果希望提高话题的吸引力，让更多对对话题感兴趣的微博网友关注自己的微博，在设置话题词时需要使用新鲜亮眼、亲切有趣的词语或短句，更能吸引网友们探讨。例如，#欠你一句对不起#、#各地霸气街名#、#一句话吐槽身边的奇葩#。

太长的句子不适合吸引网友们参与讨论，例如，#台风热吻沈阳 你家是否安好?#、#今天是世界睡眠日，说说你的睡眠质量#。话题词中间不能加入空格等符号，且长度在4到32个字之间，否则无法发布生成话题页面，也无法申请为话题主持人。

课堂训练

请大家查看微博话题排行榜，并完成以下调研任务：

排在最前面的5个热门话题是：________________________________

你最感兴趣的是哪个话题：________________________________

4.3.2 微博话题营销策略

微博话题营销主要是运用媒体的力量及消费者的口碑，让广告主的产品或服务成为消费者谈论的话题，以达到营销的效果。

1. 选定一个爆点话题

不管是微博话题营销或是其他方式营销，对于营销创意点的要求都很高，这是众所皆知的事情。为什么要强调选定一个爆点话题呢？原因很简单，因为微博平台更开放，大家更喜欢参与有冲突的话题。甚至，越不可思议的事情，越适合成为微博话题营销的爆点。

2. 完善内容及执行细节

微博话题营销过程代表一条波浪起伏的线条，而微博爆点话题仅是其中一个小点，它还需要结合其他内容及相关执行细节，才能将这个话题推向新的话题高端。否则，一个根本分不清哪是蓄势阶段、哪是起势阶段和旺势阶段，甚至是收尾阶段的微博营销方案，就没有继续实施的必要。

3. 冲刺微博话题榜

微博事件营销内容策划得再好，如果不能将设计好的爆点话题推上微博话题榜的话，那也很难取得比较好的事件营销传播效果。

在当下瞬息万变的网络，以及信息高度碎片化的时代，什么样的话题能够跟上时代，并能挖掘出普通人内心深处的渴望、点燃其参与热情、触动情感共鸣，并具有现实意义，使两者产生互动，那么它就一定会成为当下的热门话题。而什么样的活动可以注重用户感受与体验，同时又保护好个人隐私，而且敢于突破常规，尝试新鲜，那它就一定更能吸引人们参与，更能实现真实的口碑传播。

那么该如何提高自己的话题讨论量？第一，要有效利用话题的导语和配图，提高话题基本介绍区的吸引力，增强话题的阅读性；第二，利用话题页面中部的微博推荐模块和推荐用户模块，展示相关用户，增强话题的引导性；第三，利用微博，分享、转发话题，适当与话题页下方的用户进行沟通，调动话题讨论氛围；第四，利用微博之外的其他网站及渠道，分享、推广话题，引导其他用户参与话题讨论。

4.3.3 微博话题营销案例

微博作为具有媒体属性的社交网络，开放的话题讨论是其重要的营销价值。现在，越来越多的企业和个人通过微博话题的运营，引发用户生成内容（User Generated Content，简称UGC，又称用户原创内容）的话题讨论，最终实现品牌曝光和营销的目的。

现在的互联网，是年轻人的阵地。不管是网络水军，还是各种新媒体用户，“90后”都是主力军。因此，要想成功运营一个话题，必须找对用户群体。

一汽马自达策划了一场话题运营活动，非常成功，如图4-20所示。

运营话题是#在哪儿过年#，主要针对当下漂泊在外的年轻人群体。

图4-20 一汽马自达微博话题营销

其实年轻人经常会为了去哪儿过年而苦恼，是去TA家还是你家？还是去旅游？是否能够遵从自己的内心按照自己的方式去过年呢？是否能来一次不一样的过年？

当时正值春节将至，一汽马自达的#在哪儿过年#热点抓得非常准，话题针对的人群也非常明确，话题一经推出，成功引起广大网友的共鸣。

为了保证此次话题运营的成功，运营团队在春节前做了紧密细致的准备工作，通过话题词#在哪儿过年#切中春节场景的要害，驾游中国运营团队采用多种形式，包括直播、互动活动等吸引用户的参与，引发了用户的共鸣，为后期的阅读量和讨论量做足了铺垫。

推广团队选择在除夕夜引爆话题，不少网友发表了自己的状态和观点，引发了更多人加入到讨论中，产生了1351条优质原创内容，其中不乏感人的内容。

这次话题讨论还采用KOL（关键意见领袖）助阵，把商业话题成功打造成热点，部分蓝V用户和一些知名人物的参与，使得#在哪儿过年#话题热度大增，带来了相当大的阅读、讨论量。这些大V也成为话题快速传播的关键节点，极大程度扩大了话题曝光人群，如图4-21所示。

当然，想让广告发挥出事半功倍的效果，自身产品须得过硬。一汽马自达的#在哪儿过年#的营销重点，是围绕它最重要的两款车型——未来派轿跑阿特兹、马自达旗舰CX-4，这两款车，一经问世，即可引起轰动。无论是酷炫的外形还是良好的性能，都是这次营销成功的基础。

话题上线当天，原创博文表现突出，结合转发和媒体的关注，将话题热度推向高点，后来在去程和返程高峰期又产生了一定的讨论热度。活动最终收获2.1亿阅读量，13.5万讨论量，位列汽车榜Top 1。

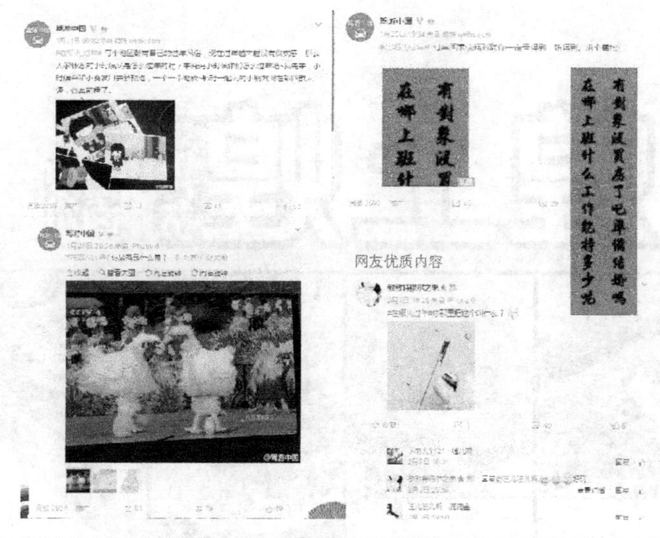

图 4-21　网友参与微博话题讨论

职场连线

招聘岗位：微博营销推广

岗位职责：

1. 负责公司官方微博运营推广，负责微博营销日常运营及跟踪维护。
2. 负责微博运营策略的制定及执行，负责论坛搜索、发帖等工作。
3. 挖掘和分析网友使用习惯、情感及体验感受，掌握新闻热点，能完成专题策划、活动。

任职要求：

1. 大专及以上学历，电商相关专业及有渠道资源者优先。
2. 品行良好、无不良嗜好、有团队合作精神和积极进取精神。
3. 能积极主动学习，有很强的自我约束和自我管理能力。
4. 做事认真，具有良好的责任心、亲和力、沟通能力；
5. 熟悉互联网媒体台，具备一定的策划能力。

薪资待遇：月薪 4000 ～ 8000 元

综合实训

（一）实训背景

学生已经对微博营销形成了基础认知，通过本实训活动，学生可以了解微博营销的流程、增粉策略，加深对长微博的认识，掌握微博话题营销的技巧。

（二）实训任务

江西煌上煌集团食品股份有限公司（简称煌上煌）创建于 1993 年，是一家以畜禽肉制品加工为主的食品加工企业。煌上煌的主要产品如图 4-22 所示。在互联网营销、新零售的冲击下，煌上煌紧跟时代变化，创新变革了以无人智能零售、多点位自动售卖机、线下实体门店、网络电商、外卖平台与线上商城为核心的六位一体全网营销模式，为企业带来了持续性发展的动力。

图 4-22 煌上煌的主要产品

请学生复习微博营销的主要知识，并以该企业为典型案例，分析其微博运营情况及其比较典型的营销博文内容。

（三）实训步骤

1. 教师引导学生复习微博营销的相关内容，学生完成问题 1 的回答及表 4-2 内容的填写。

问题 1：简述微博营销流程。

____

____

____

____

表4-2 微博营销主要内容

微博增粉策略	微博互动推广方式	长微博制作工具

2. 学生每四人为一组，对江西煌上煌企业的微博运营情况进行分析。

步骤一：企业微博概况

调研企业微博概况，完成表 4-3 所示内容的填写。

表4-3 江西煌上煌企业微博概况

微博名称	
级别	
粉丝数	
文章数	

续表

热门微博文章 （选取代表性的1～2个）	
友情链接	
微博互动情况	

步骤二：典型微博内容分析

每组选取该企业比较典型的一个微博内容进行分析，完成表4-4所示内容的填写。

表4-4 典型微博内容分析

微博内容	发布时间	
	发布目的	
	针对人群	
	发布形式	
	互动形式	
	营销策略	

步骤三：长微博及微博话题营销

每组选取该企业比较典型的一个长微博及微博话题进行分析，完成表4-5所示内容的填写。

表4-5 长微博及微博话题营销

类型	微博内容 / 话题	分析（特点 / 营销策略）
长微博		
微博话题		

知识与技能训练

一、单选题

1. 微博营销传播目标设定应该遵循SMART原则，不包括（　　）。

A. 明确性　　B. 相关性　　C. 风险性　　D. 时限性

2. 微博营销现状分析不包含下列哪项内容（　　）。

A. 营销手段分析　　B. 目标用户分析　　C. 企业自身分析　　D. 竞争对手分析

3. 以下哪个长微博制作工具只能将图片插入头部和尾部？（　　）

A. 太长了　　B. 长微博工具　　C. 创客贴　　D. 九云图

4. 微博话题词一般不超过（　　）字。

A. 30　　B. 32　　C. 34　　D. 36

5. 微博营销策划需要确定整体方向，其中不包括企业的（　　）。

A. 商业目标　　　　　　　　　　　　　　B. 营销传播目标
C. 目标受众　　　　　　　　　　　　　　D. 竞争对手目标

二、多选题

1. 微博内容来源主要包括三大类型（　　）。
A. 原创　　　　B. 评论　　　　C. 转发　　　　D. 互动

2. 话题营销策略包括（　　）。
A. 选定一个爆点话题　　　　　　　　　　B. 完善内容及执行细节
C. 建立微博矩阵　　　　　　　　　　　　D. 冲刺微博话题榜

3. 我们可以通过（　　）制作或发布长微博。
A. 长微博工具　　B. 太长了　　　　C. 九云图　　　　D. 头条文章

三、简答题

1. 简述微博营销的流程。
2. 微博增粉有哪些策略？
3. 如何建立一个微话题？
4. 如何提高微博话题的讨论量？

四、实训题

1. 任选一知名的汽车公司，对其微博运营情况进行分析。可从账号基本情况、内容建设、增粉策略、网络互动、话题营销等角度来分析。

2. 选择江西煌上煌公司的一个产品，为其设计一个抽奖活动，并制作成长微博。

项目5

微信营销

微信朋友圈推广微课

知识目标

1. 了解微信朋友圈营销概念
2. 掌握微信朋友圈营销、微信群营销策略
3. 掌握公众号定位的方式、方法
4. 掌握微信小程序传播途径

能力目标

1. 能够利用个人微信朋友圈进行营销
2. 能够建立微信群进行营销
3. 能够开展微信公众号营销
4. 能够利用微信小程序进行营销

素质目标

1. 具备微信营销思维和意识
2. 具备团队合作意识
3. 具备微信营销法制意识和职业道德
4. 拥护并实践习近平新时代中国特色社会主义思想

思维导图

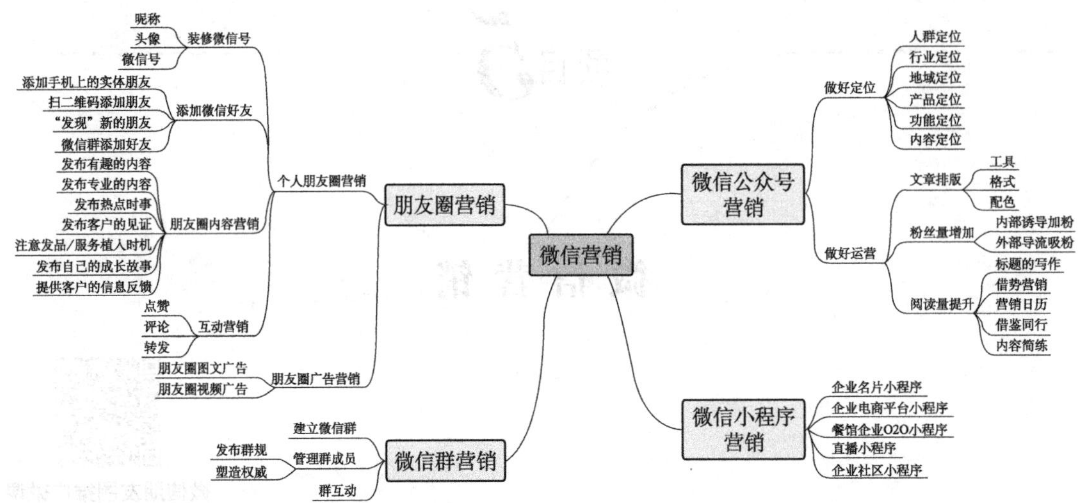

案例导入

海底捞的微信营销

海底捞是一家大众熟知的餐饮店，其较高的服务质量深受人们的认可。海底捞的微信营销也获得了很多人的认可，其微信营销过程主要包括以下 4 个方面。

1. 特色服务获得粉丝

海底捞因为受欢迎，顾客常常需要排队，在长时间等待中顾客会感觉无聊，为此海底捞推出了微信照片打印服务，让等待的顾客扫码关注海底捞微信公众号，然后自行上传打印喜欢的照片，让顾客有一种新的体验，这是一种获得粉丝的微信营销活动。

2. 开通微信支付

海底捞开通了微信支付，提高了结账速度，减少了排队时间，同时还降低了现金管理风险，还能够通过网络优惠或微信活动让顾客成为海底捞微信公众号的粉丝。

3. 微信“看、吃、玩”

海底捞的微信公众号提供了有关“看、吃、玩”三大功能。“看”包括各门店信息和在线订座的“Hi 门店”、当季在售菜品的“美味菜单”、最新活动与“产品招标”等各种信息。“吃”则集成“订餐 - 预定座位”“外卖 - 送餐上门”及“商城 - 选购底料”功能。“玩”集成了社区式交流分享的“Hi 说说”、与海底捞产品息息相关的“Hi 游戏”等，这三大功能基本上能够满足消费者在微信上的各种需求，这种微信营销功能较为有趣、全面而实用。

4. 扩展平台

海底捞除了推出品牌微信公众号，还推出了提供外卖服务的公众号。外卖服务公众号的页面更加简洁专一，简化了用户的外卖订餐流程，降低了时间成本，还能进一步开展微信营销推广，提高品牌的知名度。

【案例思考】

海底捞作为国内最具口碑的餐饮连锁服务机构，为什么还要通过微信这一工具开展营销呢？

【案例启示】

加强客户关系管理一直是海底捞追求的目标，特别是移动互联网时代，新技术手段层出不穷，对经营者而言需要选择更好的管理方式。海底捞选择了微信，并且获得了成功。海底捞微信营销成功的启示在于它抓住了微信的本质——服务，将服务完善、提高用户体验度作为核心，不局限于微信营销公众号提供的原有功能，还在此基础上进一步开发了一些实用的功能。

微信营销是网络经济时代企业或个人营销模式的一种方式，是伴随着微信的普及而兴起的一种网络营销方式。微信不存在距离的限制，用户注册微信账号后，可与周围朋友形成一种交流关系，用户订阅自己所需的信息，商家通过提供用户需要的信息推广自己的产品，从而实现点对点营销。

5.1 朋友圈营销

朋友圈本质上是熟人之间的一种社交，朋友间生活状态的体现，也是一个人的名片，还是展示自我的窗口。在社交经济时代，朋友圈也是营销窗口，是熟人社交电商的阵地；尤其随着微商的发展，朋友圈逐渐变成了广告圈。

5.1.1 朋友圈营销策略

朋友圈是一个信息圈，用户每天能从这里获得大量的信息，所以很多人有翻朋友圈的习惯，那么如何开展正确的朋友圈营销呢？

1. 塑造个人品牌

微信朋友圈信息面对的都是自己的好友，信任感和个人魅力十分重要。想要通过朋友圈做营销，首先要塑造个人品牌，也就是先推销自己，再宣传产品，以增加用户的信任感。在做朋友圈营销之前，运营者需要先完成实名制认证，并发布一些个人真实信息，比如生活感悟、工作内容分享等，增进其他人对我们的了解。

2. 发展微信粉丝

目前的移动互联网运营，得粉丝者得天下。要想做好朋友圈营销，要有大量粉丝或好友，那么如何发展粉丝呢？首先将QQ好友、手机通讯录好友全部加为微信好友；申请加入更多的微信群，寻找各个领域的潜在用户，并建立好友关系；必要时策划一些优惠活动，吸引新用户的关注。

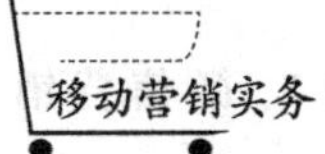

3. 开展网络互动

好的朋友圈营销，需要与好友和粉丝互动，调动大家参加营销活动的积极性，提高人气。比如可以多给朋友点赞，提高互动性；通过点赞投票吸引更多用户，提高参与度；利用优惠活动吸引用户参加，提高积极性；引导朋友分享产品使用感受，提高美誉度；鼓励好友转发朋友圈信息，提高信息的触达率。

4. 成为行业专家

每个人都有自己专业的一面，也就是个人专长。运营者要不定时地与朋友圈用户分享一些观点和干货，以此来树立专业形象，打造粉丝圈。比如服装销售，可以适时分享流行趋势、穿搭技巧等，树立潮流达人形象；化妆品销售，可以分享化妆技巧、护肤心得，树立美肤专家形象；做母婴用品，可以定期分享育儿故事、育儿经验、教育知识，给予别人知识与经验。这样得到广大用户认可之后，就容易与别人产生链接。

5. 善用软文宣传

朋友圈营销的实质是社交电商，社交电商不能只是产品销售，而是要帮助用户成长，增长见识，让用户了解产品背后的知识，做出正确的选择。所以要善于利用文案阐述品牌内涵、产品故事、企业文化等内容，以此来打造不一样的卖点、不一样的场景，激发用户的需求。

另外，朋友圈中可以通过软文适度分享用户的购买行为，展示购买后所产生的效果，激发其他人产生购买行为，促成更多的成交。

5.1.2 朋友圈营销步骤

1. 装修个人微信号

（1）昵称

建议简单、直接、明了一点，最好采用“品牌名 + 你的名字”的形式，如有赞 - 小明。这样既可以突出公司和品牌，还可以让人记住自己，给人一种真实、可信赖的感觉，如图 5-1 所示。

图 5-1 个人微信号装修

（2）头像

很多朋友的微信头像都跟产品或本人没有太大的关联，这其实浪费了一个营销的渠道。建议微信头像使用本人真实照片、品牌 Logo 或者其他相关的图片，这样可以给人一种真实感，也有利于个人品牌的塑造。

（3）微信号

微信号是微信唯一的 ID，设置后不能进行修改。微信号设置应尽可能避免出现难记忆的字母组合、不明意义的字符。

一旦确定了名称和头像就不要轻易修改，保持固定的品牌认知很重要。否则今天叫张三，明天叫李四，谁能记住这微信号是谁？

2. 添加更多的微信好友

（1）批量添加手机上的“实体”朋友

微信支持导入通讯录好友，只需点击“添加联系人”→“手机联系人”，就可以添加手机通讯录中开通微信的朋友了。

（2）扫二维码添加好友

一般情况下，大家都是通过“我”→“我的二维码”调出自己微信二维码的。当然，也可以将自己的微信二维码设置成为自己的头像，直接点击头像就可让人扫描，如图5-2所示。

图 5-2 二维码头像

（3）“发现”新的朋友

在微信的“发现”中有“摇一摇”“附近的人”“漂流瓶”等随机添加陌生人为好友的功能。如点击“附近的人”可以显示附近正在使用微信的人，点击右上角的“…”还可以对这些人进行筛选，如图5-3所示。

（4）通过微信群添加好友

一个微信群少则几十人，多则数百个用户，是一个非常好的加粉的入口。不过人们通常不会随便同意陌生人添加好友的申请，所以平时需要在群里与其他人多交往、展示自己，增进群成员的印象与好感。

①扫码加群，通过在网络上搜索“辣妈交流群”“时尚达人群”等关键词来寻找别人发布的微信群二维码，来扫码进群。

②通过群主或者群里的任何一个熟悉的朋友将你拉进群。

③群互换，也叫群资源共享。这是目前比较流行的换群方式，可以互惠互利，比如卖衣服的可以和卖鞋子的换群，双方不产生利益冲突。

④自建社群，自己建立微信群，将相关的人拉在一起，吸引别人主动来加入。自建社群需要通过持续的内容建设与分享，才能留住粉丝。

课堂训练

尝试用以上的方法，添加20个微信好友。

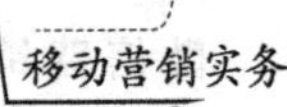

图 5-3　发现新朋友

3. 做好内容营销

即使朋友圈广告有效，也要克制自己发广告的冲动。每天微信朋友圈内容建议不要超过10条，并且遵循343原则，不要给人感觉你的朋友圈就是在做刷屏广告。比如包含大众类内容3条（增强阅读性）、客户喜好类内容4条（增加粉丝黏度）、专业知识类内容3条（树立专家形象兼产品推广）、独特性内容1条。

（1）趣味性的内容

有趣的内容人人都爱看，工作中的趣事、同事之间发生的小幽默，只要与行业相关的有趣内容，都可以在朋友圈中发布出来，这样做可以彰显个性，让人感觉你是一个活生生的人，而不像机器人一般只会发些小广告。例如，发布有关科比退役的段子，如图5-4所示。

图 5-4　有关科比退役的段子

（2）专业性的内容

编写文章或者转发其他文章时，附带自己的观点，这相当于给文章做备注，可以让朋友更加信任或产生好奇，产生参与感，增加点击率，特别是自己希望给很多人看这篇文章的时候，如图5-5所示。

（3）热点时事

社会热点永远是大众关注的焦点，也最能吸引人点击阅读。在朋友圈中加上自己的观点转发文章，如果客户看到评论，并且认同观点，就很容易获得客户的好感，进而促成成交。

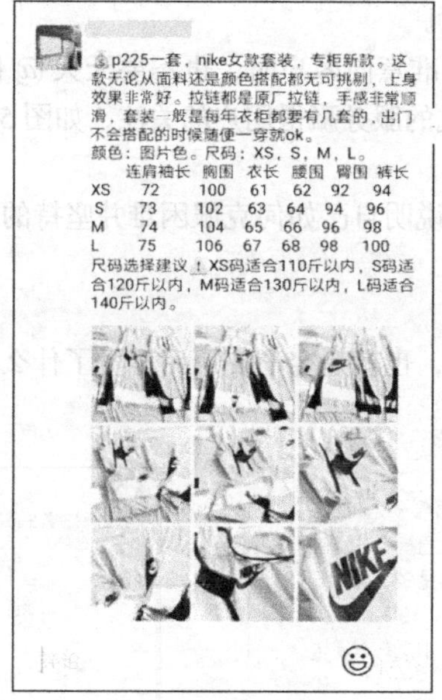

图 5-5 专业性的内容

课堂训练

分享一篇你在朋友圈中遇到的令你印象深刻的与热点时事紧密结合在一起的内容，想想这个内容编辑后产生的效果什么？

（4）客户见证

这个是证明我们在业内是否权威或者是否有资历的重要方法。在和客户成交时拍张照片，写上简短的文字发到朋友圈里；或是写一篇文章，介绍这一单是如何和客户洽谈的，客户提出了怎样的问题，结尾附上合照，如图 5-6 所示。这会让态度摇摆的客户产生很大的信任感。

图 5-6 客户的见证

（5）产品 / 服务的植入时机

当朋友圈里已经有了一些准意向客户时，也不要天天 @ 他们，在发软文之前先铺垫两天，然后再 @ 他们，以差异化的服务赢得用户的关注，如图 5-7 所示。

（6）自己的成长故事

自己的成长故事，重点要说明自己如何克服困难并坚持的成长过程。这样会让微信好友产生认同感，促进成交。

（7）客户的反馈

客户运营的重点在于反馈，也就是客户使用后产生了什么样的效果，这是表现产品实力的一种方式，如图 5-8 所示。

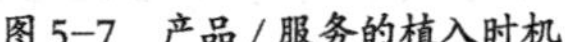

图 5-7　产品 / 服务的植入时机

图 5-8　客户的反馈

职场连线

招聘岗位： 微信营销

岗位职责：

1. 完成网络平台上的客户咨询工作，打造和维护微信朋友圈。
2. 定期与客户互动，维护微信群的活跃度，增加客户的黏性。
3. 编辑和发布公司公众号的最新动态。
4. 定期策划并执行微信营销方案。

任职要求：

1. 年龄不超过 30 岁，专业不限。
2. 打字速度一分钟 50 字以上。
3. 善于与人沟通，能够承受较大的工作压力，勤于思考、有创新精神。
4. 有良好的团队合作精神和高度的责任感。

薪资待遇： 月薪 4000 ～ 8000 元

4. 做好互动营销

运营者可以利用朋友圈策划活动，让大家参与并主动转发到自己的朋友圈，基于社交能量去传播。

（1）集赞

微信集赞活动，不仅在微信公众号运营圈子里面盛行，很多做微商、代购的都很喜欢用这种方式吸粉，其优点是操作简单，可行性佳，获粉成本低，如图 5-9 所示。

图 5-9 集赞互动

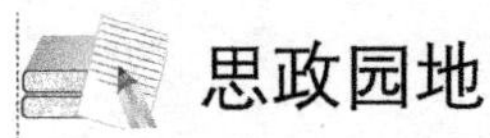

思政园地

警惕微信集赞中的欺诈行为

微信官方近日发布了《关于打击欺诈违规、非法收集个人信息的处理公告》，称有部分用户通过外部链接形式，发布免费送、集赞、假红包等欺诈信息，并借上述名义非法收集用户的个人信息，侵害用户的隐私。

微信官方表示，将对涉嫌欺诈、非法贩卖个人信息的个人账号进行限制功能使用或限制登录等阶梯式处罚；对涉嫌诱导分享、欺诈、非法收集个人信息的外部链接进行阶梯式处理，违规后仍进行恶意技术对抗的行为（包括但不限于用多域名、多账号来规避平台限制），一经发现，永久封禁其账号、域名、IP 地址或分享接口。

微信官方还提醒用户，打开外部链接时要谨慎提供相关身份隐私信息，并要核实是否存在欺诈内容。另外还特别指出，部分欺诈页面会宣称集赞免费送礼品或把某些网页链接的封面图片伪造成“微信红包”的样子，诱导用户传播。

微信官方同时也希望用户主动举报平台中发现有欺诈骗钱、非法售卖公民个人信息的行为，可以通过电话、客户端、小程序等途径进行投诉。

（2）转发

让朋友圈中的朋友帮助转发信息，从而提升活动的知名度和关注度，如图 5-10 所示。

（3）领取红包

利用红包吸引用户，这个门槛很低，只要用户关注指定的微信公众号就有可能拿红包，一般看到的人都会去尝试。提供红包不需要太大，1.88 元、2.88 元都可以，以吸引更多用户为目标，如图 5-11 所示。

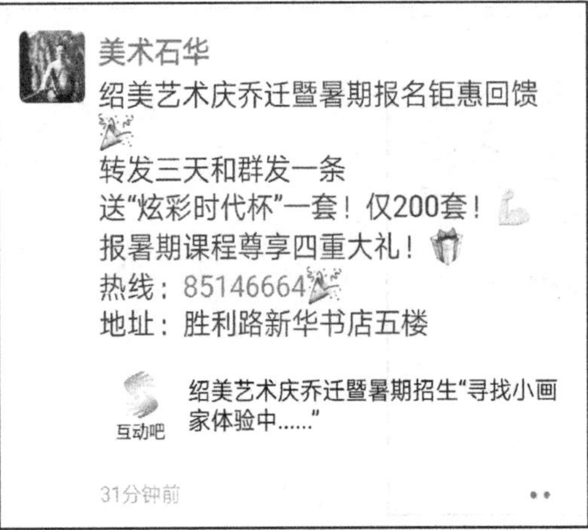

图 5-10　朋友圈转发

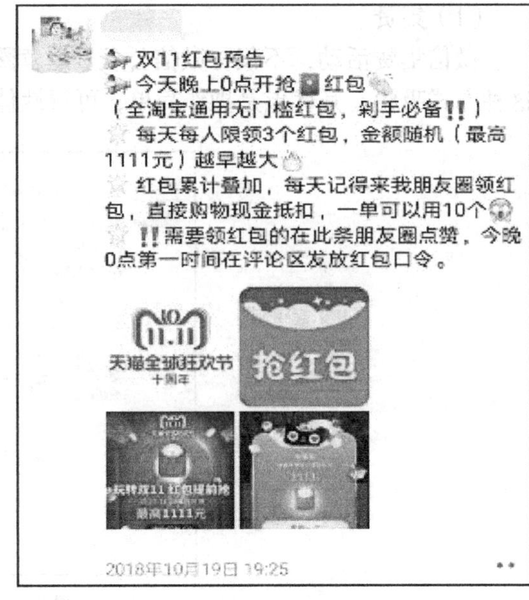

图 5-11　领取红包

5.1.3　朋友圈装修

很多人认同这句话"朋友圈中的你，代表着你的个人形象"，不能忽视。

1. 微信号设置

为了便于营销和展示自己，微信号可以采取"职业 + 昵称""关键词 + 后缀"的方式，比如"你身边的红酒经销小张""丰成电商 - 提供最优质的农产品"。

2. 头像设置

微信头像最好使用真人头像，这能够在一定程度上消除交流的隔阂，让人更容易信赖，相当于是给自己做了一次广告。一般不建议放产品、动画、店面照片等这一类的头像，因为这样的头像广告性质太浓厚，不受欢迎。

3. 照片的布局

微信朋友圈最多支持 9 张照片，所以在发布信息的时候，可以采取 1、4、6、9 张图片的布局方式，排列更整齐，视觉效果最佳。只发单张照片，由于显示的照片尺寸较大，通常适用于强调细节; 4 张照片的优点是照片对齐、呈现正方形，符合用户习惯; 6 张照片的优点同样是排列整齐，适合展示不同的场景，丰富营销内容; 9 张照片呈现九宫格的方式，适合全面展示信息，如图 5-12 所示。

4. 内容的呈现

朋友圈的图片像素要高，确保画面清晰、风格一致，图文编排要整齐划一，不要杂乱无章，否则会影响用户的视觉体验，如图 5-13 所示。

另外要尽量发布一些高质量的文章，从文章中竖立自己在客户心中的地位与形象，增加客户对自己产品的认知。

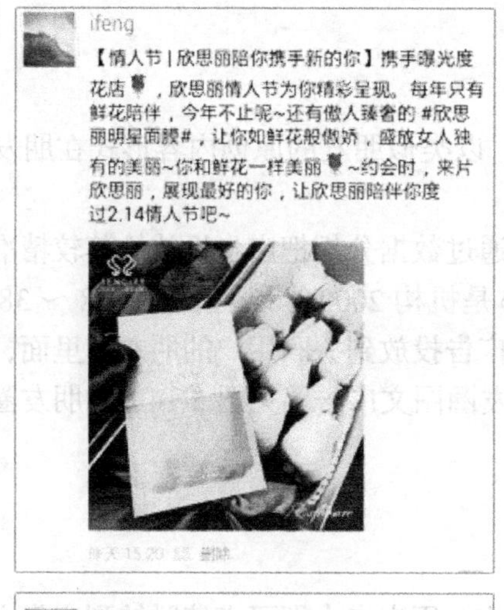

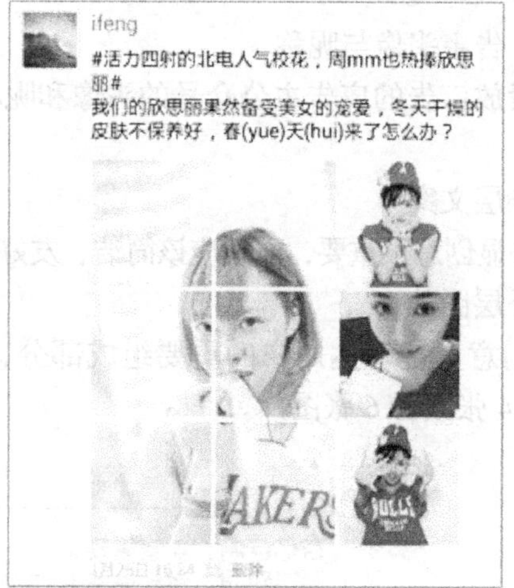

图 5-12 朋友圈的布局

图 5-13 朋友圈内容呈现

随着微信好友的不断增长，微信好友的朋友圈信息不断更新，朋友圈的内容往往只有 2 秒钟的生存时间，要么被忽视，要么被关闭，要么被点击。所以营销者要在 2 秒钟之内把要讲的事情讲完，确保内容简洁、信息呈现到位。

5.1.4 朋友圈广告

朋友圈广告是根据“腾讯互联网大数据”，以类似朋友的原创内容形式在朋友圈中展示的原生广告。

腾讯掌握着每一个微信用户的信息，商家通过数据分析把广告投放给其较精准的客户群体。例如，某少儿教育培训机构，其客户群体是机构2000米以内居住，28～38岁左右的学生家长，该培训机构可以通过大数据直接把广告投放到关联用户的朋友圈里面，实现精准营销。一般来说，朋友圈广告分为两类，即朋友圈图文广告（见图5-14）和朋友圈视频广告（见图5-15）。

1. 朋友圈图文广告

（1）广告主头像与昵称

拉取投放广告的广告主公众号的头像和昵称，用户点击即可直接跳转到广告主公众号介绍页面。

（2）外层文案

广告外显创意很重要，文案应该简洁、友好、易理解，字数不能超过40个字，不超过4行。

（3）外层图片

广告创意直接触达用户的重要组成部分，通过丰富的视觉元素阐述创意，支持配置1张、3张、4张或者6张图片。

图5-14 图文广告

（4）文字链接

文字链接引导用户访问链接详情页，链接详情页主要用来详细阐述广告创意，进一步向感兴趣的用户传递诉求的部分。文字链接支持国内公众号图文消息、公众号详情页、应用下载落地页、H5页面等。

（5）门店标志（仅限本地推广广告）

点击门店标志可直接跳转到门店详情页，门店详情页主要用来介绍门店信息，进而可以设置地图导航、一键拨号等功能，进一步引导用户到店。

（6）用户社交互动

允许用户对广告进行点赞和评论，让用户“参与”到广告中。

2. 朋友圈视频广告

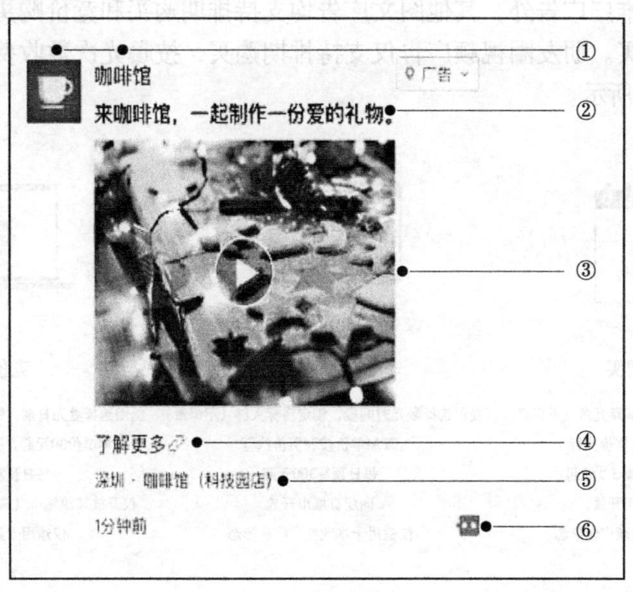

图 5-15 视频广告

①广告主头像 & 昵称。拉取投放广告的广告主公众号的头像和昵称，用户点击即可直接跳转到广告主公众号介绍页面。

②外层文案。与常规图文广告一致。

③外层小视频。通过动态视频传达广告创意，外层支持配置时长 6 ~ 15 秒钟的小视频，视频比例为 4 : 3 或 16 : 9，点击小视频后有以下两种形式选择。

- 外层小视频—全屏小视频—完整视频，时长限 5 分钟内。
- 外层小视频—全屏小视频。

④文字链接。与常规图文广告一致。

⑤门店标志（线下门店可选择展示）。与常规图文广告一致。

⑥用户社交互动。与常规图文广告一致。

拓展内容

宝马视频广告

世界知名汽车品牌宝马，继拼图成字主推品牌理念“悦”之后，又推出新创意视频广告——“贪吃

蛇”。视频巧妙地将经典小游戏和电影大片相结合，片中露出了几款经典宝马车型，让用户见证宝马高效动力的“小排量大乐趣”。

3. 朋友圈广告的投放

朋友圈广告主要支持排期购买和竞价购买两种购买方式。

除朋友圈本地推广广告外，其他图文广告均支持排期购买和竞价购买。朋友圈本地推广广告仅支持定价购买。朋友圈视频广告仅支持排期购买，按曝光次数收费。朋友圈广告的投放方式，如图 5-16 所示。

图 5-16　朋友圈广告的投放方式

排期购买的特点是可提前 1 ～ 28 天锁定曝光量，同时提前冻结账户里所预定排期的账户金额，是一种保价、保量的合约购买方式。

通过排期购买的朋友圈图文广告，单次投放最低预算为 5 万元，曝光单价由广告投放地域决定，投放地域目前主要分成三挡：核心城市、重点城市和普通城市。

竞价购买方式适合需要灵活调整广告设置、不断优化广告投放效果的广告主。确定投放人群及日预算后，广告主可以对广告曝光进行出价，通过实时竞价的方式与其他广告主竞争，从而获取广告曝光。

例如，某广告主向广州、深圳两个地区投放朋友圈图文广告，并设置出价为 80 元 / 千次曝光、日预算 3 万元，那么实际曝光单价不会超过 80 元 / 千次曝光，且当日的广告消耗不会超过 3 万元。

5.2 微信群营销

社群就是一些有着共同爱好、共同话题或者共同需求汇集起来的人群，以输出对群员有价值的内容，让每一个群员在群里既能得到也能付出，形成一个良好的生态圈。社群平台有微信、QQ、贴吧、兴趣部落等。

微信群作为社群的一种形式，把有共同兴趣爱好或目标的人组成一个圈子，并且能快速实现组员之间的交流、互动，在共同分享的前提下，群内成员之间很容易形成合作。

5.2.1 微信群营销步骤

1. 建立微信群

首先是自建社群，建立微信群后，群主需要注意两个方面的问题。一是给社群起个名字，要求：①取名要鲜明，如XX公司大客户交流群、XX公司团队等；②群名字数要少于11个字。二是保留群二维码，保留二维码可方便其他用户扫码进群，但是群二维码只有7天有效期，失效后扫描时则提示“该二维码已过期”。

2. 群成员管理

群主必须对群有一个明确的定位，明晰群的主题是什么？产品是什么？面对的用户是什么？

比如，中信银行某分行创建了一个“中信留学生群”，群的主题是：留学生交流群，不仅为有意出国的客户提供咨询，同时也为已在海外的新老客户提供沟通的平台，提供租房、租车、老乡会甚至相亲等一系列服务。

当群的服务牢牢地锁定了这类客户的需求后，在群友的介绍下会不断地收获新的群成员。而这些群成员极有可能会成为中信银行的忠实客户。当然，群的规模并不是越大越好，一味扩张可能会适得其反。不满30人的不成群，而超过100人的群就有些吵闹。

群主可根据实际情况设置群规，以保持社群目标的一致性。微信群到了一定规模的时候也可对成员进行清理，特别是随着社群的社员人数增加，各种违反群规的现象层出不穷，广告、无意义的聊天越来越多，规范管理是必要的。

3. 内容建设

社群要能够提供有价值的内容或者分享，以吸引精准的用户。人们在浏览信息的时候首先会选择对自己有用的信息。比如，有一篇文章标题是《20个四六级作文的模板》，可能正好切中在校大学生的需求点，用户就会点进去看，如果这个文章写得不差，他还会收藏并转发给一起参加考试的朋友。人们也喜欢阅读跟自己有关的文字，当看到一篇《职场人士提高薪水的十大秘诀》时，很多人肯定会点击进入阅读。当然，还可以发起社群话题，比如“吐槽一下加班的糟糕经历”，就非常容易引起共鸣和讨论。

4. 社群互动

群主需要不定期地策划客户群活动，分享运营心得，每天活跃群里的氛围、提高用户的参与度。群主可以利用节假日、会员日、线上线下课程、营销活动等来和群成员进行互动，促进交流，提高成交率，留住成员。如果说单纯的语言互动效果不好的话，群主也可借助红包进行互动。

5. 社群裂变

社群裂变就是通过社群推广的方式完成用户的快速增长。在裂变的最初阶段，主要靠老用户，或者重要的渠道用户，通过第一波的传播，吸引来第一批用户。第一批用户入群后，可以继续传播，吸引第二批用户进群。第二批用户接着传播，吸引第三批用户入群……

在用户裂变的过程当中，父节点的影响力越大，衍生出来的子节点就越多，影响到的人也越多。如果想继续运营裂变出来的社群，要把这些群成员当成种子用户来运营，也需要利用运营手段及时干预、建立群规、抛引话题、参与互动……

要善于对用户进行分类，运营者的时间和精力都是有限的，合理地给用户分类，能够帮助运营者分清主次，给予高价值用户更多的时间和资源，以创造出更大的价值。常见的分类方法：一种是划分付费用户和非付费用户，事实上付费社群与免费社群的活跃度、话题质量差异非常大；另一种是划分活跃用户和非活跃用户，这种方法需要经过一段时间的运营，从中培养、发现活跃的用户，再把活跃用户聚合到一个群里，这样可以逐渐把优质用户分到一些重点管理的社群中。

课堂训练

请大家分析1个微信群，并完成如下调研任务：

微信群主题：________ 微信群群主：________

微信群人员总数：________

微信群熟人总数：________ 微信群陌生人总数：________

微信群经常交流的话题是：________

微信群互动的主要形式是：________

5.2.2 微信群营销策略

1. 精准定位

群主一定要清楚自己的群是用来做什么的，当前社群处于哪一个阶段，这个阶段主要的运营工作是什么，然后根据群定位和产品定位来寻找群成员。这样微信社群的用户需求和产品定位就会较精准匹配。从表面上看是群主添加群用户的行为，但是实际上是得到一些精准用户，微信群营销效果会非常好。

2. 正确引导

拥有群成员后，经常面对群内无人交流、无人说话的现象，这时候就需要群主发力，积极引导成员围绕某个主题或者相关话题展开讨论，如图5-17所示。通过对目标和受众的深刻理解后，确定社群运营内容的主题，并将主题分解到每周的主题、每天的主题，形成一个矩阵表（以周为单位）。

社群的价值在于优质内容（有价值的信息），群组交流最重要的是要始终围绕主题（知识交流），否则容易造成核心成员流失，群组内容走歪，慢慢整个群会变成吹牛群或者闲聊群。

3. 激励机制

社群活跃度是衡量社群持续健康发展的一个标准，通过建立社群激励机制，提升社员的主观能动性，增加社群的内容产出，使社群能够不断地为社员创造价值，且健康有序地发展。

鼓励社员提供优质内容进行分享，早期社群内容运营主要以PGC（专业生产内容）为

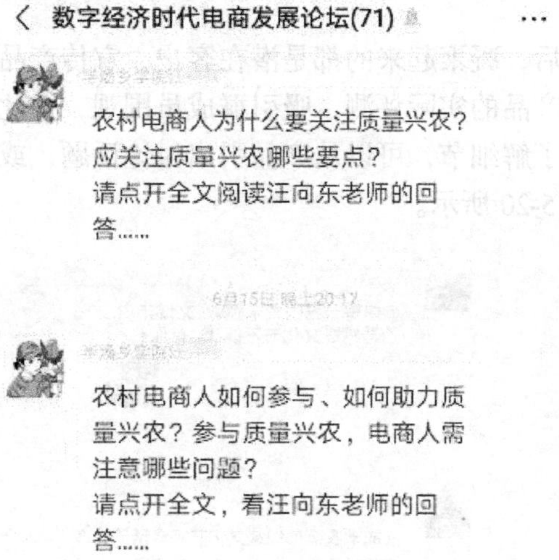

〈 数字经济时代电商发展论坛(71)

农村电商人为什么要关注质量兴农？
应关注质量兴农哪些要点？
请点开全文阅读汪向东老师的回答……

6月15日 晚上20:17

农村电商人如何参与、如何助力质量兴农？参与质量兴农，电商人需注意哪些问题？
请点开全文，看汪向东老师的回答……

图 5-17 群主引导

主，由社群运营人员负责内容的高效产出，主要维持内容的深度，引导社员主动进行内容产出；中后期社群内容运营以社群成员的 UGC（用户生产内容）为主，主要维持内容的广度，贡献社群的流量和参与度，促进用户使用、培养用户习惯，如图 5-18 所示。

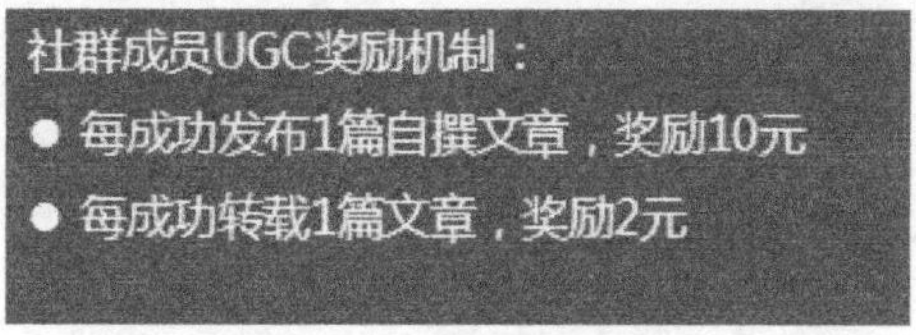

社群成员UGC奖励机制：
- 每成功发布1篇自撰文章，奖励10元
- 每成功转载1篇文章，奖励2元

图 5-18 社群激励机制

4. 做好管理

拉进来的人肯定会存在众多打广告的，为了净化群环境，作为群主需要设置群规，至少用三种方式向群成员说明群规，当微信群刚刚建立或新成员加入时，要在微信里宣布；在新成员加入微信群之前，则一对一告知，如图 5-19 所示。

当群发展到一定程度后群主可以设置一定的门槛，这样加进来的成员质量会越来越高。

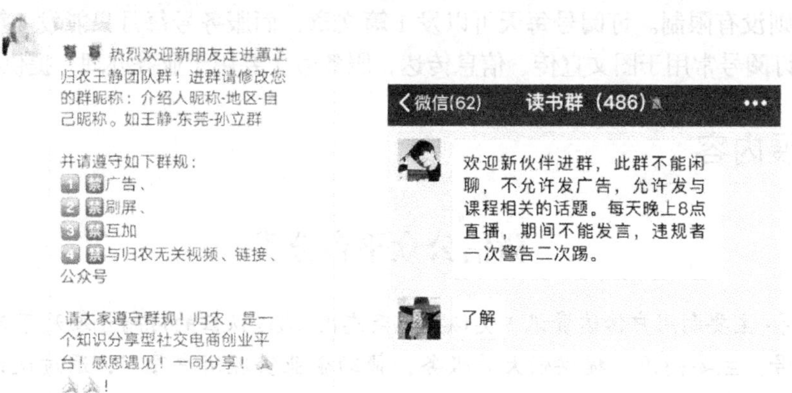

图 5-19 群管理

5. 宣传产品

群主做好前面的 4 步后，凝聚起来的都是潜在客户，宣传产品就变得顺利多了。如可以在群内发布一篇对某某款产品的实际评测，吸引群成员围观，借此让他们了解产品情况，有明确需求的用户会主动去了解细节，可以从产品引出讨论话题，或是从话题引出产品，一切都是自然而合理的，如图 5-20 所示。

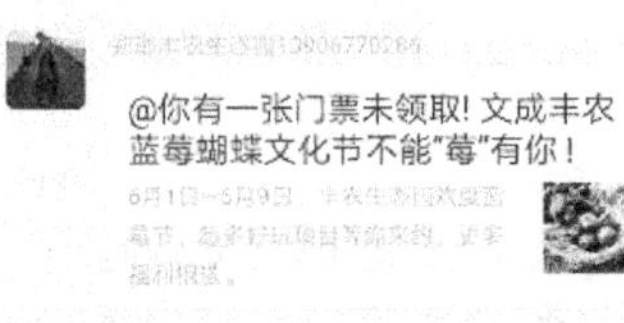

图 5-20　宣传产品

5.3 微信公众号营销

微信公众号属于自媒体，也是新媒体的一种类型。数据显示，当前微信平台中的微信公众号已有 2000 多万个，越来越多的企业意识到微信公众号的重要性，而纷纷借助微信公众号开展营销。

微信公众号分为订阅号、服务号、小程序和企业号 4 种类型，常见的是订阅号和服务号。每个微信用户应该都已经关注过一些微信公众号，作为主体的个人只能申请订阅号，而作为主体的企业则没有限制。订阅号每天可以发 1 篇文章，而服务号每月只能发 4 篇文章。从功能上来看，订阅号常用于图文宣传、信息传达，服务号主要用于业务办理、提供网络服务。

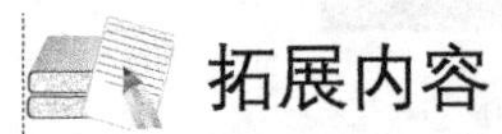

拓展内容

微信公众平台分类

1. 订阅号：主要向用户传达资讯（类似报纸杂志），通过认证的订阅号每天可群发 1 条消息。

2. 服务号：主要向用户提供强大的服务，帮助企业实现用户管理，通过认证的服务号每月可群发 4 条消息。

3. 企业号：主要用于企业内部通信，需要先有成员的通信信息验证才可以关注企业号。

5.3.1 微信公众号定位

微信公众号的定位是公众号营销的第一步，定位清晰的公众号可以快速地获取用户，变现模式更清晰，更受广告主的青睐。

1. 人群定位

物以类聚，人以群分。无论要推荐什么商品或服务，任何微信公众号都离不开与其相配的人群。比如“十点读书会”主要针对热爱读书、热爱学习的用户。

2. 行业定位

公众号运营者可根据自己的产品或服务进行行业定位。“360行，行行出状元”，只要运营者定位准确、运营出色，好微信公众号，不难让自己从行业中脱颖而出，成就一个订阅号霸主，实现商业上的价值。

“茶业复兴”微信公众号是茶行业极少数坚持原创的微刊。5年多来，该微信公众号凭借持续的内容创造、输出新的概念与观点，成为最具传播力与影响力的茶行业自媒体，目前已有2万多用户及近300个微信功能群。

3. 地域定位

地域定位主要针对的是地方性的区域自媒体，微信公众号名称可以选择“城市名+服务”的形式，让人一眼就知道微信公众号的内容和方向，其商业模式具有较强的生命力与可持续性。

比如“福州微生活”公众号定位为“为福州市民提供服务”，运营者福州微生活生态农业有限公司，主要从事绿色有机稻的种植、鸡鸭的生态放养、无公害蔬菜的种植生产与农产品的销售和配送。“福州微生活”通过向福州市民推送福州生活服务信息与喜闻乐见的本地化精品内容，从而吸引城区大量的高端粉丝，最后通过流量变现，实现对高端市民提供生态农产品的“餐桌配送”业务。

4. 产品定位

产品定位主要是指对自己公司（或机构）的产品、服务进行服务与营销。其优势有三点：一是原产品、服务本身已有一定的品牌度和知名度，有利于公众号的前期推广；二是公众号定位在产品或品牌上，有利于产品、服务的营销；三是有利于公众号后期商业变现或电商运营。

比如，九阳公司的微信公众号成为其产品展示、用户互动、品牌宣传的一个窗口。

5. 功能定位

功能定位是指公众号的内容是以某种功能图文为主推的，如养生号、股票交流号等。此类公众号更容易从各色人群中找到有共同需要、共同爱好的用户，容易做大；且这类公众号具有较大的商业价值，因为粉丝都是为获得某个“功能”而来的，运营者只要设计一个合适的产品，总能引起粉丝的共鸣。

6. 内容定位

内容定位就是微信公众号持续为用户提供优质内容，吸引用户长期关注和阅读的方式。比如，丁香医生微信公众号是丁香园旗下的健康管理平台，不做活动，只靠内容进行推广。该公众号邀请了专业医生、营养学家和研究人员为用户答疑解惑，提供可靠、实用的健康资讯和医疗信息，致力于扫荡朋友圈里那些流毒甚广的谣言和养生鸡汤，让医生和患者的交流变得顺畅无障碍。2018 年，该微信公众号浏览量高达 22 亿人次，分享次数 2675 万，粉丝数达到 2000 万。

课堂训练

请你思考、策划、创建一个微信公众号，并进行合理定位，最后说明定位的理由。

5.3.2 微信公众号运营

微信公众号的运营主要涉及三个问题：一是文章排版，二是公众号加粉，三是提升文章的阅读量。

1. 文章排版

微信公众号运营中最常见的工作是发布图文信息，除了利用微信公众号平台后台的编辑功能，大部分运营者使用专门的微信编辑器。

微信编辑器是第三方工具，包括 135 编辑器、365 编辑器等，类似于 Word，界面简洁，功能菜单强大，还提供各类模板和素材，可以高效率地做出干净、简洁的信息页面。

（1）工具

秀米排版工具，提供了很多原创模板素材和排版方式，可以通过合理的搭配设计出属于自己的图文排版风格。

135 编辑器，提供美化微信文章排版与微信公众号内容编辑的功能，样式丰富，“秒刷”一键排版，可以轻松编辑出非常美观的微信图文消息，如图 5-21 所示。

图 5-21　135 编辑器

（2）配色

微信图文中整体的颜色尽量不要超过 3 种。不同的颜色传达了不同的感情，例如，红色代表权威、热情、喜庆，所以政府类的微信文章一般选择红色背景；黑色代表正式、优雅等，能够体现出神秘、简约、豪华；白色体现纯洁、干净、简约、优雅。所以关于公众号模板配色的选择可以参考产品 Logo 的颜色、用户属性及文章内容。

（3）格式

①对齐方式。常用的有两端对齐、居中对齐、左侧对齐等。

- 两端对齐：在英文排版上它应该是要极力避免的，除非行足够长，能够避免单词之间出现难看的空隙。不过，在公众号中这种对齐方式可以实现文章的规整，视觉效果是最棒的，推荐使用。
- 居中对齐：比较适合一些较短的文章，如诗歌、资讯和娱乐性质的内容，一行字不要太多，尽量不要断行。

②间距。间距设置包括字间距、行间距、段间距。

- 字间距：一般来说，文章的字号越小的话，字间距相对就越大，使得文字易于识别，但是字间距过大又会导致文章信息传递的速度降低。一般建议 0.5 ～ 1.5 倍的字间距。
- 行间距：行间距为 1.0，文章信息显得太过拥挤。过于密集的行距会让读者的视线在换行时产生困扰，影响阅读体验。所以，一般选择 1.5 倍或者 1.75 倍的行间距，当文字很少时则可以设置为 2 倍。
- 段间距：段间距是段落之间的间隔，应当比行间距更大，以使文章更有层次感。段间距可以直接按回车键换行实现，也可以直接设置段间距的数值。推荐段间距：段前间距为 1.5 行，段后间距为 1.5 行，效果会更好一点。由于微信图文中每行本身文字不多，所以尽量不要使用首行缩进格式。

③两端留白。微信图文中要善于在两侧留白，使内容居于视觉的核心区域，这样可以让文章看起来既干净又具有凝聚力，读起来更轻松。

2. 公众号加粉

（1）内部诱导加粉

通过公众号图文内部环节的设置，来达到吸引粉丝的目的。

①图文提醒。通常在图文的开头和结尾处提醒用户关注，这种方式已成为公众号图文的标配，如图 5-22 所示。

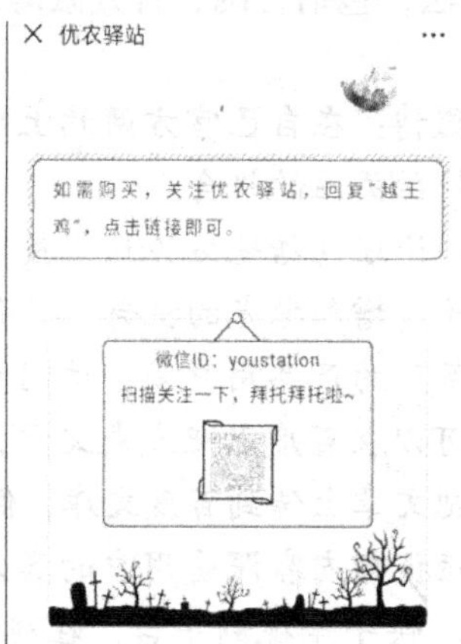

图 5-22 图文提醒

②关键词回复。如果文章写得好，就会被转发，被更多人看到，看到的人如果想看更多图文资讯，其前提是必须关注公众号、回复关键词，这就解决了增加粉丝的问题。

③评论区。开通了留言功能的公众号，可以把评论区这个重要的发言区利用起来。“丁香医生”公众号会在文章下方的评论区和粉丝互动的时候提醒粉丝将文章转给身边的人，通过评论区吸粉，如图 5-23 所示。

图 5-23　评论区吸粉

（2）外部导流吸粉

①线下吸粉方法，包括微信签到、印刷二维码、线下活动推广。

- 微信签到：运营者可以在线下举办一些别开生面的活动或新品发布会，让客户利用微信来签到，从而增加粉丝。
- 印刷二维码：在很多可以展示的地方，如户外广告、电梯广告、宣传彩页、易拉宝上放置二维码，方便用户通过扫码成为公众号的粉丝。
- 线下活动推广：运营者可在线下举办一些促销活动来增加粉丝。比如餐厅推出关注微信就可以享受折扣的活动，分享转发集赞享优惠等活动。

②线上吸粉方法，包括官网、官方微博，论坛、社区，百度产品，视频。

- 官网、官方微博：在自己官方网站上附上微信二维码，或者把微博头像改为微信二维码，多一个粉丝关注的机会。
- 论坛、社区：论坛包括地方论坛、技术论坛、行业论坛等。可以利用这些平台发一些高质量的帖子，增加曝光的机会，并引导用户关注微信公众号。
- 百度产品：百度的产品用户多、访问量大，比如百度贴吧、百度知道、百度文库、百度经验等。可以在百度贴吧发表文章，在百度知道中提出问题，并附带公众号的二维码，也可以把文章上传到百度文库，做百度经验等，引流效果都不错。
- 视频：现在短视频内容深受用户的喜爱，运营者可以拍一些关于产品、服务的视频并上传到抖音、快手等视频平台，在视频中插入二维码图片；也可以提供一些搞笑的、热门的短视频，植入二维码图片。

3. 提升文章的阅读量

公众号吸引粉丝的关键是不断提升公众号的内容和服务来提升阅读量，从而让粉丝留存，并保持长期关注。

在碎片化的阅读时代，文章标题写得好不好直接决定了文章的阅读量。所以微信图文消息一定要有一个有吸引力的标题。

（1）多用疑问句

疑问句式的优点在于能引起读者的注意，引出话题。疑问句用在标题上，能启发读者思考，更好地体现文章的中心思想。比如，《旅行的青蛙，为什么会刷屏朋友圈？》《2017网红店死亡名单，下一个关门的会是喜茶吗？》《杀熟的APP！除了滴滴和携程还有哪些？》。

（2）结合热点

结合时下的热门话题、网络热词，用名人效应等引起读者兴趣，如《官宣！海鸭蛋和粥才是绝配哦！》。

（3）善用数字

在一堆中文汉字中穿插数字，特别能吸引读者的眼球，能够快速锁定读者的注意力，文章展示在朋友圈的时候尤其明显，很有辨识度。例如《写出阅读量1000万+的内容是一种什么体验？》《这个日本匠人捏了40年的面团，结果连马卡龙大师都飞过半个地球来请教！》。

（4）巧设悬念

在标题中设置悬念可引起用户强烈的好奇。当然要巧妙地在标题中设置利益点，对用户造成一种利益引诱，让用户渴望看完文章后能得到什么收获。例如，《天猫“双12”攻势强烈，获益最大的竟然是他们……》。

（5）制造反差

利用强烈的对比，让用户清晰地看到正反、好坏，从而制造一种显著的反差效果，简单明了又切中要害，立马就能让读者了解文章要表达的意图。例如，《吃过这枚凤梨酥，其他的都是将就》。

（6）借势营销

运营者要关注热点新闻，不管是国内的还是国外的，只要是媒体上反复报道的，一定是大多数网友所关注的。在公众号中发表与热门新闻有关的文章，往往能够吸引粉丝的阅读。

（7）营销日历

运营者要善于制作营销月历和日历，借助历史上的今天、传统节假日、纪念日、发布会、电影上映日等大众关注的特殊时间点，发表与该时段有关的内容，这是一种比较稳妥的策划选题方式，可在短时间内增加阅读量。

（8）借鉴同行

在没有较好内容选择时，可借鉴同行的爆文，同行的文章会带来一些灵感和启示，开拓新思路。但是借鉴不等同于抄袭，在思路借鉴的同时需要加入一些原创的内容。

（9）内容简练

在当今快节奏的生活中，人们早已不可能安静地读完一个长篇大论，反而是一些短小精悍的文章，更容易让网民接受，既满足了他们快速汲取知识的需求，也带给他们一个愉快的阅读快感，所以微信公众号的文章不宜太长。

课堂训练

大家尝试采用上面的标题拟定策略，撰写3篇微信图文，并发布到自己的公众号中。

5.4 微信小程序营销

小程序是一种不需要下载安装即可使用的应用，它实现了应用“触手可及”的梦想，用户扫一扫或者搜一下即可打开应用，也体现了“用完即走”的理念，用户不用担心是否安装太多应用的问题。

5.4.1 设置应用场景

微信小程序商业应用场景有很多，例如，小程序商城、小程序分销商城、点餐小程序等，都是以轻便、丰富、强大、新潮的营销功能，为品牌商营造消费新生态。目前微信小程序商业应用场景有以下几种。

1. 企业名片小程序

可以作为一个打开企业咨询、品牌宣传的入口，打造高端的企业品牌形象，让用户更便捷地了解企业，是企业对外的展现窗口。例如，企业宣传小程序如图5-24所示。

图5-24 企业宣传小程序

2. 企业电商平台小程序

可以建设一个电商企业营销卖货的平台，可利用现有公众号带动消费者的使用习惯，引导粉丝到小程序消费，并且小程序之间可跳转，建立消费圈的联盟。如有线下门店的电商企业，可给小程序添加门店地点信息，向附近的用户展示，增加消费者的信任度。例如，购物商城微信小程序如图 5-25 所示。

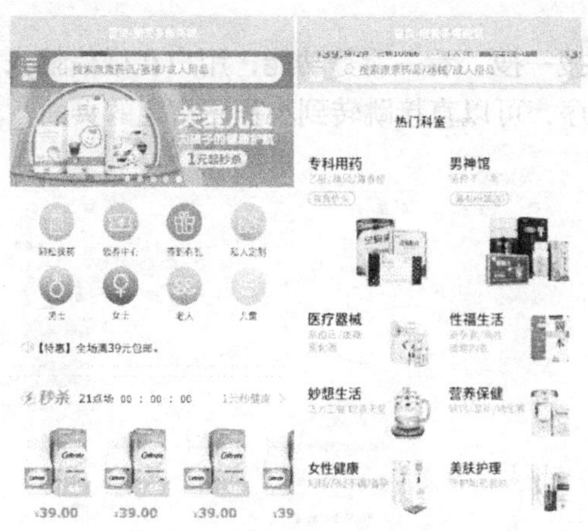

图 5-25 购物商城微信小程序

3. 企业餐饮 O2O 小程序

打造针对餐饮连锁企业的餐饮平台，降低了餐饮连锁企业挂在美团、饿了么等餐饮外卖平台上的高昂的费用。例如，餐饮企业的小程序如图 5-26 所示。

图 5-26 餐饮企业的小程序

4. 直播小程序

直播小程序结合当下最火的直播活动，满足用户交互、视觉体验，营造新的商业模式应用场景，将更多的线上服务与线下场景相结合。

5. 企业社区小程序

方便企业获取用户的数据信息，用于深度维系与留存客户，与客户实时互动，增强客户的黏性。

5.4.2 分析流量入口

小程序流量入口众多，可以通过二维码、我浏览过的小程序、商家公众号关联、微信搜索、好友分享、微信群分享、消息通知、客服咨询、置顶小程序、添加桌面等方式获得用户流量，流量入口越多，营销推广越容易。下面盘点一下微信小程序的几个主要的流量入口。

1. 关键词搜索

微信推出了扫一扫、搜一搜、看一看等功能，用户在微信输入关键词时就会跳出许多搜索结果，其中就包括小程序，可以直接跳转到小程序指定的页面，如图 5-27 所示。

图 5-27 搜索入口

2. 线下扫码

线下扫码入口是微信官方主推入口，通过线下二维码扫码进入，实现不用下载使用APP，即可实现预订、下单、付款服务功能，成为核心入口，如图 5-28 所示。

图 5-28 扫码入口

3. “发现”—“小程序”

打开微信，进入“发现”界面，打开“小程序”，即可搜索想要的小程序，如图 5-29

所示。

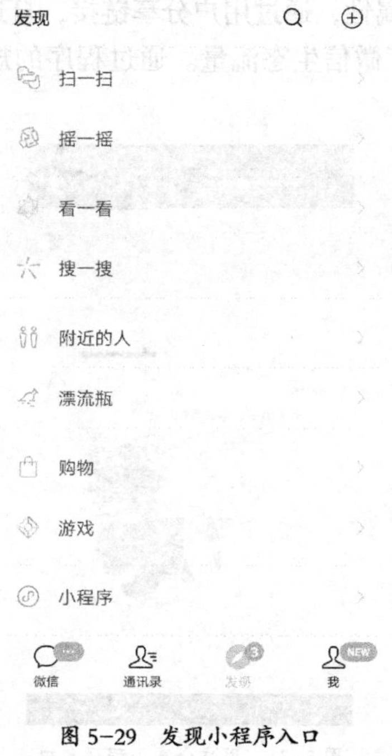

图 5-29　发现小程序入口

4. 附近的小程序

只要将小程序设置对应的地理位置，附近 5 千米范围内的用户即可搜索到企业的小程序，并快速体验。这个入口为实体店服务起了很大的引流作用，如图 5-30 所示。

5. 历史记录

用户已打开过的小程序，会根据用户浏览记录，自动记录在历史列表中。目前用户还可以把常用的小程序添加到“我的小程序”中，流量入口更加便捷，如图 5-30 所示。

图 5-30　附近的小程序入口

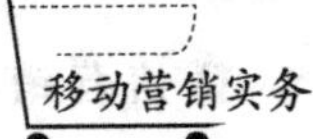

6. 用户分享

微信小程序天生带有社交属性，通过用户分享链接，打通了微信群、微信好友、朋友圈（生成分享图）渠道，也打通了微信生态流量。通过程序的规则要求，小程序在微信生态中形成裂变分享，如图 5-31 所示。

图 5-31　用户分享小程序入口

7. 微信公众号

微信公众号可与小程序进行绑定，在推文内容中植入小程序图文链接，用户可点击直接跳转到小程序。这样使微信公众号除图文外，还可以给予用户更大的参与感，增强粉丝的参与感与活跃度，如图 5-32 所示。

图 5-32　微信公众号入口

8. 朋友圈广告

朋友圈广告支持小程序投放，广告投放落地页以小程序作为承载，点击广告就可以进入小程序页面。

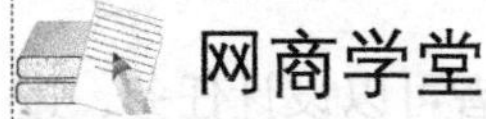

网商学堂

微信小程序的商业价值

自从腾讯推出小程序后，目前小程序每月活跃用户已经超过4亿了，应用数量超过100万个，进一步奠定了流量分发的主导地位，微信小程序的商业价值也凸显出来。

1. 微信搜索首推小程序

随着微信有价值的内容逐渐增多，使用微信搜索的人越来越多，而小程序又在搜索的第一位展示，“搜一搜”给小程序带来的流量是惊人的。未来“搜一搜”可能支持小程序模糊搜索，提前占位布局关键词的企业有望抢到小程序第一波红利。

2. 小程序可以投放广告

随着小程序生态的完善，付费竞价系统会上线。好产品、服务的小程序会迎来爆发式增长。在微信小程序上投放广告将成为常态。

3. 公众号和小程序支持互相跳转

小程序将会和微信生态完全打通，微信的社交、内容、消费形成真正的闭环。商家可以打通小程序商城和公众号商城，实现数据同步。

4. 出现交易额超过百万元的小程序案例

很多企业借助小程序实现盈利，在美容、养生、餐饮、实体经济领域等各行业，借助小程序已经涌现出若干个微品牌。

5.4.3 小程序的传播

1. 借助“社交立减金”实现社交裂变

“社交立减金”是一款帮助企业快速生成具备裂变传播属性的小程序经营工具，用户通过支付、扫码等场景可以参与活动，将“社交立减金”礼包分享给朋友后自己可获取一份“社交立减金”，朋友在会话中可随机获取“社交立减金”，并直达商家小程序。

运营者可以借助“社交立减金”玩法触达更多潜在用户，降低拉新成本，同时可以根据用户标签属性分发不同金额的“社交立减金”，提升老用户的忠诚度。

2. 设计比拼玩法，引导社交互动

网民不但喜欢观看体育比赛、游戏竞技直播，而且喜欢参与其中。运营者可以迎合网民的“比赛”心理，设计比拼玩法，引导用户进行社交互动，进而为小程序吸引新用户。

3. 加入“分享”按钮，提醒用户转发

用户愿意转发有趣的文章、走心的图片，但是其分享行为还需要引导。运营者可以在优质页面加入“分享”“转发”等按钮，便于用户一键分享、转发。

4. 设计同伴环境，鼓励社群传播

小程序可以借助微淘、微信群的社交属性来丰富功能、进行个性化设计，营造群友的同伴环境，鼓励群友共同完成任务，进而完成小程序的社群传播。

5. 设计任务玩法，鼓励用户完成任务、领取奖励

奖金、礼券、礼品卡等都是用户喜闻乐见的奖励形式，小程序运营者可以设计任务，邀请用户完成任务并领取相关的奖励。

6. 聚焦核心功能，促进口碑传播

“口碑传播”是指用户之间关于产品、品牌或者服务的人际传播。用户普遍乐于将使用体验好的互联网产品推荐给家人或者朋友，而接收者基于对推荐者的信赖，容易对该互联网产品产生好感。

综合实训

（一）实训背景

1. 企业简介

温州励臣网络科技有限公司是一家集互联网平台定制与开发、网络运营与规划、移动电子商务服务于一体，快速成长、锐意进取的科技综合型企业。

旗下业务之一窝牛网，是一款针对高校大学生的移动互联网产品，主要理念是帮助在校大学生通过兼职等方式把课余时间充分利用起来，让学生不再“窝”，让学生变得更“牛”，最终实现发展高校垂直电商“共享经济”。同时，窝牛网还帮助企业解决临时用工难的问题，帮助企业实现降低成本、品牌宣传及储备人才。

旗下业务之二阿里钉钉，作为阿里巴巴公司钉钉业务的浙南大区合作伙伴，公司着力为用户搭建企业级互联网架构，秉持“以云为基、数据环流、互联网 +、安全可控”的平台战略，致力于将全球领先的互联网实践成果转化为产业互联网、城市互联网领域创新的基础设施和实现工具。公司核心业务包括阿里云服务器、物联网解决方案、AO 上云服务、新零售解决方案、阿里云工程师认证培训中心、行业大数据解决方案等。

2. 学习背景

学生已经掌握了朋友圈、微信群、微信公众号、小程序等多种微信营销方法，通过本实训活动，学生可以深入领会微信营销活动中的内容建设、社交推广、微信加粉等工作，加深对微信营销的理解和应用。

（二）实训任务

1. 编辑朋友圈图文消息 2 ～ 3 篇，且遵循所学的营销策略。

2. 创建和运营一个微信群，练习如何管理群、加粉、发布消息、开展粉丝互动。

3. 根据项目营销需要，注册微信公众号并运营。

4. 根据所学的文案撰写策略，撰写微信文案 2 ～ 3 篇。

5. 借助 135 编辑器，编辑 2 ～ 3 篇图文消息，并发布到微信公众号中。

6. 策划一场关于小程序的推广活动。

（三）实训步骤

1. 教师演示微信朋友圈的装修，学生练习装修自己的朋友圈，并在朋友圈中发布两条有关温州励臣网络科技公司代运营产品（钉钉）的图文消息，要求学生遵循所学的营销策略。

2. 教师演示微信群的创建和运营，学生分组创建和运营自己的微信群，要求粉丝数达到300+，并分享有关阿里钉钉业务的优质内容3～5篇。

3. 教师演示微信公众号的申请、管理和运营，演示如何利用微信编辑器编辑微信图文信息。学生根据项目的营销需要，练习自行注册微信公众号并运营。要求发布2～3篇微信图文消息，熟练掌握135编辑器的使用，微信公众号的粉丝达到100人以上。

知识与技能训练

一、单选题

1. 什么是微信公众平台？（　　）

A. 微信公众平台主要是面向名人、政府、媒体、企业等机构推出的合作推广业务平台。

B. 微信公众平台主要是企业宣传推广用的。

C. 微信公众平台主要是商家和客户交易的平台。

D. 微信公众平台主要是发送商家信息的平台。

2. 微信公众平台的最大作用是（　　）。

A. 微信公众平台可以吸粉，增加更多的粉丝。

B. 微信渠道将品牌推广给上亿的微信用户，减少宣传成本，提高品牌知名度，打造更具影响力的品牌形象。

C. 微信公众平台可以出售商品，让商家快速实现销售额。

D. 微信公众平台是万能的。

3. 企业如果想向用户提供注册、充值、预订、购物、付款等业务，那需要建设（　　）。

A. 订阅号　　B. 服务号　　C. 企业号

4. 群发消息内容有哪些？（　　）

A. 文字、语音　　B. 图片、视频　　C. 图文消息　　D. 都可以

5. 群发图文消息的标题上限为多少个字节？（　　）

A. 32　　B. 64　　C. 48　　D. 100

6. 微信公众平台可以创建底部菜单的是什么类型的？（　　）

A. 认证过的服务号　　B. 认证过的订阅号

C. 服务号　　D. ABC都可以

7. 微信图文信息封面图尺寸描述正确的是（　　）。

A. 图文头条封面图尺寸为900像素×640像素

B. 多图文第二条封面图尺寸为200像素×200像素

C. 多图文第三条封面尺寸为180像素×180像素

D. 单图文头条封面图尺寸为900像素×600像素

二、多选题

1. 微信公众号的运营主要涉及哪些方面的问题？（　　）

A. 文章排版　　B. 增加公众号粉丝数量

C. 提升文章的阅读量　　　　D. 公众号申请

2. 在朋友圈投放广告，包括（　　）三种方式。

A. 排期购买　　B. 定价购买　　C. 竞价购买　　D. 私下购买

3. 微信公众号定位方式有（　　）。

A. 人群定位　　B. 内容定位　　C. 功能定位　　D. 产品定位

4. 微信公众号标题可以采用（　　）方式来提升阅读量。

A. 采用疑问句　　B. 结合热点　　C. 巧设悬念　　D. 制造反差

5. 微信小程序商业模式应用场景有（　　）等几种。

A. 企业名片小程序　　　　B. 企业电商平台小程序

C. 餐饮 O2O 小程序　　　　D. 企业社区小程序

三、简答题

1. 微信公众号申请成为公众号支付商户需要满足哪些条件？

2. 请写出“查找附近的人”的功能模式。

3. 请说明“漂流瓶”的玩法及可能带来的商机。

4. 如何提高微信互动营销的效果。

5. 小程序与 APP 营销相比有哪些优势和不足？

四、实训题

1. 背景资料

浙江吉麻良丝新材料股份有限公司（前身绍兴华通色纺有限公司、绍兴吉玛良斯服饰设计有限公司）成立于 2006 年，2017 年公司顺利完成资产重组及股份制改造工作，是一家集纺织新材料、纱线面料、服装服饰及居家产品设计研发及生产为一条龙产业的纺织型科技企业。公司注册资金 4000 万元，旗下运营品牌——吉麻良絲（GIMARAS），主营汉麻服装服饰及汉麻居家产品的生产研发及销售。具体产品涉及居家服、职业装、校服、童装、旗袍、僧袍、床品、卫浴、无纺布、卫生用品、医用纱布、墙布、地毯、窗帘、车垫等。

向世界展示中国工匠精神，吉麻良丝不走寻常路，做出自己的特色，深挖汉麻文化内涵，让汉麻文化走进生活、美化生活，并一步一步地迈上功能性健康居家纺织品的台阶。公司产品的详情信息介绍可参考天猫店 GIMARAS 旗舰店（https：//gimaras.tmall.com/）。

2. 实训任务

学生们申请一个订阅号，并在订阅号中编写一篇吉麻良絲（GIMARAS）产品的图文信息，主题为“6 · 18”促销，然后利用 365、秀米或 135 编辑器工具进行精美排版。

项目6

头条号营销

头条号营销微课

知识目标

1. 了解今日头条的特点
2. 熟悉头条号的后台功能
3. 熟悉头条图集、微头条等产品
4. 了解悟空问答的特点与功能

能力目标

1. 具备头条号的运营能力
2. 掌握西瓜视频的运营策略
3. 掌握悟空问答的运营方法

素质目标

1. 提高团结协作的意识
2. 具备自媒体热点的敏感性
3. 具备自媒体法制意识和职业道德
4. 拥护并实践习近平新时代中国特色社会主义思想

思维导图

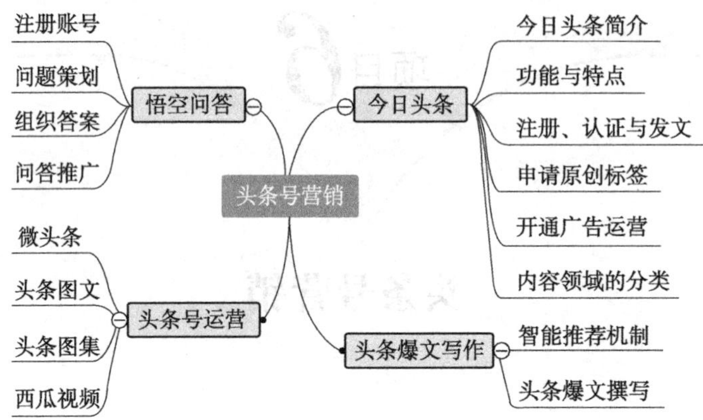

案例导入

太平洋保险的幻幕广告

随着金融科技时代的到来，传统金融陷入营销乏力、品牌认知度和市场辐射力减弱的窘境。传统广告投放粗犷、素材普通，仅靠广告很难打动目标用户。

太平洋保险深谙传统广告投放的缺陷，明白在移动碎片化阅读时代，必须利用用户接触的“黄金 3 秒”迅速打动用户，延长用户与广告的“亲密接触时刻”。据统计，幻幕广告停留时长较普通落地页有 30% 以上的提升，于是，太平洋保险选择了今日头条的幻幕广告。

此次太平洋保险以“爱值得被爱”为主题，通过讲述上班族救助城市里的流浪猫的故事，投射出保险行业“付出与回报”背后的温情和安全感，如图 6-1 所示。

幻幕广告融合今日头条信息流广告优势，在资讯场景中与用户建立链接，在视频播放的同时将用户带入太平洋保险的价值立意中，达成品牌认同；同时，依托于无须等待、极速展开、沉浸式体验讲述品牌故事、花样互动、无缝拼接的特点，使广告主的营销创意可以在多媒体的内容环境中，更生动地演绎品牌故事，提高营销价值。

此次太平洋保险采用幻幕广告的形式进行投放，总曝光量高达 5100 万，总点击量 142 万，点击到达率（CTR）2.75%，视频完播率高达 10%，人均广告展示次数 2.9 次，页面平均停留时长达 65.25 秒，停留时间比普通落地页提升了 220%。

在广告投放期间，太平洋保险在头条站内的热度从 200k 飙升至 500k。

【案例思考】

什么是广告的“黄金 3 秒”？太平洋保险为何选择今日头条作为广告传播媒体？

【案例启示】

“黄金 3 秒”是指在移动媒体中用户的注意力停留的时间很短，可能只有 2～3 秒钟，所以广告要向用户展示他们最感兴趣的内容，以吸引用户点击或观看。

今日头条作为新媒体时代的自媒体传播平台，用户多、访问量大，平台中的内容推荐算法先进，内容往往符合用户兴趣，所以营销效果好，是当前主流的网络广告平台。

图 6-1　太平洋保险“爱值得被爱”幻幕广告

6.1 今日头条

6.1.1　今日头条简介

今日头条是北京字节跳动科技有限公司开发的一款基于数据挖掘的推荐引擎产品，为用户推荐信息，提供连接人与信息的服务，是国内移动互联网领域成长最快的网站之一。

今日头条不是传统意义上的新闻客户端，它没有采编人员，也不生产内容，运转核心是一套由代码搭建而成的算法。算法模型会记录用户在今日头条上的每一次行为，在海量的资讯里分析用户感兴趣的内容，甚至能知道用户有可能感兴趣的内容，并将它们精准地推送给用户。

截至 2018 年 6 月，今日头条累计激活用户数已达 7 亿，日活跃用户超过 1.75 亿。据统计，今日头条创作者们发布的文章平均字数为 845 字，视频长度平均为 3 分钟。这些内容在今日头条平台上收获了良好的分发效果，平均每 150 篇文章中就有一篇文章阅读量超过 10 万次，平均每 230 个视频中就有一个视频播放量超过 10 万次。

今日头条还推出了开放的内容创作与分发平台——“头条号”，是针对媒体、国家机构、企业及自媒体推出的专业信息发布平台，致力于帮助内容生产者在移动互联网上高效率地获得更多的曝光和关注。由于今日头条的访问流量比较大，对运营者而言，一般可以作为内容的首发平台，可以保证文章的曝光度。今日头条的首页如图 6-2 所示。

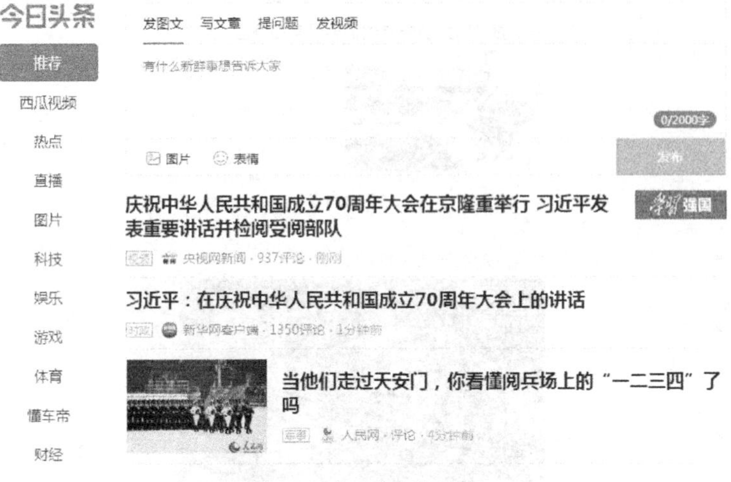

图 6-2 今日头条的首页

6.1.2 功能与特点

今日头条本身就是个新闻 APP，因此头条号生产的内容，直接作为新闻信息推送给用户，形成了良好的闭环，其中高质量的内容流量非常大。

1. 头条号

头条号是今日头条为摆脱内容原创性不足，避免侵权传统媒体而打造的自媒体创作平台，借助头条号能实现用户和广告商的连接，形成了一个更加稳定、持续发展的内容生态体系。当前今日头条致力于扶持优质的原创内容，培养有潜力的创作者。截至 2018 年 12 月，头条号平台的账号数量已超过 180 万个，甚至包括国家版权局等国家机构，每天发布 80 万条内容，创造超过 50 亿次内容消费。头条号的首页如图 6-3 所示。

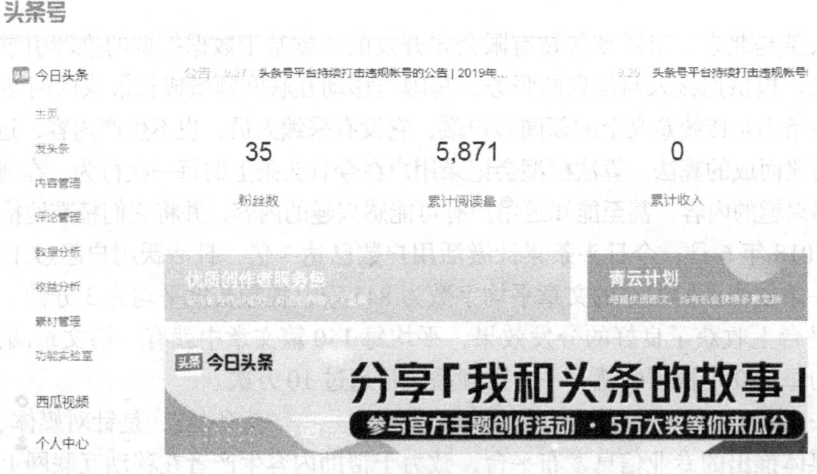

图 6-3 头条号的首页

2. 微头条

2017 年 4 月，今日头条上线了自己的微博功能：微头条，支持用户快速地发表最新动态和热点资讯。微头条的界面如图 6-4 所示。

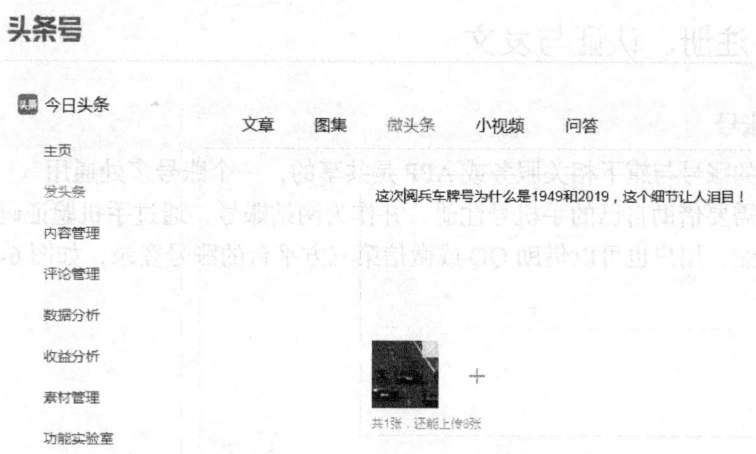

图 6-4　微头条的界面

微头条本质上是今日头条的 UGC 产品，内容生产是一种低门槛和低成本的创作方式。目前平台上主要邀请了一些名人明星、垂直领域的达人、顶级媒体机构、各级政府部门、知名企业入驻，未来更倾向于头条号作者和有表达欲望的普通用户，目的是吸引更多的目标人群。

微头条是一款类似微博的产品，是今日头条集中体现粉丝价值的重要产品。

3. 西瓜视频

西瓜视频是今日头条旗下独立的短视频 APP。基于人工智能算法为用户做短视频内容推荐，它能让用户的每一次刷新，都发现新鲜、好看并且符合自己口味的短视频内容。

2016 年 5 月，西瓜视频前身——头条视频正式上线；2017 年 6 月 8 日，头条视频正式升级为西瓜视频；截至 2018 年 12 月，西瓜视频用户量突破 2 亿。

4. 悟空问答

2016 年 7 月 14 日，头条问答频道正式于今日头条 APP 内上线。经过一年的 APP 孵化、上线运营，2017 年 6 月 26 日，头条问答正式升级为悟空问答。这次升级是为了加强品牌辨识度，还开拓了独立运营能力，比如推出独立 APP 和 PC 端网站，用户既能在今日头条 APP 内访问悟空问答，也可以通过下载悟空问答 APP，或直接访问 PC 端等方式使用。

悟空问答致力于提供一个跨越地域、人群和年龄，成为包容所有人、被所有人热爱的问答平台。截至 2018 年 12 月，已有 8000 万用户先后入驻问答社区，在社区分享他们所拥有的信息、经验、知识和观念。

5. 头条指数

头条指数是今日头条推出的一款数据公共服务产品。不同于微信指数、百度指数和微指数等指数产品，头条指数基于今日头条智能分发和机器推荐所产生的海量内容数据。

头条指数基于今日头条大数据分析，反映出用户在智能分发下的阅读及互动行为。可以通过使用头条指数捕捉用户的兴趣和关注点，监测社会舆情，为精准营销、舆情应对乃至学术研究提供重要的数据参考。作为内容生产、传播、营销、舆情监控的重要工具，头条指数致力于用数据服务个人和机构，提供丰富、及时的数据维度。

6.1.3 注册、认证与发文

1. 注册账号

今日头条的账号与旗下相关服务或 APP 是共享的，一个账号多处通用。

用户一般需要借助自己的手机号注册，并作为网站账号，通过手机验证码验证用户账号的真实性。当然，用户也可以借助 QQ 或微信第三方平台的账号登录，如图 6-5 所示。

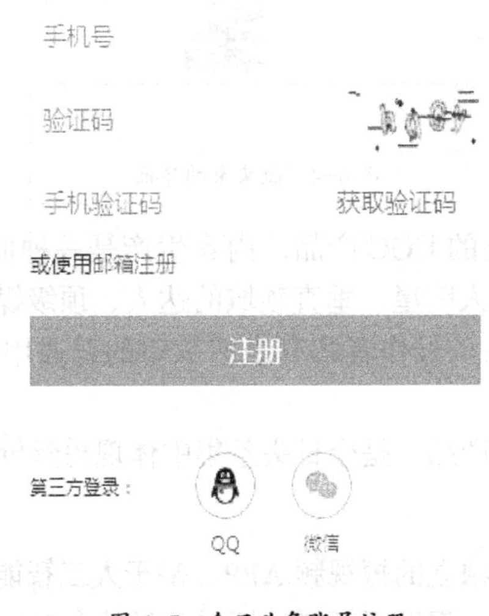

图 6-5 今日头条账号注册

2. 账号认证

今日头条的账号认证有以下三种方式。

对于企业用户，需要用 PC 端浏览器打开 renzheng.toutiao.com，并登录今日头条账号，支付认证审核服务费，提交认证所需的资料（通常包括企业营业执照等），平台预计在 2 个工作日内审核完成。对于大多数媒体和企业来说，通过认证，有助于提高企业的品牌知名度、诚信度，以及来自众多粉丝的关注度。

对于个人用户，则与淘宝网类似，需要提供手持身份证的半身照、身份证的正面照片，以及能够证明自己身份的资料，比如工作证、盖章的其他证件等。平台预计在 7 个工作日内审核完成。

个人用户还可以申请通过兴趣认证成为创作者，要求必须是在某个领域内持续贡献内容的用户。创作者申请条件包括：有清晰的头像、合法的用户名、绑定手机号、发布过微头条的内容，考核规则是申请认证后的 30 天内，要有 4 条本领域优质回答。

创作者通过考核后，会拥有独家标志，彰显独特的身份；平台将会优先推荐创作者发布的内容，增加曝光机会，快速涨粉；而且还享有其他的专属特权。

3. 发文规范

在今日头条发布文章没有太多的限制，只要不触犯网站规则，像军政事件、恶意传谣、色情涉恐等，以及利用头条做噱头哗众取宠、负能量文章、对今日头条不利言辞等，其余基本上不会有太大的问题，对推广信息也有一定的容忍力。

在今日头条上发布的内容，需要先通过审核，否则文章不予推荐。文章进入审核流程后，如果被机器确认为重复文章，则不予推荐；内容将退回作者修改，直至内容合规。

常见的被审核程序拦截的情况有：标题全部为英文 / 外文或含有繁体字；全文有大段乱码；标题含特殊 / 敏感信息；标题冒用头条名义；标题涉嫌不雅甚至恶俗信息；内容含有二维码、电话号码、网址链接等信息；内容低质、不完整、不丰富等。

6.1.4　申请原创标签

今日头条平台鼓励原创内容，开通的原创文章可以受到相应的保护，而且推荐及广告费都会相应地增加，这也是作者们非常想获得的一项权限。

要申请开通图文原创，账号类型必须是个人、群媒体、新闻媒体、企业；前期账号已实名认证；账号入驻时间超过 30 天；最近 30 天内已发文超过 10 篇，且没有图文原创标签审核记录；账号无违规处罚记录；账号内容原创且优质。

头条平台鼓励原创、鼓励优质内容，先后出台了"青云计划""千人万元"签约计划及"优质创作者服务包"打包权益等，努力构建良好的内容生态。

2018 年 6 月推出的"青云计划"，头条号平台每天奖励至少 100 篇优质文章，每篇奖励 300 元。截至 2019 年 3 月"青云计划"奖励文章数突破了 5 万篇，7426 个优质头条号累计获得了超过 2000 万元的现金奖励。这 5 万篇获奖文章覆盖了 53 个垂直领域，既有文化、科技、体育等常见领域，也有宠物、摄影、家居等小众领域。而获得奖励最多的 3 个领域是历史、财经、科技，其次是影视娱乐、体育、育儿、文化、健康、旅游、三农。

拓展内容

请查询相关资料，仔细研究一下"千人万元"签约计划、"优质创作者服务包""礼遇"计划、"千万粉末"计划，各自的内容是什么？主要目的是什么？

要申请原创标签，用户需要先登录头条号，再进入"个人中心"，点击"我的权益"，再点击"账号权限"，即可在功能列表中申请"图文原创""视频原创""连载功能""千人万元"，以及设置或申请"头条广告""自营广告""外图封面"等功能，如图 6-6 所示。

6.1.5　开通广告运营

作为一个移动资讯平台，今日头条的最主要赢利模式是广告费，其次是打赏费、品牌合作收入、电商销售收入等，头条号广告会自动与系统匹配，并且平台与运营者共享广告收入。

第一种是头条号运营者的广告收入。作为头条号的运营者，主要收入为广告收入，头条

头条号

今日头条
西瓜视频
个人中心
帐号设置
我的权益
我的粉丝
结算提现
号外推广

账号状态　账号权限

功能	状态	申请条件
头条广告	已开通	符合条件的头条号可以开通头条广告。
自营广告	申请	已实名认证的头条号可申请。
图文原创	申请	优质图文原创头条号可申请开通图文原创标签。
视频原创	申请	优质视频原创头条号可申请开通视频原创标签。
连载功能	申请	已实名认证的头条号可开通
千人万元	申请	已开通图文原创功能的个人帐号可申请。
外图封面	申请	入驻时间达到30天的头条号可申请。

图 6-6　申请原创标签

号界面中设有广告位，而且阅读量与自媒体的广告收入成正比。据统计，粉丝产生的广告收入是路人的 3 ～ 5 倍。因此，增加粉丝数量至关重要。

第二种是自营广告，相当于运营者自己的广告空间之一，可以宣传自己的内容，也可以与广告商合作。自营广告需要提供相关资格。例如，如果账号代理某产品，则必须获得制造商的合法授权。运营者在头条号广告和自营广告中只能选择一个。

第三种是平台补贴。当前来自今日头条官方的补贴，逐渐成为运营者的主要收入来源之一，自 2015 年 9 月，头条号平台先后推出了“千人万元”“礼遇”“千万粉末”“青云计划”等计划，都是为了鼓励创造优质内容，补贴优秀创作者。比如“千人万元”计划，用以支持 1000 名头条号个人创作者，每人每月可获得至少 10000 元的保证收入。

开通广告运营功能，也在头条号的“个人中心”—“我的权益”—“账号权限”中设置，如图 6-6 所示。

6.1.6　内容领域的分类

今日头条，用内容不断拓展着自己的边界，通过小视频、内容分发、问答等在全球范围内布局，并不断向细分垂直领域伸出触角，努力打造内容帝国。

当前，今日头条中热门的内容领域主要包括历史、娱乐、军事、时尚、育儿、社会、游戏、情感、旅游、影视等，尤其是历史、娱乐、军事，排在平台阅读量的前 3 名。这些领域用户人群大，潜在的阅读量高，但是流量大竞争压力也比较大，大的阅读量都被大号占了，许多文章被别人写了，同类别内容太多，容易重复，难以做到有特色。

一些冷门领域，竞争压力小、平台扶持稀缺、要求作者专业度高、粉丝精准、前期流量小，可以是大领域中的一个垂直方向，通常有三农、历史、科技、职场等领域。

还有一些特殊领域，通常这些领域需要职业资质证明，或者是个人不可操作的，比如健康、财经、法律、社会、新闻事件、国家政策等领域。

所以，运营者在选择头条号的内容领域时，可以选择自己感兴趣的、有特长的领域，这样才有动力长久地写下去，也比较容易寻找素材。而且，即使不能做原创图文，可以尝试做原创视频。

课堂训练

请问，大学生或者职场新人，要运作头条号，优先选择哪些领域？为什么？

6.2 头条号运营

个人或企业运营头条，主要是借助头条号这一自媒体，持续传播优质内容，树立个人或企业形象，吸引粉丝关注，后期通过内容变现、广告投放、导购等方式实现商业目的。

6.2.1 微头条

微头条是今日头条旗下一款类微博性质的轻资讯阅读平台，它基于数据技术聚合社交媒体热点内容，使用者可以通过微头条找到自己喜欢的内容，如搞笑段子、心灵鸡汤、健康养生、萌宠美食、八卦娱乐等。自2017年起，今日头条宣布400亿流量扶持微头条；随后推出“千人百万粉”计划，即在平台上扶持1000个拥有一百万粉丝的账号。

微头条主要以文字和图片内容为主，如图6-7所示，篇幅不能太长，主要运营策略包括以下几项。

①篇幅：大概两三百字为宜，讲清楚一个事情，讲好一个故事，通告一篇新闻，有头有尾、标题新颖，逻辑清晰，可以满足大部分用户的阅读欲望。

②作用：运营者可以利用微头条与读者互动，提升亲和度，在互动的过程中，提升读者的好感度，让读者直接关注，这对于积累头条号的粉丝，有较大价值。

③福利：作者可以巧妙利用微头条进行福利放送，比如转发微头条加关注，可以学习免费的课程或分发福利等，以福利引导读者关注。

④问候粉丝：作者利用微头条，对读者进行节日问候以提升读者好感度，还可以提升读者的忠诚度和信任度，从而提升增粉效果。

⑤蹭热度：众所周知，明星一向不缺话题，也是大众关注的焦点，微头条运营时可以关注明星的动态，在明星微头条上占据前排，从而在其他读者阅读明星动态的时候，加大微头条曝光量，提升加粉的效率。

⑥配图：微头条也可以搭配相应的图片，或者直发图片帖（图集）。微头条最多支持上传9张图片，可以进一步加深用户对资讯内容的直观认知。

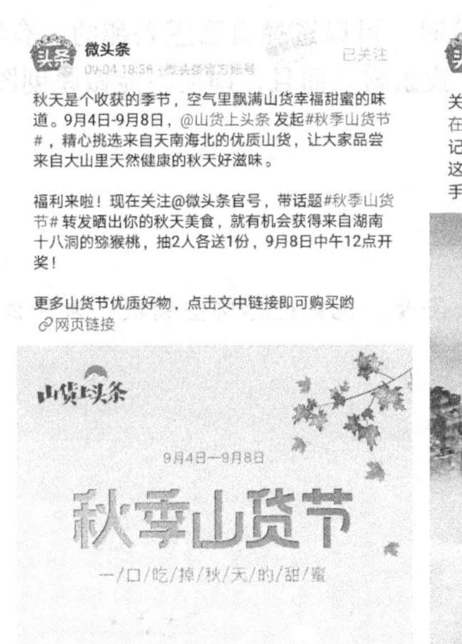

图 6-7 微头条运营

一篇优质的微头条，最好具备以下五大要素：

- 垂直度。运营者所写的微头条最好与自己从事的领域一致，这样更能获得读者的认同，彰显自己的专业性，从而吸引粉丝关注。
- 原创度。一篇好的微头条肯定不是单纯的信息搬运，最好是原创微头条，这样才有利于系统的推荐，一个没有原创的作者很难持续提升影响力。
- 差异化。微头条账号，最好有自己的品性和风格，越是差异化的东西，越容易被粉丝识别，从而快速积累影响力。比如，霓岙山账号主要展示洞头原生态的海产品及原创内容。
- 健康度。任何作者都不要违反平台的规则，不要投机取巧，也不要利用低俗等话题引起关注，要想长期健康运营，必须要使所发的内容与配图符合平台内容审核的要求。
- 传播性。好的微头条要具备传播性，不管是内容创意还是配图都能激发读者的阅读欲望，从而提升内容的传播性，如果微头条缺少传播性、互动性、话题性，则很难引发读者的转发欲望。

6.2.2 头条图文

头条图文是头条号的主要功能，支持用户发表最新的资讯、文章、图文消息，如图 6-8 所示。

1. 发表图文

发表图文需要先拟定文章标题，标题限 30 个字以内。正文支持图文混排，一篇图文消息最多可以发表 2 万字，但合适的字数为 1000 ～ 1500 字，如图 6-9 所示。

在编辑文章时可以直接选择插入图片，图片可以来自本地图片或素材图片，根据用户的需求来选择。头条图文还支持插入文章链接、小视频、音频、小程序、投票等，提高文章的

头条号

今日头条

主页

发头条

内容管理

评论管理

图文　微头条　小视频　问答

文章状态　全部　已发表　未通过　草稿　已撤回

图 6-8　头条图文

文章　图集　微头条　小视频　问答　　发文

温州名购网的起源

温州名购网是浙江工贸职业技术学院围绕温州市“温州名品购物中心”建设的一个网上商城，是一个专业性的温州名品网购平台，分为中文版和英文版，主要针对国内市场，除了传统的鞋服外，还将以瓯秀、瓯塑等温州传统文化产品为突破点，突破传统温州有形的产品，开展知识产权、创意等服务。

字数 132（已保存）　发表　预览

图 6-9　发表图文

可互动性，以及发文助手、错别字检查等功能。

发表图文时，还可以添加“扩展链接”，如图 6-10 所示。头条号平台反对链接任何反动、暴力、色情、低俗、涉嫌欺诈、违规医疗、理财投资等内容，否则将面临平台删除文章、暂停或关闭“扩展链接”功能、所属账号禁言、限制或禁止使用部分或全部功能、所属账号封禁等不同程度的处理。

为了增强文章的吸引力、优化预览效果，头条图文还支持用户设置封面图片，可以选择单图、三图、自动三种模式，图片可以从正文所有配图中选择或者从素材库中选择。

2. 图文页的结构

移动互联网时代是快速阅读时代，大多数读者都有碎片化阅读的特点，因此头条号里的内容应尽可能做到图文并茂，以增强文章的可读性、阅读的便利性，缩短用户的阅读时间，确保读者可以快速浏览完整篇文章；避免因为繁多的内容、杂乱的排版，让用户失去耐心、跳出页面。

所以，头条图文的排版，要注意标题新颖、文章简短、合理分段、排版规范、内容连贯。

中国人写文章一般有“三段式”的说法，所谓三段式就是将一篇文章的表达按三段的写作模式谋篇布局：第一段开门见山，提出要解决的问题和观点，或者把时间、地点、人物和主要事件及时点出；第二段摆出事实或提出论据，或者把事情发展的经过详细写出来；第三段得出结论或理由，如图 6-11 所示。

图 6-10 设置扩展链接和封面图

虽然网络文章不是写论文，但这种文章结构仍然可以广泛借鉴，可以用来讲故事、介绍产品、写新闻稿、写游记等。

文章既要有大标题，还要有小标题。大标题要概括全文、吸引读者；小标题介绍段落主要内容，给用户继续读下去的理由，确保文章前后衔接、内容连贯、结构清晰、过渡自然，用户根据大小标题便可以略知全文。产品文案的结构和例文如图 6-12、图 6-13 所示。

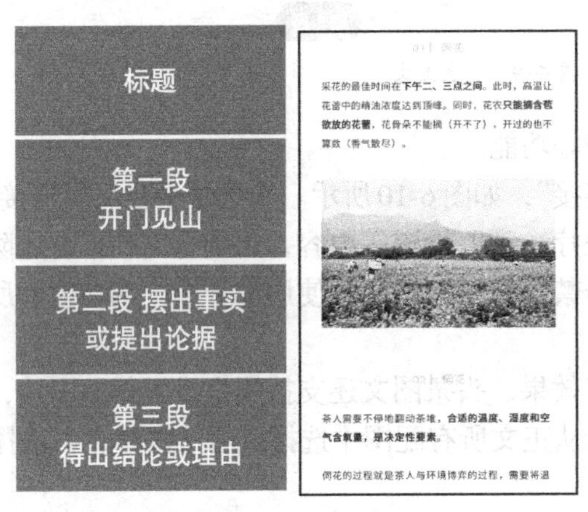

图 6-11 文章三段式结构

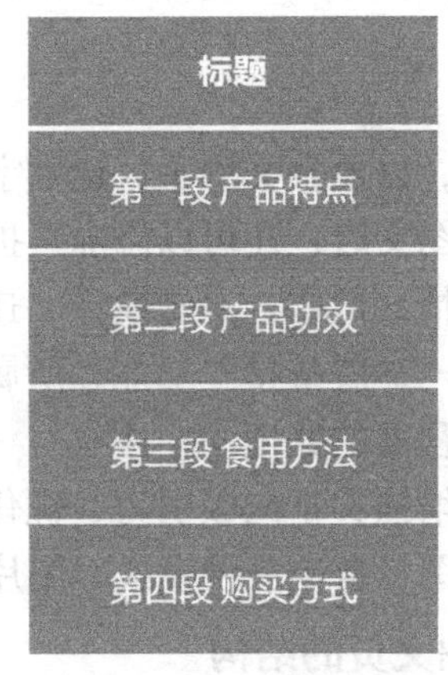

图 6-12 产品文案的结构

3. 图文编辑策略

头条号运营，人人都希望写出 10000+ 的爆文，那需要先了解头条文章的推荐机制。

为让受欢迎的内容被更多用户看到，不受欢迎的内容不占用过多推荐资源，头条号文章在推荐时，会分批次推荐给对其感兴趣的用户。文章首先会被推荐给一批对其最可能感兴趣的用户（用户的阅读标签与文章标签重合度最高，被系统认定最可能对该文章感兴趣的用户），这批用户产生的阅读数据，将对文章下一次的推荐起到决定性作用。阅读数据包括点击率、收藏数、评论数、转发数、读完率、页面停留时间等，其中点击率占的权重最高。

文章的首次推荐，如果点击率低，系统会认为文章不适合推荐给更多的用户，会减少二

今日头条　首页 / 美食 / 正文

想吃新鲜的杨梅吗？选不悔农业的丁岙杨梅吧

杨梅在中国南方广泛分布，但杨梅的原产地在浙江余姚。"闽广荔枝，西凉葡萄，未若吴越杨梅"。显然，杨梅是浙江的骄傲。浙江的杨梅种植面积和产量居中国首位，比较著名的是浙江四大杨梅，即：荸荠种杨梅、丁岙杨梅、东魁杨梅、晚稻杨梅。

1.丁岙杨梅的特点

丁岙(ao)杨梅，原产于浙江省温州市瓯海区茶山镇丁岙村。果实肉柱饱满圆钝，柔嫩而脆不刺口，色泽紫黑发亮，果柄为绿色长柄，果柄基部有一红色圆球形突起，被誉为"红盘绿蒂"。

2.丁岙杨梅的优势

杨梅之所以那么迷人，就是因为它既有甜的滋味，又有酸的骨架。酸甜平衡的杨梅才是美丽皮囊包裹匀称骨架的风情美人。没错，"酸甜比"才是一颗杨梅真正的灵魂。现行的杨梅品种里，东魁品种是甜度最高的，而丁岙杨梅却是酸甜比最接近完美的。

3.丁岙杨梅的食用

杨梅中含有维生素C、维生素B，都对对防癌抗癌有积极作用；杨梅果仁中含有氰氨类、脂肪油等，这些也有抑制癌细胞的作用。杨梅含有多种机酸、维生素C，有助于降血脂。杨梅含有多种有机酸、维生素C，可增加胃中酸度，消化食物，促进食欲。

烹饪杨梅前，要把杨梅用盐水泡下，以免有农药物残留，对身体造成伤害。食用杨梅后最好及时漱口或刷牙，以免损坏牙齿。

食用小贴士

4.丁岙杨梅的购买

温州市不悔农业开发公司拥有全省最大的杨梅种植产业园，占地面积85亩，丁岙种杨梅树650多棵，年产量5.8吨，出产的杨梅大量销往省外，甚至国外。公司在销的杨梅都是当天采摘，当天发货，顺丰冷链物流，送货上门，确保新鲜，给用户最新鲜的体验！

目前公司的主要销售渠道包括：茶山杨梅基地直销点，人本超市，以及网络销售渠道-不悔天猫店铺。欢迎大家直接访问天猫店铺购买。

天猫 TMALL.COM

图 6-13　产品文案例文

次推荐的推荐量；如果点击率高，系统则认为文章受用户喜欢，将进一步增加推荐量。以此类推，文章新一次的推荐量都以上一次推荐的点击率为依据。此外，文章过了时效期后，推荐量将明显衰减，时效期节点通常为 24 小时、72 小时和一周。

头条的这种扩大推荐机制，使作者想获得更多的阅读量，就必须努力把各维度阅读数据（点击率、用户阅读时间、收藏数、评论数、转发数等）维持在高位水平，也就要求文章：

①标题和封面图具有足够的吸引力、表意清晰，以便提高点击率。

②图文并茂、通俗易懂，内容接地气，从而提高页面黏性和用户阅读时长。

③内容翔实，给读者干货般的充实感，以提高收藏数和转发数。

④观点鲜明，有自己的风格，引发读者讨论，以增加评论数和转发数。

其中，至关重要的是点击率。因此文章标题和封面图至关重要，是文章获得广泛传播的关键要素，据说一篇爆文 70% 的功劳来自标题。

要写好标题，最重要的是刺激人的情感，而刺激人的情感可以从图 6-14 所示的 5 点入手。例如：

- 她受周总理指派潜伏蒋介石身边 11 年未暴露，临终前却说了 4 个字。
- 《中国机长》电影看完了，但是挡风玻璃为什么会碎你知道吗？
- 中国服装销量一年减少 178 亿件，中国人不爱买衣服了吗？
- "90 后"女硕士乡村支教好几年，她说曾经孤独得想哭！
- 穿越千年！看看中国古人是怎样过重阳节的。

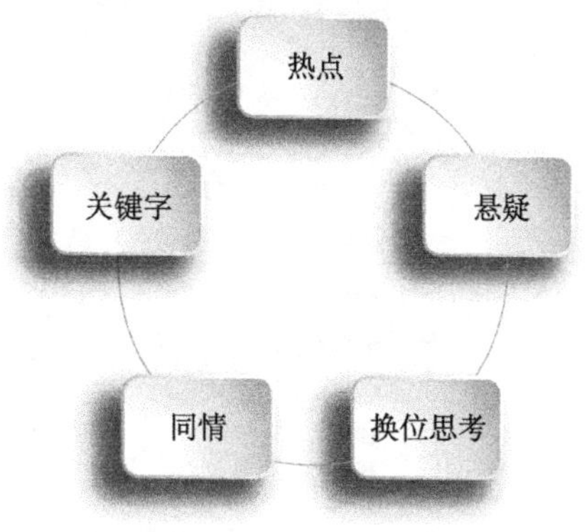

图 6-14　标题写作思路

有吸引力的标题能带来更多点击量，但这不意味运营者要成为惯用夸张标题的标题党。恰恰相反，标题党反而会被平台通过技术手段识别和打压，限制推荐量。除了标题夸张，用户举报密集、负面评论过多、无效异常点击、时效期已过都是限制文章推荐量的因素。

头条封面图片的选择，最好是清晰、新颖、美观，与文章内容密切关联的图片，图片实际像素不低于 172 像素 ×120 像素，要选一张大家一看就有点击欲望的图片。

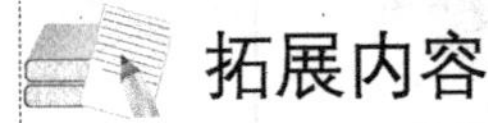

拓展内容

今日头条算法推荐系统原理

今日头条算法推荐系统，主要输入 3 个维度的变量：一是内容特征，图文、视频、UGC 小视频、问答、微头条等，每种内容有很多自己的特征，需要分别提取；二是用户特征，包括兴趣标签、职业、年龄、性别、机型等，以及很多模型刻画出的用户隐藏兴趣；三是环境特征，不同的时间、不同的地点、不同的场景（工作 / 通勤 / 旅游等），用户对信息的偏好有所不同。结合这三方面的维度，今日头条的推荐模型会做预估，该内容在这个场景下对这个用户是否合适。

6.2.3　头条图集

图集是今日头条内容的重要组成部分，它是以高质量的图片和配文为主要内容，吸引读者阅读的工具。运营者可通过图集来介绍新闻资讯、热销产品、社会百态、美文美景、美食美女、爆笑段子等，还可策划不同的主题，丰富自媒体内容，吸引粉丝，带来流量。

1. 发布图集

①登录自己的头条号，然后点击左边菜单中的“发头条”，再点击上方的“图集”，如图 6-15 所示。

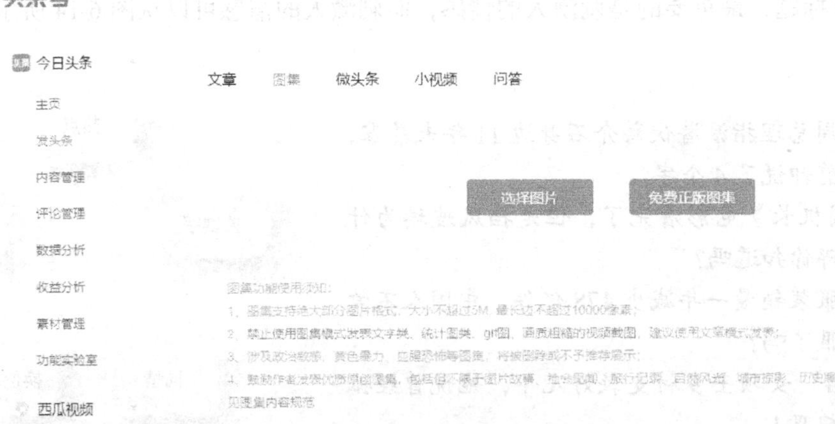

图 6-15　发表图集

②点击“选择图片”按钮选择要插入的图片，可以使用免费正版图片或素材库中的素材（如图 6-16 所示），图片不少于 3 张；要足够清晰，不能带水印，不能包含较多推广信息；也不能发布不实内容和违背相关现行政策与法律法规的内容。

③添加图片之后，可以在图片的右侧添加图片说明，如图 6-17 所示。

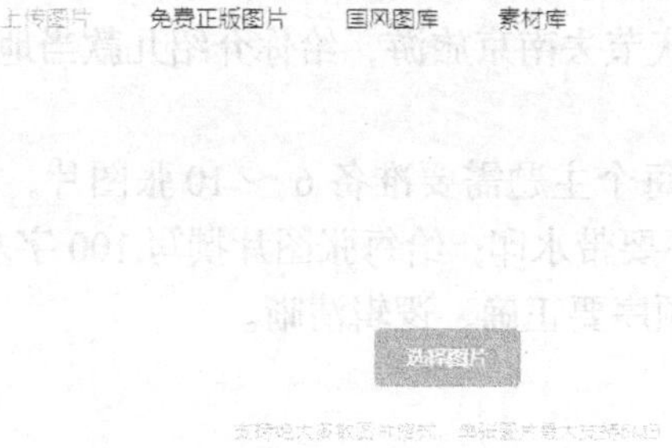

图 6-16　上传图片

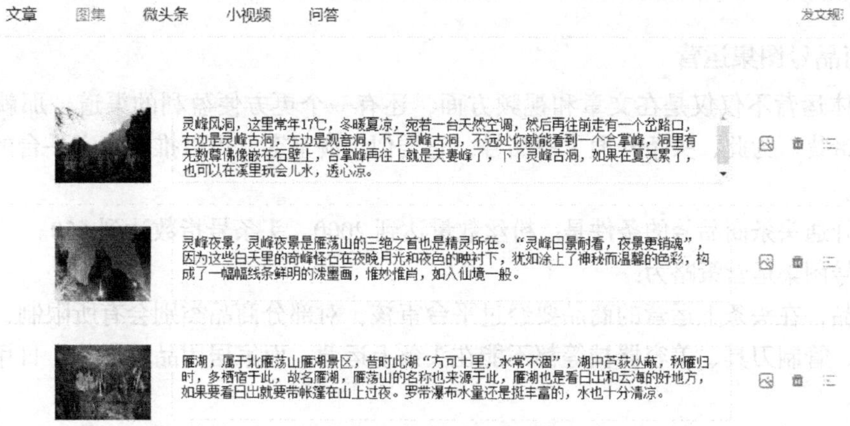

图 6-17　发表图集

④然后再添加文章的标题，比如“东南形胜 -- 雁荡山”，如图 6-18 所示。

⑤设置图集的封面，最好是图集中最吸引人的那张照片，设置投放广告，即可发表。

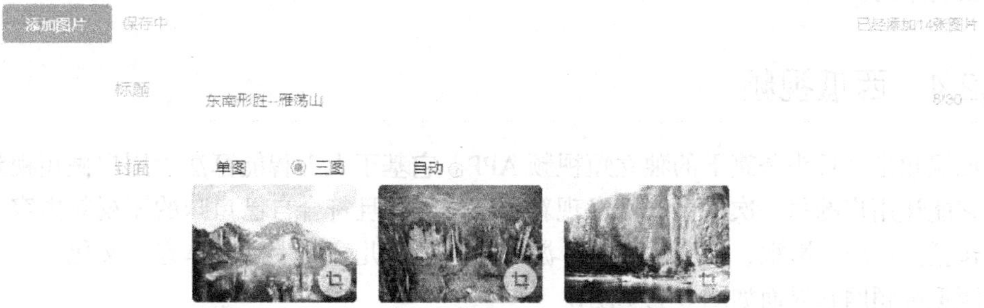

图 6-18　添加标题和封面

2. 策划图集主题

图集的优势是提供连续阅读的机会，全面介绍一个主题，便于从不同角度加以诠释，比如:“炎炎夏日，让这5款吊带连衣裙带给你清凉感！”，可以逐一介绍这几款衣服的风格、款式、颜色、材质、上身效果等。

图集中还可以包含多个人物、事物、产品、情景等，便于对比分析。比如:“4*4越野车如何选购？”，可以把丰田、大众、通用、长城等几家公司的越野车都拿过来进行对比，分别介绍其各自的优缺点，这样便于消费者全面掌握信息。

其他常见主题包括“国庆节去南京旅游，给你介绍几款当地美食吧！”“不作就不会死，看国外青年的极限运动”。

编辑图集时需要注意，每个主题需要准备6～10张图片，最好是自己拍摄的；图片要足够清晰，800像素以上，不要带水印；给每张图片撰写100字左右的解说（图释），且不要有错别字；图片设置的前后顺序要正确、逻辑清晰。

课堂训练

请问，可不可以利用图集做两个产品的对比分析？如果可以，你计划怎么做？

3. 商品号图集运营

自媒体运营不仅仅是在文章和视频方面，还有一个更方便盈利的渠道，那就是商品销售，俗称带货。为此，头条开通了商品号，它类似于淘宝客，可以推广淘宝平台的商品，以获取佣金。

当前开通头条商品号的条件是：粉丝数量达到2000，头条号指数达到650。

商品号图集运营策略为：

①选品，在头条上运营的商品要经过平台审核，对部分商品类别会有所限制，像保健药品、情趣、管制刀具、美容器械等都不能在头条上运营，而家居用品、服装、日用品等品类是可以的。

②图片，需要拍摄和展示商品的高清大图；图片内容一定要健康、规范，不能出现一些不良导向的内容；图片的张数，一般控制在10张左右，用户没有耐心看太多的图片。

③内容，图集的标题不要过度夸张，能够吸引人就好，尽量不要做标题党；图集不需要写太长的介绍，内容简洁就好，但在撰写描述的时候尽量体现商品特色，毕竟用户基本上是被商品吸引来的。

6.2.4 西瓜视频

西瓜视频是今日头条旗下的独立短视频APP。它基于人工智能算法为用户做短视频内容推荐，它能让用户的每一次刷新，都发现新鲜、好看并且符合自己口味的短视频内容。其视频分类包括：音乐、影视、社会、农人、游戏、美食、儿童、生活、体育、文化、时尚、科技等。西瓜视频网站界面如图6-19所示。

2016年5月，西瓜视频的前身——头条视频正式上线，2017年6月，用户量破1亿，DAU破1000万；2017年6月8日，头条视频正式升级为西瓜视频。目前西瓜视频已与央视新闻、澎湃新闻、BTV新闻等多家知名媒体机构达成版权合作。

目前，西瓜视频的内容，以PGC短视频为主，其定位是个性化推荐的聚合类短视频平

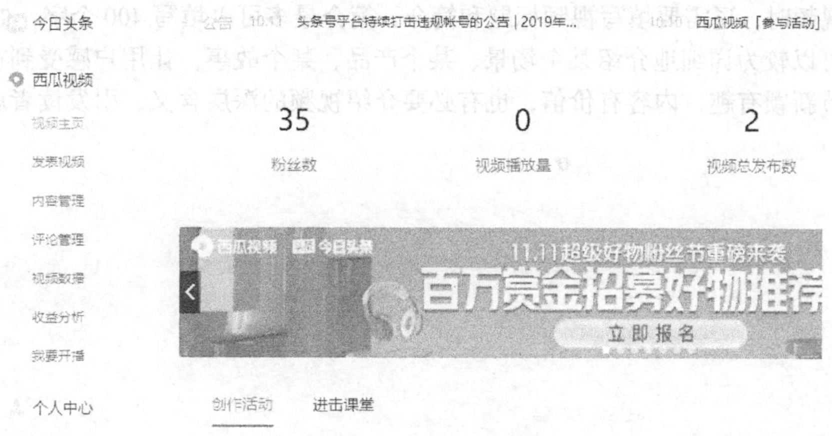

图 6-19　西瓜视频网站界面

台。其分发模式是：通过算法分析用户的浏览量、观看记录、停留时间等，再进行视频推荐，非常注重内容平台建设。

1. 主要功能

西瓜视频的主要功能包括视频主页、发布视频、分析数据、视频直播等。下面主要介绍视频主页和发布视频。

（1）视频主页

在头条号中可以直接进入西瓜视频，视频主页中主要展示了当前短视频运营的核心数据，包括粉丝数、视频播放量、发布的视频总数等，以及展示了当前平台在开展的"创作活动"。"进击课堂"主要包括新手指南、实操教程、进阶指导、大咖对话四个部分，汇聚了很多学习素材，可对新手、运营者进行运作培训，提高操作技能。

（2）发布视频

如果想发布短视频，可点击"发表视频"，将自己准备好的短视频上传到自媒体中，可以发布单个视频，也可以创建和发布视频合辑，如图 6-20 所示。头条号平台会审核作者要发布的内容，违反相关政策和法律法规、视频低质、违反公序良俗、含有违禁和敏感内容、视频内容无版权、发布不实内容等，均无法通过审核，且有可能被平台处罚。

发布视频时，需要填写视频标题，字数在 5 ～ 30 个字之间，不要简单堆砌关键词，最好要准确概括视频内容、突出主题、展现特色。由于西瓜视频也采用内容营销的方式，所以要保证标题的可读性、流畅性，能引起用户的兴趣。

图 6-20　发布视频

发布视频时，还需要填写视频标题和简介，简介最多可以填写400个字，如图6-21所示，这里可以较为详细地介绍某个场景、某个产品、某个故事，让用户感受到视频的独特视角，情节新颖有趣，内容有价值，也有必要介绍视频的深层含义，引发读者思考和参与讨论。

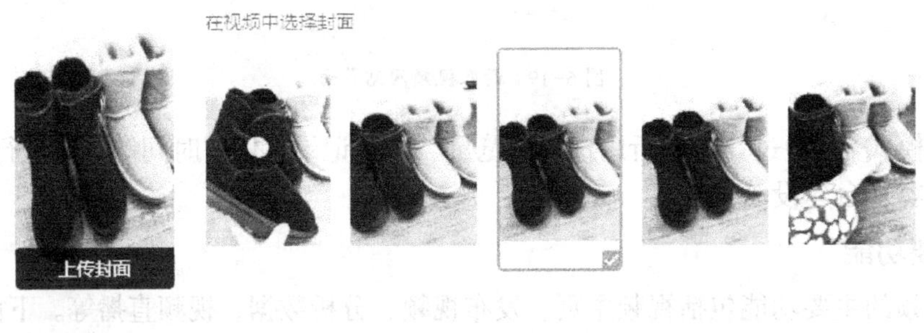

图 6-21　填写视频标题和简介

2. 运营策略

（1）明确目标

运营西瓜视频之前，首先要明确运营目标，是为了打造品牌还是提高访问量。Papi酱、办公室小野等的目标都是打造个人品牌及影响力；另一种是打造节目视频，将视频节目化、戏剧化，类似奇葩说这种节目，从而有针对性地制作短视频。

（2）选好领域

制作短视频时，最好找准领域，做自己感兴趣或者擅长的事情，比如美食、旅游、校园、职场等，否则难以持续运营。发现了自己感兴趣并擅长的方向，就可以稳定、固定地产出，从而积累影响力。

（3）要素分析

短视频有三大要素，包括核心元素、差异化内容和价值观。只有融入了这些元素，短视频作品才具有生命力，能够快速脱颖而出。

①核心元素，是指视频要突出的重点是什么，是人物还是产品。要做产品推荐，就将产品在视频中加以强调突出；要打造个人品牌，则作者应该担任整个视频的主角，要避免喧宾夺主。短视频的核心元素，要确保统一，以便不断增强在用户心中的印记，从而提升影响力。

②差异化内容。网络上每天都有大量的短视频被创作出来，如果不具备差异性，则很难有效果。制作短视频时，一定要使视频具有差异化和稀缺感，从而在用户心中占据一席之地。

首先，要尽量固定演员，特别是有特色的演员，比如相貌、口音、肢体语言、职业习惯等。比如西瓜视频中的“我是小熙”，每个视频中主角都是小熙，并且小熙说了一口有标志性的方言，与众不同。

其次，情节要具有颠覆性，可以是性别的互换，也可以是情节的反转，比如职场小钢炮经常反串女性角色，陈翔六点半的故事情节经常反转。

再次，展示不一样的视角，拍视频可以从不同的视角来展示效果。比如刘二豆经常从宠物猫的视角进行演绎，很容易在众多视频中脱颖而出，快速提升影响力。

最后，努力创作差异化的内容，比如同是美食大号的办公室小野、李子柒、野食小哥，内容的差异性很大，办公室小野呈现的是办公室美食，李子柒呈现的是远离城市的“仙女”，野食小哥描述的是野外生存中的美食。

③价值观。每个短视频要想传播得更广，更深入人心，一定要有价值因素赋值其中；短视频的价值观可以是有趣的灵魂，也可以是传播美好的生活，还可以是善意的提醒，引发人们注意什么，改善什么，领悟什么。这样才能引起用户共鸣和收藏，将影响力传播开来。

职场连线

招聘岗位：今日头条数据运营经理

岗位职责：

1. 负责对头条运营相关数据进行收集和整理，构建业务指标体系。
2. 建立日常监控体系并维护监测数据报表，及时更新并长期监控。
3. 负责对重点数据的深入挖掘分析，发现问题并提供建议。
4. 提供数据产出或查询工具，可以供合作方自行查询，提高运营效率。
5. 组织相关团队进行数据产品理念、技能、工具的培训，推动业务部门数据化运营。

任职要求：

1. 大学以上学历，统计学、计算机、信息管理相关专业优先；熟练使用 SQL 和 Excel 分析工具。
2. 两年以上互联网行业数据运营、数据分析经验。
3. 对数据敏感，对于精细化运营有自己的理解，掌握数据可视化和基本统计方法。
4. 熟悉互联网媒体，具备一定的策划能力。

薪资待遇：面议

6.3　悟空问答

悟空问答是今日头条提供的一个问答 APP，原来叫头条问答，2017 年 6 月，正式更名为悟空问答。作为一款靠谱的问答社区，悟空问答专注分享知识、经验、观念。在这里，所有人都能找到答案、参与讨论，如图 6-22 所示。

图 6-22 悟空问答

悟空问答主要采取算法推荐制，分析用户感兴趣的问题，将邀请推送给他。头条问答还能自动邀请恰当的用户回答可能感兴趣的问题，进而帮助其他人，形成了所有人问所有人、所有人答所有人的模式。

悟空问答有三大作用。

- 涨粉：利用悟空问答提高自己栏目的曝光量，利用优质问答吸引粉丝。
- 提高阅读量：利用头条已发布的内容来设计问题，进而提升内容播放量。
- 获得收益：悟空问答中有多种获得收益的方式，比如问答红包、成为问答达人、成为签约作者。

其中，问答红包是平台设计的一种现金回报方法，对分享优质内容知识的答主进行鼓励，以促进更多普通的用户参与进来。问答达人是今日头条官方认证的身份，可以提高用户在头条平台发言的可信度，增加曝光度与关注，从而提升个人品牌的知名度。悟空问答还采用邀请制，邀请一些权威机构和知名的"大 V"作为签约作者，给予一定的报酬，鼓励持续产出高质量内容。

6.3.1 注册账号

注册悟空问答，可以使用自己手机号快速注册，也可以通过微信、QQ 等第三方账号登录。另外，头条号的账号和悟空问答的账号是通用的，有了头条的账号就无须另行注册了。运营者如果想长期运营，也可以多注册几个账号，共同运营。

注册账号之后需要选择账号类型，一般企业和个人，可以选择"个人"；报纸、杂志、电视、电台等可以选择"媒体"；各级行政机关、党群机关等可以选择"国家机构"，如图 6-23 所示。

作为一个自媒体账号，我们需要设置好悟空问答的头像、签名，选好回答领域。头像最好有个性、易记；签名要体现出自己关注的某一领域；回答的领域一定要注重垂直度，便于将来认证这个领域的问答达人。

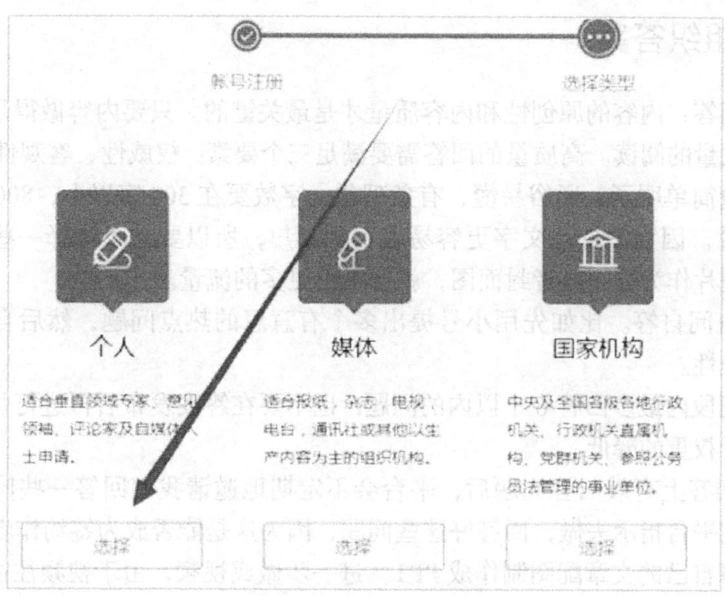

图 6-23　注册悟空问答的账号

6.3.2　问题策划

运营悟空问答，首要工作是问答问题。但在回答问题之前，要先学会策划选题，由于时间有限，没有人可以把所有问题都回答完；也不是所有的问题我们都了解和擅长。选择要回答的问题的原则是：问题本身清楚，语义表达清晰；传播度高的热门话题；自己擅长领域的问题。

比如，人力资源管理总监可以回答面试常见问题“面试官问‘你期望的薪酬是多少’时，实际上是在问什么？”（如图 6-24 所示），热心时政的人可以回答社会热点“中国台湾九合一选举，民进党为何败得这么惨？”，年轻人最有资格回答自己的话题“你在青春期都做过什么荒唐事？”等。

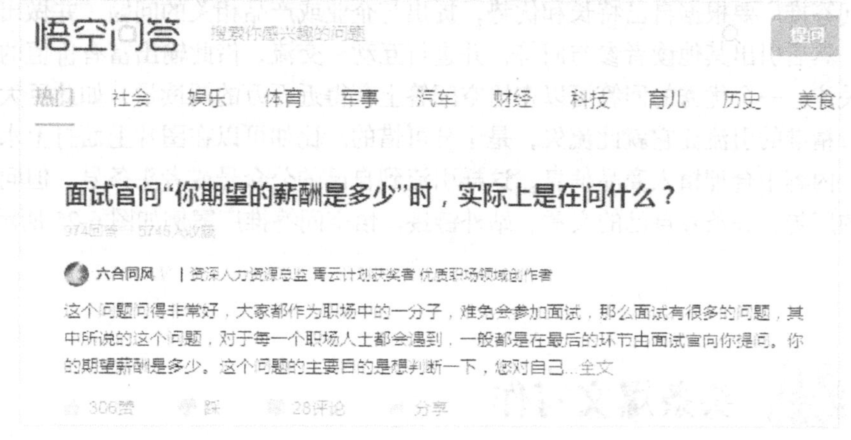

图 6-24　有选择地问答问题

做悟空问答不能仅仅只是回答，也可以适当地去提问，提问的问题一定要有实用性、逻辑性、讨论性等。问题要求是大家感兴趣的，具有指导意义的，或者辩论性强的问题。

6.3.3 组织答案

运营悟空问答，内容的原创性和内容质量才是最关键的。只要内容做得足够的精湛，就一定能够获得大量的阅读。高质量的回答需要满足三个要素：权威性、客观性、准确性。

①回答尽量简单明了、通俗易懂、有条理化，字数要在300字以上，800字以内，还要配上合适的图片。因为图片比文字更容易吸引到用户，所以要善于选择一些热门的、有创意、有争议的图片作为配图或者封面图，就会吸引更多的流量。

②也可以自问自答。比如先用小号提出多个有意思的热点问题，然后自己提交专业回答，营造出专业性。

③一个时间段内最多回答6个以内的问题；也不要在答案发布后再进行优化和修改，这很容易导致账号权重的降低。

④在悟空问答上有效回答问题后，平台会不定期地邀请我们回答一些同领域的相关问题。这时要根据平台指示去做，回答好这些问题，因为这是能否成为签约作者的关键。

⑤也可以将自己的文章配图制作成PPT，进一步做成视频，由于视频往往能够获得较高的推荐量，所以这样的回答很容易被评为优质回答。

6.3.4 问答推广

悟空问答平台的问答模式是一种互动营销模式，企业可以通过该平台直接与用户互动来达到宣传企业产品信息的目的。问答引流的好处就是长期有效，几年前撰写的答案，可能现在仍然有人在搜索、在阅读。

悟空问答的推荐机制类似于头条的推荐机制：先将某人的回答内容推荐给一部分用户看，如果这些用户看的时间比较长（有效阅读），并且有点赞或评论的行为，那么下次就会推荐更多的流量。

为此，我们要多搜索自己所在的垂直领域的关键字，获取到问题后，将核心内容整理并输出为答案，这样可以帮到读者，也可以引起读者对我们的兴趣，进而关注我们的账号。同时开展问答推广要根据自己特长和优势，提出与企业或产品相关的问题，并做出一定的分析或答案，然后引出其他读者参与回答，并进行互动、交流，借此输出富有价值的内容，吸引他们的关注。一个优秀的回答可以在悟空问答上获得近百万的阅读量，如此巨大的流量如果没有进行精准的引流让它就此流失，是十分可惜的。比如可以在图片上面打上水印，印上联系方式，内容中合理植入商品信息，这样引流到自己的公众号或者头条号。但问答中不宜包含纯粹的广告、头条号自己的文章、站外链接。悟空问答推广案例如图6-25所示。

6.4 头条爆文写作

当前头条的月活数据（MAU）超过了4亿，在国内有大量的用户群。而借助算法的推

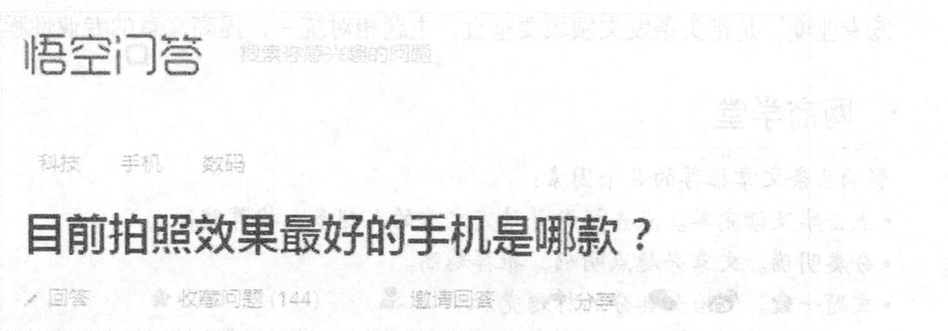

悟空问答

科技　手机　数码

目前拍照效果最好的手机是哪款？

回答　收藏问题（144）　邀请回答

图 6-25　悟空问答推广案例

荐，前期不需要有大量用户积累和活动，也能获得一些基础的用户流量，头条运营与推广可以说非常适合中小企业。

运营头条号之前要理解平台的规则，平台对文章首先采取机器消重、算法推荐，即机器会根据文章的词频来给内容打上标签。其次，内容策划时要感知用户，做到选题是用户感兴趣的，标题是用户想点击的，图片是用户想看的，这样才能取得较好的点击率、评论数、点赞数、收藏数、转发数、阅读时间等。最后，明确营销目标是要曝光品牌还是圈定粉丝。要洞察用户的需求，并通过数据分析来优化运营策略及内容呈现，实现真诚地与用户沟通。通过数据指标，不断试错和反馈迭代，是精准运营的重要法则。头条运营分析的维度如图 6-26 所示。

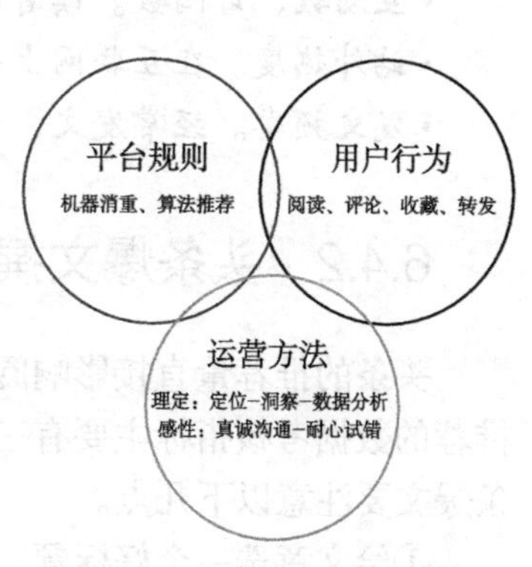

图 6-26　头条运营分析的维度

6.4.1　智能推荐机制

今日头条通过机器分析用户的阅读习惯，不停地给用户自动打上标签，然后根据标签进行分发。比如通过获取与用户阅读过文章的相似文章来进行推荐；基于相同城市的新闻，会推荐与之相似城市的热门文章；与用户阅读的历史文章关键词进行匹配推荐；基于社交好友关系的阅读习惯推荐；基于用户长期标签的推荐；基于相似用户习惯的列表推荐等。系统会先将文章推荐给一部分用户看，如果用户看的时间比较长、有点赞评论等行为，那么下次就推荐给更多的人，否则会逐渐减少推荐量。应对策略如下：

①想要获得高推荐量，需要加强对内容原创与质量的把关，并尽量将内容放在头条中首发。因为头条在内容原创度的考核中，是否首发很重要。

②确保发出的图片与内容是健康的，图片在不失真的前提下大小不超过 500KB，图片宽高控制在 600 像素 ×360 像素左右，确保图片美观、清晰，并且与文章主题切合，黄、赌、毒、标题党等内容不能涉及。

③保证账号的活跃度，每天准时准点推出内容，培养读者的阅读习惯。每天产出有用的内容，增加头条内容的权威性。

④提高互动性，创作者要在评论区多回复读者，与读者互动，努力做到最快回应，有助于提升互动度。

⑤专业度，是指头条发文领域要垂直，主题相对统一，提高文章的专业性程度。

网商学堂

影响头条文章推荐的 8 个因素：

- 点击率及读完率。点击标题并读完文章的人越多，推荐越高。
- 分类明确。文章兴趣点明确，推荐越高。
- 文题一致。做恰如其分的标题党。
- 内容质量。优质内容才是根本。
- 账号定位明确。文章题材随意宽泛的账号，得到推荐的概率更低。
- 互动数、订阅数。读者越活跃，推荐越多。
- 站外热度。在互联网上关注度高的话题，推荐越多。
- 发文频率。经常发文，保持活跃很重要。

6.4.2 头条爆文撰写

头条的推荐量直接影响阅读量，推荐量提升了，阅读量也会提升。阅读方面，影响头条推荐的数据考核指标主要有三个，分别是阅读进度、跳出率、平均阅读速度。因此，撰写头条爆文要注意以下几点。

①给文章选一个好标题，以价值性、有趣性为参考，将关键词具体化。

②在标题、首段、末段、图片注释处加关键词，让平台更容易识别文章的类型。一篇文章被收录的关键词数量在 3 ～ 5 的则最容易被抓取和收录，尤其是在文章的首尾两端，而图片注释处加关键词，可以让图片出现在用户搜索结果中，进而让文章也得到更多曝光。

③合理利用标签，爆文中经常使用的标签，说明其受众是巨大的，那么在创作内容时使用这些标签，或者针对这些标签创作内容，在一定程度上使内容具备了爆文的特质。

④一篇文章选择一个问题（痛点），开篇一定要点题，有结果有原因，减少用户的跳出率。

⑤蹭热点，将文章内容跟时下的热点关联起来，增加用户的点击欲望。

思政园地

自媒体平台不可有低俗违规内容

2018 年 10 月国家网信办会同有关部门，针对自媒体账号存在的一系列乱象问题，开展了集中清理整治专项行动。依法依规处置“唐纳德说”“傅首尔”“紫竹张先生”“有束光”“万能福利吧”“野史秘闻”“深夜视频”等 9800 多个自媒体账号。

据悉这些被处置的自媒体账号，有的传播政治有害信息，恶意篡改党史国史、诋毁英雄人物、抹黑国家形象；有的制造谣言，传播虚假信息，充当“标题党”，以谣获利、以假吸睛，扰乱正常社会秩序；有的肆意传播低俗色情信息，违背公序良俗，挑战道德底线，损害广大青少年健康成长；有的肆意抄袭侵权，大肆洗稿圈粉，构建虚假流量，破坏正常的传播秩序。这些自媒体乱象，严重践踏法律法规的尊严，损害广大人民群众的利益，破坏良好网络舆论生态，社会反映强烈。

相关负责人指出，自媒体绝不是法外之地。绝不允许自媒体成为某些人、某些企业违法违规牟取暴利的手段。欢迎广大网民、媒体和社会各界共同维护网络传播秩序，营造风清气正、积极向上、健康有序的网络空间。

综合实训

（一）实训背景

学生已经基本了解和掌握了头条号运营知识，通过本实训活动，学生可以了解典型的企业如何开展头条运营，如何在新媒体平台中开展内容创作，并开展内容营销，实现产品展示和品牌推广。

（二）实训任务

1. 登录温州名购网网站，分析网站在售产品，选择一种商品作为推广对象。

2. 分析商品的特点，撰写商品简介，拍摄商品图片和短视频。

3. 根据头条号的运营规则，撰写推广软文并在头条图文中发布，在西瓜短视频中发布产品的短视频。

4. 运营悟空问答，围绕产品提出几个问题，开展问答推广，并积极引导用户参与讨论和交流。

5. 连续三天在头条中推送图文消息、短视频、问答消息，然后分析运营数据，总结推广经验。

（三）实训步骤

1. 熟悉头条平台的几项核心功能。

2. 选择推广的产品，撰写推广软文，制作产品图、短视频等素材。

3. 通过典型案例讲解，让学生熟悉头条营销的策略、技巧、创意与互动。

4. 老师和学生代表点评各组（学生）的作品，并选择优秀作品予以展示。

5. 分析各项运营推广数据，总结存在的问题，制定精准化的营销策略。

知识与技能训练

一、单选题

1. 内容营销的本质是（　　）。

A. 品牌推广　B. 市场推广　C. 营销　D. 销售产品

2. 以下不属于头条号的内容创作技巧的是（　　）。

A. 争做标题党，正文内容无所谓　B. 正文内容只有文字没有图片

C. 主图与内容无关　D. 采用 ABC 型标题

3. 西瓜视频的主要功能包括（　　）、分析数据、视频直播等。

A. 管理视频　B. 发布视频　C. 品牌　D. 广告

4. 短视频有三大要素，包括（　　）、差异化内容和价值观。

A. 视频大小　B. 核心要素　C. 视频创意　D. 环境要素

5. 悟空问答中，一个时间段内最多回答（　　）个以内的问题。

A. 3　　B. 5　　C. 6　　D. 8

6. 开通头条商品号的条件是：粉丝数量达到（　　）。

A. 1000　　B. 2000　　C. 3000　　D. 5000

二、多选题

1. 作为头条号的运营者，在图文的数据统计指标中，（　　）指标最重要。

A. 推荐量　　B. 阅读量　　C. 评论量　　D. 收藏量

2. 头条号包括以下哪些功能？（　　）

A. 图文　　B. 图集　　C. 微头条　　D. 西瓜视频

3. 在今日头条发布内容，下面哪些信息不予发布？（　　）

A. 被机器确认为重复文章　　B. 标题全部为英文 / 外文

C. 文章复制自其他自媒体　　D. 内容低质、不完整、不丰富

4. 要使头条文章获得更多的阅读量，则以下哪些指标需要重视？（　　）

A. 点击率　　B. 用户阅读时间　　C. 收藏数、评论数　　D. 转发数

三、简答题

1 想发表头条图集有什么条件？

2. 试分析什么样的内容更容易吸引今日头条的用户？

3. 悟空问答有哪些作用？

4. 如何写出一篇优秀的头条爆文？

项目7

短视频营销

短视频营销微课

知识目标

1. 了解各类短视频平台的特点
2. 熟悉抖音的拍摄方法
3. 熟悉抖音的运营方法
4. 学会短视频传播与引流的方法

能力目标

1. 能够拍摄制作抖音作品
2. 能够开展抖音运营与推广
3. 能够开展短视频平台数据分析

素质目标

1. 提高团结协作的意识
2. 具备自媒体热点的敏感性
3. 具备短视频营销法制意识和职业道德
4. 拥护并实践习近平新时代中国特色社会主义思想

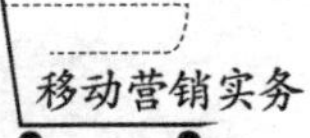

思维导图

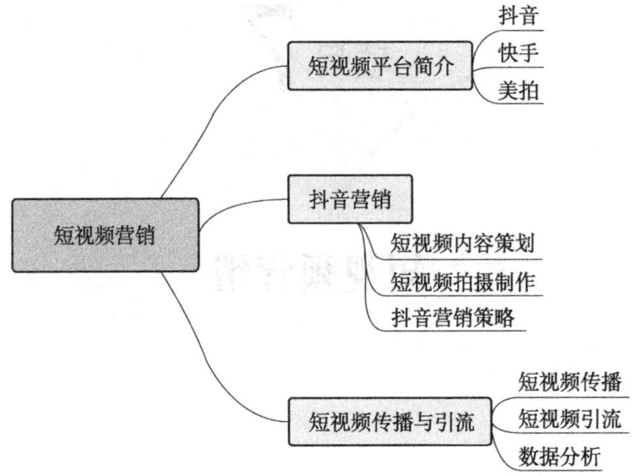

案例导入

火爆的摔碗酒

随着抖音的火爆，西安永兴坊的摔碗酒变得全国闻名，摔碗酒成了西安旅游必须体验的项目之一。花5元钱买一碗米酒，一口饮尽，再大喊一声“碎碎平安”，重重地将碗摔在一堆残骸里，在体验了一把豪爽之余，随便拍下一段抖音，就能有几万甚至几十万的点赞，可谓是彻彻底底捧红了这家店。

老西安人都说，不知道这酒怎么就火了，原来门可罗雀的店铺突然变得人头攒动，如图7-1所示。据统计这家店一年下来摔了20万只碗，不仅自家生意兴隆，还让价值0.5元的陶碗升了值，如图7-2所示。

图7-1　西安永典坊

摔碗酒到底是什么意思呢？在影视作品中，往往是生离死别时才会喝摔碗酒，其实这是一种误导，摔碗酒起源于土家族，花鼓词里唱：摔碗一上手，山斗抖三抖；喝了摔碗酒，家里啥都有；摔碗整一地，桃园三结义。今天的摔碗酒已经化身为一种豪爽性格和友情的代表，喝酒时要双手端平，表示尊敬；一饮而尽，表示诚意；碗口向下，毫无保留。喝摔碗酒讲究的就是这干净、敞亮、清脆、见底。

图 7-2　被摔的碗

其实这摔碗酒不是这两年才有的，它在我国历史上一直存在，西安永兴坊那家店也一直在那儿，它的火是一种偶然也是一种必然，看似是有几个人那么随手一拍就将这种文化带给了全世界，其实这是互联网时代的必然，我国有着丰富的旅游资源，这种带有丰富文化体验的旅游越来越被人们所推崇，加之互联网的病毒性传播，这些景点想不火都难。

【案例思考】

刷抖音成为目前年轻人最大的休闲爱好，在抖音上，一条好玩的短视频，能带来巨大的流量和转发量，足以带火一个景区、一个小吃、一个网红。每逢假期，抖音上的网红景区和网红饭店都人满为患。抖音带火的网红，就数不胜数了。为什么抖音有这么大的魔力呢？

【案例启示】

面对着我国瑰丽的文化宝藏，各地政府应该给予足够的重视，挖掘文化内涵，发展新型旅游，运用好各种新媒体平台进行大力宣传。你们家附近有什么还未被发现的著名景点吗？

7.1 短视频平台简介

短视频即短片视频，主要是指以新媒体平台作为主要传播渠道，播放时长控制在 5 分钟以内的短片视频；它是一种有异于图文和传统影视的新兴传播载体；无论是内容形式还是传播特点，它都有短小和碎片化的特征。短视频自媒体平台是个人或团队通过自主生产出具有个人风格和价值倾向的内容，在网络视频平台和社交平台播出，形成一定的社群规模，能够自负盈亏的团队或组织。

7.1.1 抖音

1. 平台简介

抖音，是一款可以拍短视频的音乐创意短视频社交软件，该软件于2016年9月上线，是一个专注年轻人音乐短视频社区平台。用户可以通过这款软件选择歌曲，拍摄音乐短视频，形成自己的作品。它与小咖秀类似，但不同的是，抖音用户可以通过视频拍摄快慢、视频编辑、特效（反复、闪一下、慢镜头）等技术让视频更具创造性，而不是简单的对嘴型。

抖音的用户一般都是年轻用户，配乐以电音、舞曲为主，视频分为两派：舞蹈派、创意派，共同的特点是都很有节奏感。也有少数放着抒情音乐展示咖啡拉花技巧的用户，成了抖音圈的一股清流。抖音短视频平台，如图7-3所示。

图7-3　抖音短视频平台

2. 人群分析

抖音的使用人群大部分是“90后”，他们潮流时尚、更乐意表达自己，所以抖音的流量特性是较为个性化和中心化的，并且有70%的高活跃度用户来自于一二线城市，他们活跃、开放、有消费需求和能力。所以抖音广告便是一种向“90后”并且是一二线城市年轻人展现的短视频广告。

截至2018年，抖音国内日活跃用户突破2.5亿，国内月活跃用户突破5亿。根据统计，抖音用户每日的活跃高峰有三个，即12点～13点午高峰，18点～19点晚高峰，21点～22点夜高峰。

3. 渠道分析

抖音适合品牌主做品牌宣传的活动，拍摄高质量有创意的宣传视频，如图7-4所示。因为抖音目前还在不断地改进中，所以厂商对推广产品和视频素材有一定的限制。

抖音上的视频曝光量极大，每天的视频播放量在20亿次左右，抖音继承了今日头条的算法优势，可以将广告的投放真正地做到千人千面，能够让广告的投放更为精准。

4. 推荐机制

运营抖音的很多用户会有疑问：为什么视频曝光量比较少？为什么曝光量提高不上去？

影响视频曝光量的因素主要有：点赞量、评论量、转发量、完播率等。

图 7-4　抖音上的品牌推广

抖音每个视频诞生初期都在一个初级流量池内，视频会被推荐给那些最有可能对视频感兴趣的用户，然后根据第一批用户对视频的行为反馈，系统会生成对视频质量的评价，从而决定视频是否进入下一个流量池获得更大的流量推荐。

相对地，如果初级流量池内表现不好，就无法进入下一级流量池。如果流量较低，可以合理地运用 DOU+（抖音的付费推广工具）加推以增加流量权重，但是其关键是视频要优质，如果视频质量不高用什么工具都没有效果。

每个账号都会有一个属于自己的标签，比如游戏标签就会推给经常刷游戏视频的人观看，从而获得更好的转化。

另外，视频要关注某个垂直领域，视频长度必须大于 7 秒钟，风格统一，比如颜值账号，就一直发主角固定的视频，不要发其他的视频，否则流量会变得杂乱，标签没有办法定位，那么无论怎么发视频，账号都不会火。

7.1.2　快手

快手是北京快手科技有限公司旗下的产品。快手的前身，叫“GIF 快手”，诞生于 2011 年 3 月，最初是一款用来制作、分享 GIF 图片的手机应用。2012 年 11 月，快手从纯粹的工具应用转型为短视频社区，用于用户记录和分享生产、生活的平台。后来随着智能手机的普及和移动流量成本的下降，快手在 2015 年以后迎来快速发展，如图 7-5 所示。

在快手上，用户可以用照片和短视频来记录自己生活中的点滴，也可以通过直播与粉丝实时互动。快手的内容覆盖生活的方方面面，用户遍布全国各地。在这里，人们能找到自己喜欢的内容，找到自己感兴趣的人，看到更真实有趣的世界，也可以让世界发现真实有趣的自己。

图 7-5　快手短视频平台

快手的用户定位是“社会平均人”。快手用户分布在二三线城市，是由中国社会的形态所决定的。把所有的快手用户抽象当成一个人来看，他相当于一个“社会平均人”。中国人口中只有 7% 在一线城市，大约 93% 的人口在二三线城市，所以这个“社会平均人”就落在了二三线城市。

快手的推荐算法用一个简短版本来说，算法核心是理解，包括理解内容的属性、理解人的属性及人和内容历史中的交互数据，然后通过一个模型，预估内容与用户之间匹配的程度。

课堂训练

请大家拿出自己的手机，下载抖音 APP 和快手 APP，了解它们的特点和使用方法。

____

你觉得这两者有何不同？______________________

7.1.3　美拍

美拍是一款可以直播、制作小视频的受年轻人喜爱的软件。2014 年 5 月上线后，连续 24 天蝉联 APP Store 免费总榜冠军，并成为当月 APP Store 全球非游戏类下载量第一。

2016 年 1 月，美拍推出“直播”功能，同年 6 月推出“礼物系统”功能，不管是拍摄短视频还是直播都可以接受粉丝的在线送礼，迅速成为最有代表性的娱乐直播平台。例如，黄子韬米兰时装周直播、TFBOYS 美拍直播挑战和戛纳电影节直播等，参与直播的不仅有明星，还包括网红、国际机构、媒体、品牌等。

截至 2018 年 12 月，美拍用户创作视频总数达 5.8 亿，日人均观看时长 40 分钟；美拍直播上线半年，累计直播数已达 952 万场，累计观众数 5.7 亿。美拍网页版界面如图 7-6 所示。

图 7-6　美拍网页版界面

抖音、快手、美拍等短视频 APP，这些都是具有社交功能的短视频平台。它们的共同特征是：用户广、操作易、即时性、分享性、娱乐性、互动性。新媒体时代也称为"受众时代"，这些短视频在传播过程中，以受众为中心，及时有效地向受众传播内容和价值导向。

7.2 抖音营销

7.2.1　短视频内容策划

1. 内容类别

根据用户调研，抖音平台上用户最喜欢阅读的短视频有如下几类：

- 奇观类，主要就是风景名胜、风土人情。
- 萌宠类：猫、狗等宠物的萌蠢视频。
- 高手类：各种高难度、高技术含量的视频。
- 颜值类：有颜有才有特色的小哥哥、小姐姐。

• 喜剧类：街边搭讪、情景喜剧、搞笑段子类的内容。

• 新奇类：身边的新奇事物，如美食、餐厅、街头艺人等。

• 表演类：唱歌、跳舞等表演性内容。

• 技能类：各种技巧、知识和简单教程。

这 8 类涵盖了抖音绝大多数主流内容，企业做抖音运营也一般都会选择其中一个或几个类别进行尝试，当然需要整合一些外部资源，才能制作出好的作品，如图 7-7 所示。

图 7-7　抖音喜剧类视频内容

2. 内容策略

（1）内容原创化

抖音账号中的内容最好是原创的，持续更新的，相关度高的，即要实现持续生产，持续生产优质内容，甚至原创内容。当前是 UGC 的时代，优质原创内容对用户更具吸引力。

如果内容的创意是模仿过来的，那不妨进行再创意，植入新的故事和桥段，提升相关性，改变短视频的主人公、拍摄场所、所用道具，甚至可以植入品牌、产品信息，如图 7-8 所示。

（2）内容多元化

品牌确定好方向后，就朝着单一方向开拓多元化的内容，围绕核心圈存粉丝。

普通企业运营抖音类短视频时，应该聚焦于技能类、知识类、产品使用类视频。这类内容公司可持久做下去，且容易确保内容的关联性。内容的关联性是指，做出的内容要与品牌有一定关联，品牌或产品要处于其中一个比较重要的位置。企业通过提高关联性，力争做到内容和用户的匹配，提升内容引流、带货能力，这样内容营销的效果才比较好。

（3）内容故事化

抖音短视频要尽量做到内容的故事化，故事化可互动、易模仿，能引发用户参与的兴趣。比如，一碗“摔碗酒”引发无数抖友奔往西安；一段海草舞让很多完全不跳舞的人染上了一种爱跳舞的病（见图 7-9）……

图 7-8　地铁抓手模仿作品

图 7-9　抖音中的海草舞

有别于微信，更碎片化、视频化的抖音，支撑得起更具故事化的内容，也能更为高效直接地与粉丝互动，好的内容也更能引起模仿。

3. 内容定位

（1）题材需要符合平台偏好

抖音视频内容中搞笑娱乐内容占据大部分，因为这种搞笑娱乐性强的视频，抖音平台会优先推荐给用户们观看。

目前抖音平台大部分的视频都是通过编写剧本拍摄出来的，而不是自然发生的。这种有剧情设置的视频更吸引用户，如果我们想让短视频吸引更多人观看，就必须要根据平台的导向制作视频。

（2）视频内容领域需要垂直

在制作视频的过程中，制作者首先要确定抖音的视频内容主要关注哪个领域。例如：是人物搞笑剧情、办公室日常生活、户外运动、技能展示，还是情感共鸣等。明确今后视频内容的输出方向，这样有利于获得更多的推荐量、播放量和点赞量。内容领域做得越垂直，账号的权重就越高，视频的点击率越高。

（3）作品符合用户喜好

抖音平台以年轻用户为主，内容极具娱乐性、继承性、连贯性，背景音乐营造了某种期

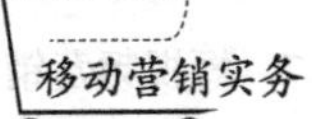

待感，抖音15s的视频便“用美好记录生活”，激活了社会上的酷玩因子和激发了人们脑洞大开的创意能力，让“玩”成为一种商业价值。

所以，内容创作要以酷炫年轻化为主，体现清晰的人物性格特点，对热搜词、热点要有敏感性，体现多元化、抖音范，如图7-10所示。

图7-10　抖音酷炫短视频

（4）作品风格要鲜明

抖音中有创意的短视频很容易被模仿复制，为此短视频风格一定要鲜明，一个视频账号主打某一类具有鲜明特色的人物，关注某个特定场景的故事，比如办公室恋情、街头闪拍等。这样有助于拍摄出特色鲜明的作品，作品可以被复制，但风格很难被人抄袭。内容策划时，可以按照企业产品的宣传需要（自己的人设），进行策划和改造。

7.2.2　短视频拍摄制作

抖音已经发展到成熟阶段了，很多抖音视频都由团队在运作，当然一些没有团队的人，也可以玩转抖音。这就需要具有创意的拍摄与剪辑手法。

1．拍摄技巧

下面介绍几个抖音拍摄制作的技巧，以便帮助大家拍出爆红的抖音视频。因为抖音视频的爆红不一定是因为内容，有可能是因为视频的拍摄和剪辑做得比较好，抖音称这种视频是“技术流”。

（1）拍摄环境的搭建

拍摄环境很重要，抖音很看重主播的拍摄环境。需要空间最少几平方米，人物和座椅至少占据屏幕的60%，拍摄环境三要素为：拍摄背景、灯光、设备。

（2）拍摄背景的布置

抖音视频中70%以上的主播都是坐着直播的，人物+座椅至少占到了摄像头能拍到的面积的60%以上。常见的背景有窗帘、壁画或DIY的墙壁挂件等，如果空间比较小，东西尽量少一些。背景推荐为：墙壁置物架、装饰画、挂毯。

（3）灯光的布置

灯光主要有三个光源：主灯、补光灯、辅光灯。

主灯：室内吊灯，通常为冷光（白色灯光）。

补光灯：其作用就是综合光度，让灯光看起来更加柔和自然。补光灯的样式常见的有摄影棚拍照样式、圆圈样式、台灯样式，如果个人使用，可以选择后两种样式。补光灯只需要弱光就可以，不要高强度照射到脸上，否则容易产生画面曝光。如果觉得刺眼，可以合理地运用反光板，或者把光源打到墙上再反射到脸上。

辅光灯：辅光灯常用的有 LED 窗帘灯和墙壁灯，大部分都是暖光。

（4）设备的选择

设备主要包括主拍设备（手机、单反、微单、迷你摄像机、专业摄像机）、话筒、声卡和支架，价格从几百元到几万元不等，我们根据实际情况量力购买。如果想在抖音视频的录制过程中播放音乐，需要两部设备，一部用于录制，一部用于播放音乐。

（5）拍摄的技巧

前 5 秒法则：想办法保证在前 5 秒内有个亮点，否则很容易被用户关掉。

每 5 秒反差法则：最好在视频的不同时段设置反转点，对用户产生不断的刺激，吸引用户从头到尾看下去。

视频时长在 7 ～ 30 秒为宜，如果不能保证大部分用户能看到最后，请控制时长，提高完播率。

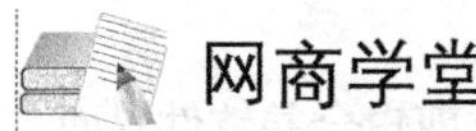

网商学堂

短视频的竖屏特征

竖屏视频（Vertical Video）格式是随着 4G 时代网络视听业的不断发展应运而生的。竖屏视频摒弃了宽屏 4∶3 或 16∶9 的视频格式标准与审美品位，而且在画面的叙事策略上也大相径庭。Scientia Mobile 调研，在美国市场，手机用户在 94% 的情况下都是以竖直的方式拿着手机的。

在国内，各类型的视频节目中都有竖屏视频的踪迹。在资讯类视频中，2019 年，“学习强国”客户端在新年期间，推出了“习近平向全国各族人民拜年”竖屏短视频。画面信息清晰醒目接地气，激起了大家心中的暖暖情意，并在短时间内获得了大量的转发与评论。在访谈类视频中，《和陌生人说话》是腾讯推出的首档竖幅构图的人物采访节目。访谈节目本身就是以人物为中心的，采用竖屏的形式，更好地突出了人物，表现了细节。

碎片化影像和竖屏格式是短视频显著的文本特征，这些特征与中国快速发展的移动互联网特征相吻合，顺应了时代的发展方向。

2. 短视频的制作

（1）短视频配乐

抖音是一个注重音乐的平台，我们在拍摄视频的过程中，要注意选择视频的配乐。首先熟悉抖音拍摄的功能（倒放、慢拍、快拍、长按、倒计时等），然后学会根据内容配上合适的背景音乐。如果我们的配乐选得恰当，视频播放量也会变高。如果配乐好听，用户可能会听完之后才换下一个视频，这样不仅可以提高视频的完播率，系统还会把我们的视频推荐给更多的用户观看。

（2）短视频剪辑

这里推荐一款手机视频编辑软件——视频剪辑合并，它不仅可以剪辑视频，还可以将自己剪辑好的多个视频拼接在一起，操作简单，方便快捷。

①在手机应用商店中找到软件“视频剪辑合并”并下载安装，如图 7-11 所示。

图 7-11　视频剪辑合并

下载安装之后点击进入界面，然后点击“+”号如图 7-12 所示，打开视频剪辑合并软件界面。

②点击“视频”按钮，添加自己想要编辑的视频，如图 7-13 所示。

③任意选择多个自己想要剪辑合并的视频，如图 7-14 所示。

图 7-12　视频剪辑合并软件界面

图 7-13　添加视频

④选好视频后，在工具栏中点击“分割”按钮，如图 7-15 所示。

⑤拖动视频到自己想要剪辑的时间点，然后点击“分割”按钮，打开分割页面，如图 7-16 所示。

⑥分割后视频会自动分成两段，之后可以任意编辑这两段视频，并且长按还可以拖动视频位置。视频剪辑好后，直接点击右上方的“保存”按钮，就完成了制作。

常用的视频编辑软件还有以下几款：Premiere、Final Cut Pro、爱剪辑、快剪辑、Videoleap、VUE、一闪（onetake）等。

图 7-14　选择多个视频

图 7-15　点击“分割”按钮

图 7-16　分割页面

7.2.3 抖音营销策略

1. 账号设置

（1）封面设置

企业抖音账号的界面要具有统一性，封面应个性化、简洁，能够清晰展现人设，增强用户的熟悉度。抖音账号的名字通常要满足企业的定位，可以是个人品牌、公司品牌的展示，有助于用户了解我们，一般可以采取“品牌词（个人姓名）+ 行业词”的形式。账号头像，个人品牌的话可以使用真人头像，或者使用卡通头像，公司品牌则建议使用公司的 Logo，或者申请商品的 Logo 都可以。

（2）多账号运作

企业一旦决定入驻抖音，开展短视频营销，则需要组建一支专门的运营团队（最少 2～3 人），开设多个抖音账号，同步运作，可以取得较好的规模效应。

（3）背景音乐

可以选择传播度高的音乐、魔性音乐、旋律单一。短视频中音乐是核心，善用热门背景音乐，创作独特的配乐，可提高短视频的热度。

（4）标题拟订

抖音短视频的标题，要有料、有趣、有个性、真实，引发用户参与互动。比如:《多少人败在饭局不会说话上，受用一辈子的饭局套路》《资质平庸怎么了？学会这 3 条在职场大有作为》《十二星座，了解一下你自己》。

抖音的短视频内容由哪些基础内容构成呢？答案是由四部分内容构成，分别是: 视频本身、描述、赞和评论。

短视频内容不仅是视频本身，描述、赞和评论这 3 部分内容也非常重要。它们有机地结合才能让我们制作的视频最终爆发。

2. 视频发布技巧

（1）优化发布时间

根据抖音平台的调查数据分析，有 62% 的用户会在饭前和睡前刷抖音，最好的发布时间点没有统一的标准，一般是工作日中午 12 点，下午 18 点，以及晚上 21 点～ 22 点，或者周五的晚上和周末等，就是用户可能比较闲的时间段。

（2）提升 4 个指标

抖音平台在评价我们在冷启动环节中的表现时，主要看点赞量、评论量、转发量、完播率这 4 个指标。因此，如果想获得抖音平台的更多推荐，我们就必须在视频发出之后，发动所有资源去提升这 4 个指标。

在视频描述里，引导用户完成点赞、评论、转发或看完视频的动作。很多短视频会在视频描述和视频开头与结尾写到“一定要看到最后哦”或“亲们给我点赞吧”等文字，就是为了提升完播率。

在视频描述里，还可以设置一些互动问题，引导用户留言评论，提升评论量。通过回复用户评论，提炼视频核心观点，引导更多用户参与到话题讨论中来，进一步提升评论量。也可以提前准备好评论，视频发出后，邀请粉丝或好友写在评论区，引导用户围绕这个话题展开更多互动，以达到提升这 4 个指标的目标。

（3）积极参与挑战

在抖音平台上，每天都会有一些不同的挑战，运营者可以根据综合的对比来判断话题火爆的潜力，然后选出认为最可能会火的话题进行模仿，这样可以提高被推荐的概率。

（4）持续内容维护

围绕着主题持续创作作品，持续吸引粉丝，加强与用户的互动，必要时团队自己要做一些点赞、转发的工作，确保人气不下降。

根据抖音平台的推荐规则，有时候可能会推荐以前发布的视频，从而带火一些优质的老视频。所以，对于比较优质的视频，我们要持续做点赞、评论、转发，不断运营，也许过段时间这个视频就会被推荐了，还可以合理利用 DOU+ 进行快速推广。

3. 主播带动销售

企业运作抖音时，往往需要一个有表现力和感染力的主播，为产品做动作营销，比如让“帅哥”和“美女”来做，更具视觉效果。

另外就是邀请富有个人魅力的网红客串主播，大量粉丝会因为主播的个人魅力被吸引来观看，从而带来很大的成交量和影响力，即使主播推荐一件简单的 T 恤，也能销售得很火爆。

拓展内容

陈翔六点半

《陈翔六点半》是一档由陈翔导演主导创作，活跃于多个新媒体平台的创意喜剧，该剧融合了电视、电影的拍摄手法，以独特的声画风格和多样的原创幽默情节展示了小人物的百味人生，一经推出迅速在秒拍、美拍、快手、微博、微信公众号等平台引发巨大反响，赢得数千万观众的喜爱，至今播放量已破 60 亿，成为视频自媒体中的佼佼者，如今已经孵化出数十位超高人气的网络艺人。

从 2015 年年初首支视频上线至今，《陈翔六点半》在短短几年内，全网累积播放量达数十亿次，并且在抖音上已经累积将近 800 万的粉丝，如图 7-17 所示。

图 7–17　陈翔六点半

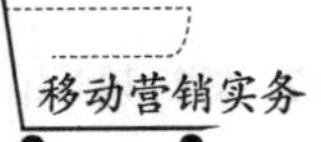

7.3 短视频传播与引流

7.3.1 短视频传播

很多人对短视频传播不够重视，认为视频发布后就会出现较高的播放量。实际上，运营者需要把握一些切实可行的扩张散播方法，短视频的传播需要利用视频平台、社交平台和其他平台的优势，并且在多渠道上增强传播的影响力。

1. 基于视频平台的传播策略

小视频在制作完成后，需先运用较多的视频平台多方面发布，产生基础的视频散播源，还可依据每个短视频 APP 及相关行业的特点推送展示。在短视频 APP 内部，可以通过点赞、评论、转发等，扩大短视频的传播量。

2. 基于社交平台的传播策略

虽然短视频 APP 自身已经具有较强的社交媒体作用，但是还要借助微信、微博等优势媒体开展小视频传播，充分发挥微信朋友间用户评价的能量，充分发挥“每一个客户既是小视频接收者又是宣传者”的功效。

3. 线上线下媒体综合传播

当前国内线上线下、传统媒体与新媒体都已打通，大部分已实现资讯共享，所以优秀的短视频，具有社会传播意义的作品，可以通过官方媒体、传统媒体、各类企事业单位的自有媒体继续扩大传播。比如，浙江省非物质文化遗产富阳油纸伞制作技艺不断通过短视频展示给大众的同时，也让油纸伞手艺人闻士善成为收获 62 万粉丝、月入 10 万元的短视频创作者，如图 7-18 所示。

图 7-18 油纸伞手艺人闻士善的抖音号

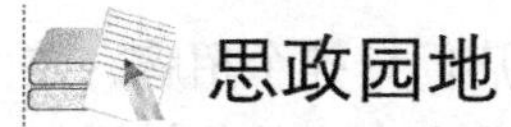

思政园地

短视频是作品吗

2018 年年末，北京互联网法院挂牌成立后受理的首起案件“抖音短视频”诉“伙拍小视频”侵害作品信息网络传播权案宣判，法院认定涉案短视频《5.12，我想对你说》是受我国著作权法保护的作品，这也让短视频的版权问题成为大众关注的焦点。

《中华人民共和国著作权法实施条例》规定，著作权法所称的作品是指文学、艺术和科学领域内具有独创性，并能以某种有形形式复制的智力成果。短视频被认定为著作权法所保护的作品，需要符合具有可复制性、具有独创性两个条件。

我们日常所见到的短视频一般分为两类，一类是自行创作、录制拍摄的，通常包括短纪录片、网红 IP、情景短剧、技能分享、随手拍等。另一类就是对已有视频进行剪辑、加工、制作而成，包括创意剪辑、精彩片段等。如果作者在制作短视频时有想表达的主题、对拍摄的画面进行了选择和剪辑，就认定其具有一定的独创性，受著作权法保护。

7.3.2　短视频引流

随着抖音的火爆，越来越多的个人创业者（微商、电商、实体店）和企业，开始意识到抖音营销的重要性，探索抖音流量的变现。抖音变现的方法多达数十种，常见的方法就是引流到其他平台促进成交。

1. 直接推送

直接推送，就是在视频的片头、片尾或主页中直接推送微信或者微博账号的信息，让用户加关注。虽然用户体验差一些，但是引流效果还是很好的，初创型的团队可以使用这种方式吸引流量。

2. 活动推送

活动推送的形式也比较常见，比如通过短视频分享一些实用干货技巧或者操作工具等内容，用户关注微信公众号或者微博之后就可以免费领取这样的学习资料。或者通过发布容易引发争议之类的讨论主题，吸引大家到微信公众号或者微博查看答案。

3. 内容转化

内容转化，就是通过不断地输出高质量的内容，吸引用户产生比较强的黏性和高活跃度，然后将自己打造成这个领域的优质内容创作者，不断提高自身的影响力，最后实现转化。

做内容引流的时候需要注意两点：一是不要生硬地将广告植入到视频当中，这样的用户体验感比较差，容易产生用户流失，留存效果不好；二是我们在做内容的时候需要不断地测试和优化自己的选题内容，寻找用户喜爱的主题，提高用户活跃度。

4. 鼓励网友转发视频

短视频平台中的大部分视频都比较贴近生活，让网友们感觉真实，好像临时起意，突发奇想，在这种情况下，他们更加放松无防备，更容易接受推荐，并愿意主动转发推荐。比如，餐饮商家想用短视频平台引流，不妨从顾客着手，我们可以在实体店门口挂个招牌，鼓励顾客在店内拍摄小视频，赠送礼品之类；或者开展积赞活动，例如，凡在本店就餐拍视频获 20 赞抵 1 元，获 100 赞的餐费打 8 折，获 1000 赞的享受半价优惠，获 2000 赞的则免单等活动。这样顾客得到了实惠，商家得到了宣传推广。

5. 发挥店内特色

很多商家都有自己的特色，这样就可以结合短视频的传播来加大推广力度。比如特色餐厅的环境、菜式、服务甚至只是菜单，我们可以把这些特色的内容以顾客的视角用视频晒出来，引起网友们的关注，吸引他们前来就餐。

6. DIY 创意

比如抖音视频中火爆的星巴克隐藏菜单和海底捞的 DIY 秘制调理等，如图 7-19 所示，这些简单的 DIY，可以让顾客手动参与，不仅有乐趣，还操作简单，容易模仿。如果吃法比较新奇，网友们就会乐此不疲地进店模仿尝试，从而转为店铺的线下流量。

除此之外，做好短视频引流转化还需要遵循以下 4 个原则：

①引流之前首先确定自己的推广方式或转化形式，常规的可以用内容转化或活动转化方法。

②要找到用户喜欢的选题或者非常需要的内容，其对转化的影响力非常大。

③要考虑用户的体验度或友好度，尽量不要打搅用户观看视频。

④做引流时还需要考虑渠道的规则和接受度，不同的短视频平台对于植入广告的管理规范要求不同。做短视频引流时应该针对不同的渠道做转化，这样可以获得更好的效果。

图 7-19　抖音上的星巴克隐藏菜单和海底捞 DIY 秘制料理

课堂训练

你知道哪些帮助引流的方法吗？搜集一些成功案例，在课堂上交流讨论，并归纳总结。

7.3.3　数据分析

1. 基础数据

在短视频运营中，数据分析是非常必要的一个环节。对运营中的抖音账号，常见的基础数据包括关注数、点赞量、粉丝数、作品数、播放量、评论量、转发量和收藏量等。这些数字整体反映了账号的知名度、影响力、受关注情况及作品被阅读的情况，如图 7-20 所示。

对某个具体的作品，评价指标包括播放量、评论量、转发量、点赞量。其中播放量是一个基础数据，是评判一个视频好坏的重要标准之一。通过分析这些已有的数据，可以帮助运营人员优化营销工作。

2. 比率数据

除了分析基础数据量，高级运营可以通过这些数值计算赞播比、赞转比、粉赞比、完播率，并推演出数据背后的深层逻辑。

（1）赞播比

赞播比 = 点赞数 ÷ 播放数，反映了视频在流量池内受欢迎的程度。

图 7-20　某企业的抖音账号

赞播比低于 3% 的视频被视为劣质视频，不予推荐。高于 10% 的视频就是准爆款了，系统会把它自动归为受用户欢迎的一类，给予一定的流量扶持。

（2）赞转比

赞转比 = 转发数 ÷ 点赞数，反映视频对粉丝的价值度，这是抖音考量视频贡献值的关键一环。

一般而言视频的转发数必定高于评论数，特别是在垂直细分领域的账号视频，高转发数是打造爆款视频的关键组成部分。

（3）粉赞比

粉赞比 = 粉丝数 ÷ 点赞数，粉赞比也叫关注率，反映的是视频在感兴趣的用户中的关注转化率。

粉赞比越大，代表对应账号的吸粉能力越强。粉赞比为 0.1 的是普通账号，粉赞比为 0.2 到 0.3 的代表账号吸粉能力不错，0.4 以上的代表吸粉能力很强。

（4）完播率

完播率 = 用户完整播放数 ÷ 总播放次数，完播率反映了视频的优质度。完播率是很重要的一个数值，因为视频本身长度就是十几秒钟，如果连这个数值都没有很好体现，那基本就算不上一个好作品。完播率越高，说明视频越受欢迎，越会被推荐到较高级的流量池。一般爆款视频，完播率需要达到 80% 以上。

当然，播放数并不能代表有多少人观看了你的视频，只能代表抖音系统把视频推荐给了多少人。完播率没有办法计算出来，只能估算大概范围。

这些比率的意义是什么呢？很多视频的播放量差距非常大，有的视频播放量达上百万，有的只有一两万，数量是可以变化的，但是相除得到的比率基本是稳定的。运营者就是通过做这种除法求出的比率，使得播放量相差许多倍的视频也具有了可比性。所以除了对播放量及观看者的评价进行分析，这 4 个比率也是非常重要的数据指标。

3. 后台数据

当抖音认证为企业账号之后，可以获得加 V 标志、自定义主页头图，以及获得数据报告。抖音企业号后台提供了非常丰富的数据功能，包括用户数据、访问数据、互动数据、电商数据等，借助粉丝流量贡献、粉丝画像等指标，还可以给粉丝打标签。访问数据可展示一段时间内（7 天、15 天、1 个月）的主页访问数据，包括主页访问 UV、主页访问 PV 等，如图 7-21 所示。

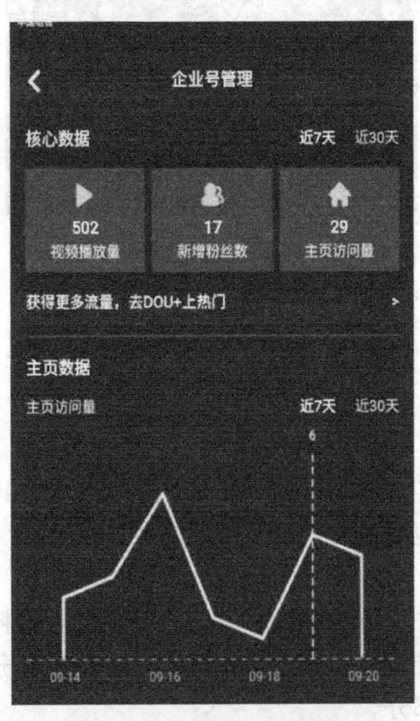

图 7-21　企业号的后台数据

由于抖音已经开通了电商功能，所以还可以分析电商数据，比如新增视频数、新增电商视频数、电商视频播放次数，以及播放人数、点赞数、评论数、购物车展现次数、点击次数、购物车点击率、视频详情页访问次数等。

4. 数据分析

通过数据分析可帮助账号运营，运营者要时刻关注数据的变化，并对其深入分析和研究，才能发现各种规律，以便及时调整运营思路和方案。

比如借助数据来分析，哪些时间段是用户浏览的高峰期，掌握发布时间的规律，适时发布内容，增加曝光的概率。可以分析前期内容发布效果，哪些内容是用户欢迎的，哪些是不太受用户欢迎的，从而帮助内容优化和创新。

如果主页访问人数超级多，但是粉丝几乎没有增长，很大可能是因为用户对账号中的某个视频感兴趣，产生了关注的冲动，但进入主页后发现没有感兴趣的内容，很自然地就退出了，这时需要思考账号的定位，去掉质量不高的内容，多做精品内容。

数据分析还可以帮助构建用户画像，用户画像是根据用户社会属性、生活消费习惯等行为信息抽象出的一个标签化的用户模型。因此构建用户画像的第一步便是进行数据的收集，就是将用户的行为信息进行挖掘。同时，分析用户群体的特征，比如年龄层次分布、男女比例等，如果是青年男性居多，在制作内容的时候可以多从青年男性角度出发，这样更能引起共鸣。根据这些特征分析出用户的喜好，然后运用到视频内容的策划和制作中。

职场连线

招聘岗位：短视频营销

岗位职责：

1. 策划拍摄、制作原创视频，编辑热门视频，分发至各大视频网站，尤其是抖音、快手等短视频平台，进行品牌曝光与营销推广。

2. 收集热点视频，及时根据短视频热点和风向，产出目标用户喜欢的热点视频内容，提高用户的关注度和用户黏性。

3. 把控各短视频平台内容传播方向，持续提升各平台粉丝量、互动率、转化率等相关运营指标。

4. 统计分析视频内容相关数据，制定有效的短视频运营策略，策划并执行平台活动。

5. 能够贴近目标用户，针对性地调整和挑选内容，形成特色内容。

6. 对公司的各类视频素材，进行系统化管理和充分展现利用。

任职要求：

1. 具有 1 年以上短视频营销相关工作经验，了解抖音、快手、美拍等短视频平台用户特性，熟悉主流短视频平台的玩法和最新动向，有对应的短视频渠道资源的优先。

2. 有脑洞、懂表达，对于好的视频创意和营销案例有较高的敏感度，具备优秀的模仿及创意改编能力。

3. 有洞察力，喜欢追踪视频平台热门话题，捕捉亮点，善于与公司的传播需求结合。

4. 具备短视频剪辑能力，有视频编导经验，创作过有传播量的作品，能操作 DV 等影像器材进行视频采集。

6. 具有良好的职业素养，思维活跃，责任心强，乐于沟通，对于自己的作品有强烈的荣誉感和品质追求，积极主动，有敬业精神及团队合作精神。

薪资待遇： 月薪 6500 ～ 11000 元。

综合实训

（一）实训背景

文成县山水果园农庄创办于2005年，位于文成县大峃镇龙川社区，交通便利。农庄风景秀丽，有迷人的四面峰、奇特的将军岩、清冽的圣泉涧、精湛的宋代石刻、完美的明清住宅、风格各异的红枫谷道、名人赵超构故居。

农庄以珍稀水果基地为依托，一百多亩水果基地遍布在层层叠叠的梯田上。在果园内，游客可自行采摘水果，不同的季节游客可采摘到樱桃、桑葚、无花果、黑李、杨梅、葡萄、杏、油桃、梨等水果，品尝最新鲜的美味水果，体味回归自然的独特感觉。在农庄里可品尝到原汁原味的传统农家菜，农家养的本地鸡、兔，自己种的蔬菜水果等，从种植、养殖到生产销售、经营一条龙产业，树立了"绿色餐饮"招牌。在"开心农场"里，山水果园推出农耕生活"体验版"，让游客在其开辟的"开心农场"里，享受动手种植、采摘蔬菜的欢乐。如在50余亩的番薯地里，种植的番薯已经成熟，等着城里孩子来体验挖番薯的乐趣。农家乐里，小朋友们体验打糍粑、做窝窝头、做素面等活动，这种"新鲜玩艺"会让他们感觉乐趣无穷，亲身体会"务农"的乐趣。

山水果园农庄，如今已成为都市人的"桃花源"，成为乡村休闲农庄的典型。

（二）实训目标

学生已经对抖音短视频运营和推广工作内容形成了基础认知，通过本实训活动，学生可以深入实践如何录制和剪辑短视频，如何发布短视频，如何进行短视频推广及数据分析，加深对短视频平台营销的全面了解。

（三）实训任务

1. 要通过短视频推广山水果园农庄，请你策划 1 个短视频的文案与脚本。
2. 根据策划方案以及课堂所学，拍摄 1 个短视频，长度在 2 分钟以内。
3. 选择主流的短视频 APP，发布和上传作品，并完成宣传和推广工作。
4. 收集作品传播的数据，并和其他同学做对比，分析短视频营销的得失。

（四）实训步骤

1. 教师案例演示，讲解如何策划短视频文案和脚本。
2. 通过典型案例介绍如何录制和剪辑短视频。
3. 讲解短视频数据分析的方法。
4. 引导学生完成实训任务。

知识与技能训练

一、单选题

1. 抖音短视频的时长是多少？（　　）

A. 20 秒钟　　B. 15 秒钟　　C. 30 秒钟　　D. 1 分钟

2. 微视，是哪个公司旗下的短视频平台？（　　）

A. 百度　　B. 阿里巴巴　　C. 腾讯　　D. 新浪

3. 在抖音短视频的制作中，内容领域需要达到什么标准？（　　）

A. 系统　　B. 垂直　　C. 水平　　D. 专业

4. 抖音投放的广告是在哪个平台后台上实现的？（　　）

A. 百家号　　B. 大鱼号　　C. 今日头条　　D. 微信

二、多选题

1. 抖音的拍摄技巧中有以下哪几种？（　　）

A. 前 5 秒法则　　B. 视频时长大于 7 秒法则

C. 每 5 秒反差法则　　D. 视频时长大于 13 秒法则

2. 影响视频质量的因素有哪些？（　　）

A. 点赞量　　B. 评论量　　C. 转发量　　D. 完播率

3. 数据分析的作用有哪些？（　　）

A. 决定视频的发展方向　　B. 决定视频的发布时间

C. 提高收藏量　　D. 帮助构建用户画像

三、简答题

1. 请列举一下短视频运营中的数据分析方法。

2. 抖音平台能够吸引大量的用户，它的特点和优势是什么？

3. 如何实现短视频平台到网店的引流？

四、论述题

现在越来越多的企业都青睐短视频营销，开始培养自己的企业网红品牌，你认为企业认可和青睐这种新媒体营销模式的原因有哪些？

项目8

知识社区营销

知识目标

1. 理解知识社区的概念、特点、作用
2. 了解知乎等知识社区的产品特点
3. 了解知乎的产品架构与核心功能
4. 熟悉知识社区营销效果评价指标

能力目标

1. 掌握知识社区的基本运作流程
2. 能够开展知乎问题发布与回答
3. 掌握知识社区的信息编辑及发布流程
4. 掌握知乎引流推广的思路和方法

素质目标

1. 具备知识传播精神
2. 具备知识社群管理的法制意识和职业道德
3. 拥护并实践习近平新时代中国特色社会主义思想

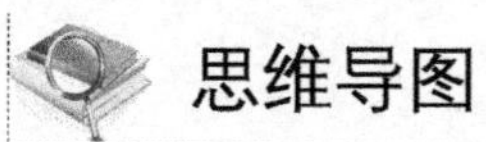

思维导图

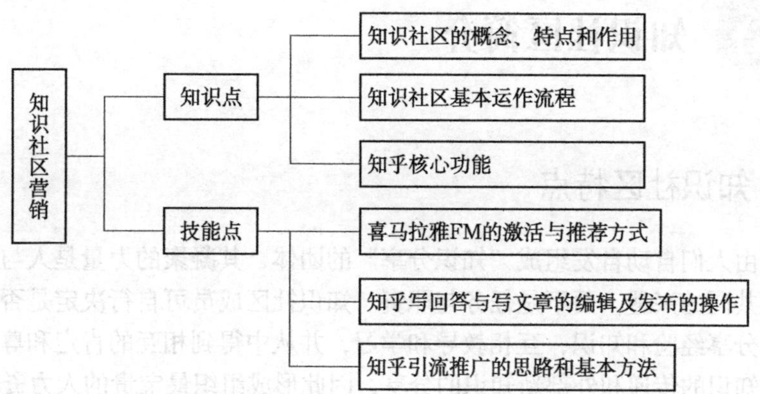

案例导入

知乎与“魏则西事件”

2016年2月26日，大学生魏则西在知乎网上发布了自己患癌症求医的曲折经历，其中关于武警二院和百度搜索的内容引发了知乎网友的广泛关注。随后，新浪微博用户@孔狐狸就此事发布微博，微信公众号“有槽”发布《一个死在百度和部队医院之手的年轻人》，此事扩散到其他社交媒介上，并进入人民日报、新华社为代表的主流媒介的视野。百度处于舆论的风口浪尖，前后三次给予回应，而莆田系、部队医院外包、监管等医疗行业问题也引发网民们的热议。2016年5月，国家相关部门采取行动开展调查，推动了整个事件走向高潮。

【案例思考】

魏则西事件中，网络社区发挥了什么样的作用？

【案例启示】

作为一个典型的社会化知识问答社区，知乎具备社会化媒介和知识问答社区的两种特性。通过回答、点赞、评论的方式促进用户与用户之间的交流互动，通过信息实现人与人之间的连接。

“魏则西事件”中，“人性最大的恶”这一问题引爆了话题，为之后的一系列事件发展设置了核心议题。知乎作为优秀的社会化知识问答社区，给网民们提供了理性的公共话语空间，为公众参与社会讨论创造了良好氛围的场域。

8.1 知识社区简介

8.1.1 知识社区特点

知识社区由人们自动自发组成“知识分享”的团体，其凝聚的力量是人与人之间的交情及信任，或是共同的兴趣，而不是任务与职责。知识社区成员可自行决定是否要积极参与活动，是否乐于分享经验和知识，互相教导和学习，并从中得到相互的肯定和尊重。知识社区最能发挥内隐知识的传递和外部新知识的分享，因此形成组织最宝贵的人力资产。

2010 年以前，知识社区的内容以免费为主。2010 年至 2014 年付费模式出现，通过打赏培养用户对于优质内容的付费意识。2016 年 5 月，分答、罗辑思维、知乎 Live 几乎同一时间推出付费内容。时至今日，知识社区种类繁多，包括知乎、简书、豆瓣、果壳、百度文库、分答等，如图 8-1 所示。

图 8-1　国内主流的知识社区

知识社区的特点包括以下几点。

1. 无地域限制

网络知识社区最大的特点是没有地域的界限，由于信息传播方式的增加和用户注意力的稀释，如何获取有用信息成为用户亟待解决的问题。随着数字化、网络技术和软件技术的发展，人们之间构建了新型的人际关系，形成了新的社会化网络，即网络知识社区。

2. 知识共享性

互联网时代，平等交流成为一种普遍的知识传播方式，即实现了“所有人对所有人的传播”。共享是网络时代知识传播最大的特征，共享意味着分享，每个用户在共享中实现知识的互通。共享是实现知识均权的保障。知识社区聚集了不同行业、兴趣爱好、学习背景的用户，以关系社区的形式帮助用户提出问题和解答问题。

3. 意见领袖依然占据主导地位

新媒体时代的知识社区虽然涌现了多元知识传播主体，但意见领袖依然占据了主导地位。回答者的身份越具有辨识度，在某一领域越具有号召力，该回答就会引起更多的关注，从而引发集聚效应，同时也会出现盲从的“粉丝”。

4. 知识鸿沟依旧存在

网络时代，每个人都可以参与到知识社区的讨论中，每个用户拥有平等的媒介使用权和话语权。从知识传播效果上来看，媚俗化话题干扰了知识社区的知识传播质量，因此知识鸿沟依旧存在。

课堂训练

互联网时代的知识社区实现了“所有人对所有人的传播”，却为何仍然存在知识鸿沟呢？

8.1.2　知识社区平台介绍

1. 知乎

知乎是中文互联网知名的可信赖问答社区，致力于构建一个人人都可以便捷接入的知识分享网络，让人们便捷地与世界分享知识、经验和见解，发现更大的世界。知乎用户们通过知识建立信任和连接，对热点事件或话题进行理性、深度、多维度的讨论，分享专业、有趣、多元的高质量内容，打造和提升个人品牌价值，发现并获得新机会。

知乎网站 2010 年 12 月对外开放。知乎过去采用邀请制注册方式。2011 年 3 月，知乎先后获得了创新工场、启明创投、软银赛富、腾讯等机构的六轮风险投资，公司估值 30 亿美元以上。

截至 2018 年 6 月，知乎已提供 15000 个知识服务产品，生产者达到 5000 名，知乎付费用户人次达到 600 万；每天，有超过 100 万人次使用知乎大学。

知乎大学的知识服务矩阵由“课程体系”、“书的体系”和“训练营”共同组成。课程体系包含“Live 小讲”和“私家课”，完成从音频到视频、从小体量到大体量、从短时分享到长期体系化的初步覆盖。“书的体系”则包含“知乎书店”的电子书、有声书、知乎 · 读书会。

知乎还启动了“超级会员”的售卖，标价 348 元，购买的用户可一站获取知乎站内超过 3000 场知乎 Live、600 多本由知乎各领域优秀回答者所领读的“读书会”音频、超过 700 本热门电子书等资源。

2. 喜马拉雅

喜马拉雅组建于 2012 年 8 月，致力于在线音频分享平台的建设与运营。

作为专业的音频分享平台，它汇集了有声小说、有声读物、有声书、儿童睡前故事、相声小品、鬼故事等数亿条音频，超过 4.7 亿用户选择该平台，随时随地听我想听。

目前喜马拉雅的手机用户已超过 4.7 亿，汽车、智能硬件和智能家居用户超过 3000 万，占据了国内音频行业 73% 的市场份额。同时，喜马拉雅还拥有超过 3500 万的海外用户，是中国文化出海的中坚阵地。

网站也吸引了大量的文化和自媒体人投身音频内容创造，其中包括高晓松、马东、吴晓波、蔡康永等 8000 多位有声自媒体大咖和 500 万有声主播，他们共同创造了覆盖财经、音乐、新闻、商业、小说、汽车等 328 类过亿条的有声内容。不仅如此，新浪、福布斯、36 氪、三联生活周刊等 200 家媒体和阿里、百度、肯德基、杜蕾斯、欧莱雅等 3000 多家品牌也都纷纷入驻喜马拉雅。

3. 豆瓣

豆瓣是一个社区网站。网站由杨勃创立于 2005 年 3 月 6 日。该网站以书影音起家，提供关于书籍、电影、音乐等作品的信息，无论描述还是评论都由用户提供（UGC），是 Web 2.0 网站中具有特色的一个网站。网站还提供书影音推荐、线下同城活动、小组话题交流等多种服务功能，它更像一个集品味系统（读书、电影、音乐）、表达系统（我读、我看、我听）和交流系统（同城、小组、友邻）于一体的创新网络服务，一直致力于帮助都市人群发现生活中有用的事物。

豆瓣的产品主要包括豆瓣 FM、豆瓣读书、豆瓣阅读、豆瓣电影、豆瓣音乐、豆瓣同城、豆瓣小组、豆瓣时间等，到 2012 年 8 月，豆瓣月度覆盖的独立用户数（UV）已超过 1 亿，日均 PV 为 1.6 亿。

豆瓣表面上看是一个评论（书评、影评、乐评）网站，但实际上它却提供了书目推荐和以共同兴趣交友等多种服务功能，它更像一个集 BLOG、交友、小组、收藏于一体的新型社区网络。豆瓣采用了 Web 2.0 模式，是 100% 动态网站，没有一个静态的页面。用户们完全可以将其视为一个个人管理书籍、音乐、影碟的工具，只是将工具放在网上。

4. 百度文库

百度文库平台于 2009 年 11 月 12 日推出，2010 年 7 月 8 日百度文库手机版上线。2010 年 11 月 10 日，百度文库文档数量突破 1000 万。2011 年 12 月百度文库优化改版，内容专注于教育、PPT、专业文献、应用文书四大领域。2013 年 11 月正式推出百度文库个人认证项目。截至 2014 年 4 月百度文库文档数量已突破 1 亿。

百度文库是百度发布的供网友在线分享文档的平台，百度文库的文档由百度用户上传，需要经过百度的审核才能发布，百度自身不编辑或修改用户上传的文档内容。网友可以在线阅读和下载这些文档。百度文库的文档包括教学资料、考试题库、专业资料、公文写作、法律文件等多个领域的资料。百度用户上传文档可以得到一定的积分，下载有标价的文档则需要消耗积分。当前平台支持主流的 doc（.docx）、ppt（.pptx）、xls（.xlsx）、pot、pps、vsd、rtf、wps、et、dps、pdf、txt 等文件格式。

2014 年 12 月百度文库启动了平台化战略，通过流量、技术、资源开放，吸引拥有知识文档的个人专业用户和专业机构用户进驻平台，通过合作共享的模式，向用户提供知识文档，并与个人、机构的合作采取零分成政策，希望成为全网最大的互联网学习平台。

百度文库还推出了会员制增值服务，用户按月购买会员服务，购买会员服务后可享受比一般用户更多权利。例如万册精品内容免费看，赠送文库下载券，以及购买付费内容享有折扣等一系列超值服务。

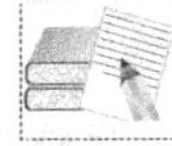
思政园地

守护网络舆论阵地

当前网络舆论在社会和生活中发挥着重要作用，网民对网络舆论十分关注。但网络舆论是把双刃剑，它能捧红一些人物、产品，也可能扰乱公共秩序、侵犯个人权利，带来负面影响。这几年网络暴力、虚假新闻、歪曲历史、操纵舆论的事件层出不穷，造成部分网民的认知困难，比如魏则西事件、崔真实事件、德阳女医生事件等。

因此要加强网络空间治理，打击网络水军、造谣生事者，维护网络安定，促进社会和谐。网民们要不信谣不传谣不造谣，学习实践批判理性，支持专业的新闻媒体。

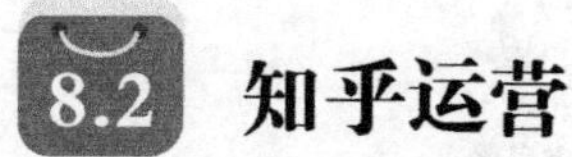

8.2 知乎运营

8.2.1 知乎的功能

知乎是中文互联网最大的知识问答社区，同时兼具知识付费社区属性。截至 2019 年 1 月，知乎用户数突破 2.2 亿，积累了超过 1.3 亿个回答。知乎聚集着各行各业的用户，用户分享着彼此的知识、经验和见解，为中文互联网源源不断地提供多种多样的信息。与此同时，知乎也从一个备受专业领域喜爱的垂直知识社区转变为一个拥有巨大用户基数的泛知识平台。2019 年 4 月知乎发布了全新品牌，并把口号从“与世界分享你的知识、经验、见解”换成了“我们都是有问题的人”，展现了建设和维护具有知乎特色的社区生态的决心。2019 年 8 月知乎宣布完成 F 轮融资，总额 4.34 亿美元。这是知乎迄今为止最大的一轮融资，也是近两年来中文互联网文化和娱乐领域金额最大的融资之一，这反映出资本市场对知乎价值的充分肯定。

1. 知乎各功能的架构

知乎兼具知识问答社区属性和知识付费社区属性，两者相辅相成，问答社区属性是核心，负责提升用户黏度和留存率；而知识付费社区属性则负责最终商业变现。

知乎的核心竞争力在于其打造了一套高效产生高质量内容的机制。知乎最早通过邀请制的封闭内测营造社区氛围；之后通过举报、公共编辑等功能，形成官方与用户对社区氛围的合力引导，并使其一直延续下来，成为知乎产生高质量内容的基础。在此基础上，知乎通过一系列方式给予内容创作者巨大的成就感，使其持续地进行内容生产。此外，在社区发展过程中，知乎对回答排序、首页内容推送机制多次优化改版，确保社区中新的优质内容能够最大程度地被挖掘出来呈现给用户。

知乎上聚集了一定规模的优质用户，沉淀了大量的高质量内容后又相继推出知乎 Live、知乎大学等，帮助优秀的内容生产者获得收益，同时实现商业变现。

2. 知乎核心功能介绍

知乎功能丰富而又强大，由结构分析可知，知乎的核心功能包括问答、专栏、Live、知乎大学、圆桌，如图 8-2 所示。

（1）问答

如今，知乎已经不只是一个产品，而是一个品牌。而问答，一直都是知乎最核心的功能。知乎的内容供应，如图 8-3 所示。

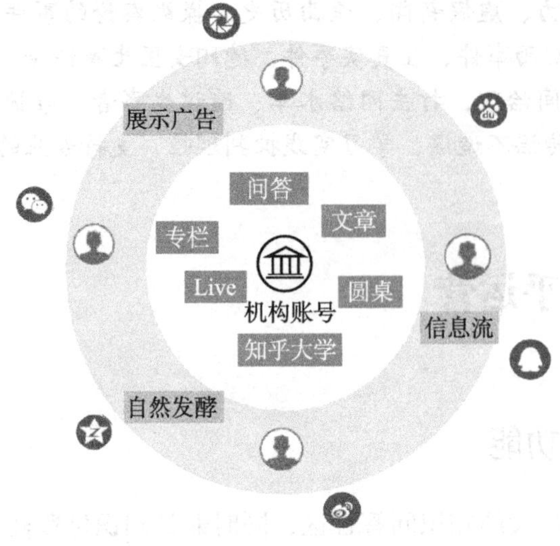

图 8-2 知乎功能架构

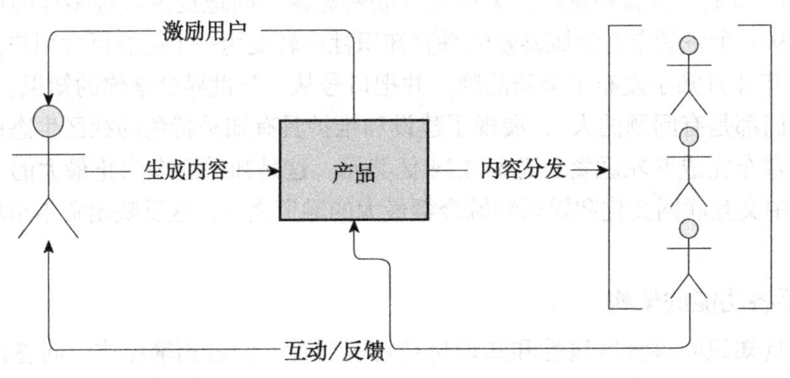

图 8-3 知乎的内容供应

百度知道中定义的“优质答案”来自于提问者的选择，只要提问者选择了一个自己心中的优秀答案，问题就会被盖棺定论，未被选择的答案可能会被折叠。而在知乎，回答是以问题为核心的开放性的“命题作文”。大家以问题为中心，各抒己见，是百花争鸣式的观点碰撞，而不是将某一个答案作为终极的标准。

同时，随着知乎用户量的大幅增加，单个问题下可能会产生成千上万个回答。当单个问题下答案较多时，知乎采用算法，根据回答质量来排序答案顺序。质量得分计算公式为：

$$质量得分 = 加权赞同数 - 加权反对数$$

用户在某个问题下的权重，是根据他过去在相关话题下的回答得到的赞同 / 反对 / 没有帮助票数计算的。高权重的投票会对排序有更大的影响。知乎并不计算用户的全局权重，而是分领域计算权重的。

在知乎，有很多针对热门事件的不同角度的分析，其呈现的信息是关注人的动态，这增强了知乎的媒体属性，让新鲜热门的话题得到快速的传播。如果大 V 点赞或者回答某个问题，所有粉丝都能看见。

（2）专栏

知乎专栏于 2013 年 7 月 18 日上线测试，2016 年 3 月 29 日面向全部用户开放。知乎专栏将不同类型的文章进行分类，放置在不同类型的专栏名下，便于用户寻找到相应的答案。知乎专栏需要独立开通，发布在专栏的内容会同步在知乎文章中，而发布在知乎文章中的内容不会被收录到专栏内容。

知乎专栏其本质更像是博客。知乎用户能够在这个空间里面生成大量自己关于特定方向的见解，并且由于知乎社区本身的活跃度及各种点赞、评论功能的设置，让专栏作者能够持续保持创作热情。知乎专栏主页，如图 8-4 所示。

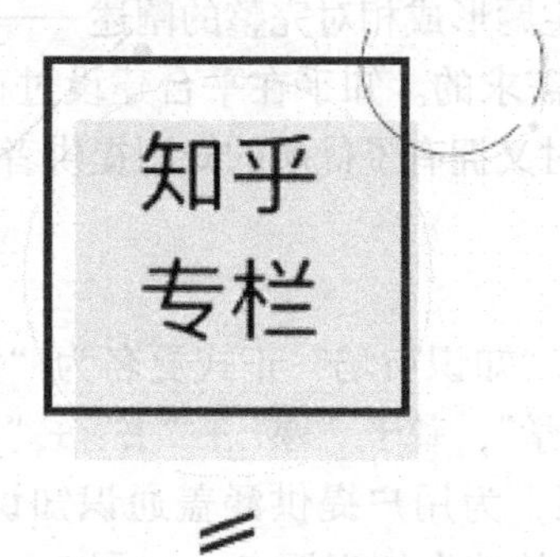

图 8–4　知乎专栏主页

知乎专栏可以视为对问答的一个补充，但相对于比较松散的知乎社区问答，知乎专栏通过写作进行社交传递的效率明显更高。

（3）Live

2016 年 5 月，知乎 Live 上线，以实时语音问答的方式，主讲人对某个主题分享知识、经验或见解，听众可以实时提问并获得解答，如图 8-5 所示。按照知乎的分类方法，知乎 Live 的主题目前共有 17 个分类，截至 2019 年 3 月，共举办了 8529 场 Live，平均每月举办超过 250 场。一场成功的 Live，会为主讲人带来可观的收益。据公开报道显示，2017 年 3 月，诺贝尔经济学奖得主 Joseph Stiglitz 进行了一场 Live 分享，获得了 34 万元的单场收入。据数据统计显示，知乎 Live 的单场流水中位数也达到了近万元。

图 8–5　知乎 Live

知乎 Live 的主要付费方式有两种——单场付费和会员月付费，绝大多数目前上线 Live，均支持用户试听其中部分内容。从营收数据分析，不同分类的 Live 内容，其定价策略和收听人数均有较为明显的区别，营收最高的三个分类为教育、职业、心理学。

以单场营收分析，专业性越强的内容，议价能力越高。如法律、商业分类，单场定价明显高于美食、生活等门槛较低的分类。主讲人的身份，也有明显的“明星效应”，除上面提及的诺贝尔经济奖得主，知名企业家李开复、著名投资人李笑来等，均取得过单场超 10 万元的流水。

从场均关注人数上，则可以看出网络用户的兴趣、需求分布，从高到低依次为：教育、心理学、阅读与写作、生活方式、美食、职业、医学与健康、体育、商业、设计、法律、旅行、音乐影视游戏、金融经济、互联网、艺术、科学技术。

知乎 Live 通过实时语音的形式，能够最大程度地激发主讲人与参与者的互动，问答的形式也有利于主讲人就某一主题形成相对完整的阐述——将碎片化的知识系统化，这样的设计，明显是针对知识付费的需求的。知乎在平台建设过程中，已经积累了广大的知识爱好者，既有了广泛的需求，同时又拥有了优质的知识提供者及网络大 V，足以支撑知识付费的内容生产。

（4）知乎大学

2018 年 6 月知乎将旗下“知识市场”正式更名为“知乎大学”。升级后的“知乎大学”，基于“课”+“书”+“训练营”共同组成的内容体系，为用户提供涵盖通识知识、专业知识和兴趣爱好等维度的综合知识服务，如图 8-6 所示。知乎大学的侧重点在于连接创作者和消费者，进行产品体系的服务搭建。

图 8-6　知乎大学

在“课 + 书 + 训练营”共同组成的产品体系中，“课”指 Live 小讲和私家课，“书”指知乎书店的电子书、有声书，以及知乎 · 读书会，而“训练营”指更加深度的导师陪伴式学习服务。从形式上来看，知乎大学的知识服务囊括了从音频到视频，从小体量到大体量，从短时分享到长期体验，基本实现了初步覆盖。在内容上，知乎大学也分为通识知识、专业知识、兴趣爱好三种，以满足受众不同类型的知识的需求。“超级会员”和“读书会员”构成知乎大学的主导交易模式。会员模式成功的关键是通过服务的高品质和超预期来做好口碑。知乎大学会员权益比较，如图 8-7 所示。

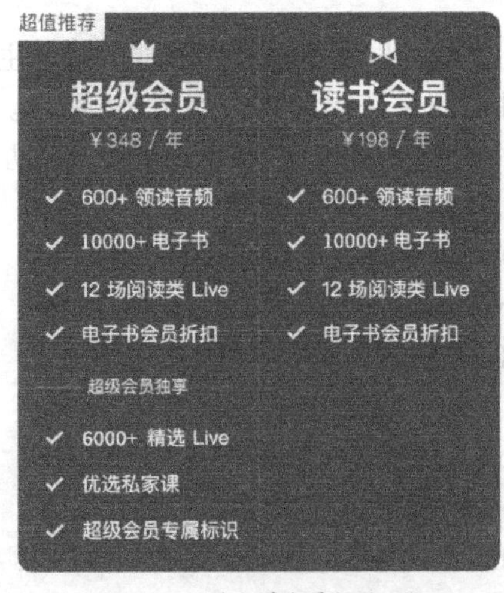

图 8-7　知乎大学会员权益比较

（5）圆桌

知乎圆桌是一款非常具有“知乎特色”的讨论形式。线下活动中的嘉宾讨论（Panel Talk）环节，往往最能够激发主持人与嘉宾的真知灼见，最大程度地将行业内的一手信息与听众分享。知乎圆桌打破地域的限制，让传统的嘉宾在互联网上讨论。每场圆桌，邀请 1 位主持人和 4 位以上有多年行业经验的嘉宾共同发表见解。而观众和主持人可以向嘉宾讨论的主题提问，邀请参与活动的各位嘉宾回答。也欢迎对嘉宾的回答进行评论，或和嘉宾一同回答问题。知乎圆桌界面，如图 8-8 所示。

图 8−8　知乎圆桌界面

知乎圆桌的特色在于：在某一段时间内，引导全站用户集中讨论，具有时效性；讨论的主题往往针对某一细分领域，讨论的内容偏向专业性；由站方运营人员发起，邀请相关领域的专业人士作为嘉宾，分享经验和见解，启发普通用户参与讨论。

8.2.2　信息编辑与发布

进入知乎的登录页面，如果没有知乎账号，先选择注册，有的话就选择登录，进入知乎。

登录后点击自己的昵称，进入自己的基本资料编辑页面，可以在里面调整资料，然后返回首页。接下来用户可以写回答、写文章或者写想法，如图 8-9 所示。

1. 写回答的编辑与发布步骤

点击“写回答”按钮，再选择“添加擅长话题”。当然用户也可以选择浏览“全站热门”，或者查看是否有“邀请回答”，如图 8-10 所示。

输入自己擅长的话题，此处假设输入“欧洲旅游”，知乎会相应推荐相关热门话题，如图 8-11 所示。接下来，用户可以选择一个擅长回答的话题进行回答。

首先正确理解问题所指，杜绝答非所问或者“套瓷娃”式回答。然后点击“写回答”按钮，编辑回答内容，最后点击右下角的“提交回答”按钮，完成回答的发布。

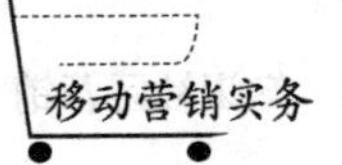

图 8-9 知乎网站首页

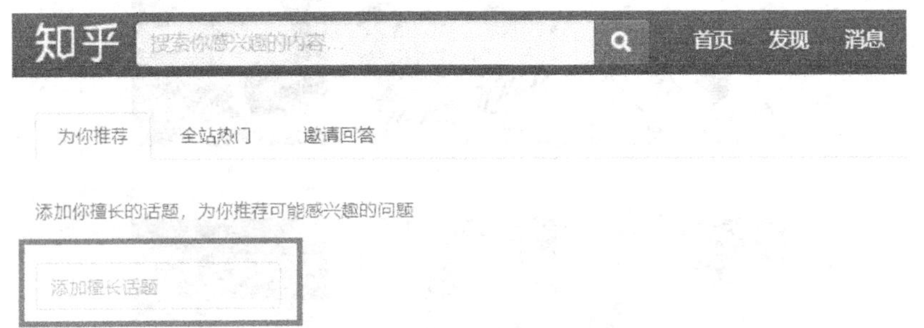

图 8-10 知乎写回答界面

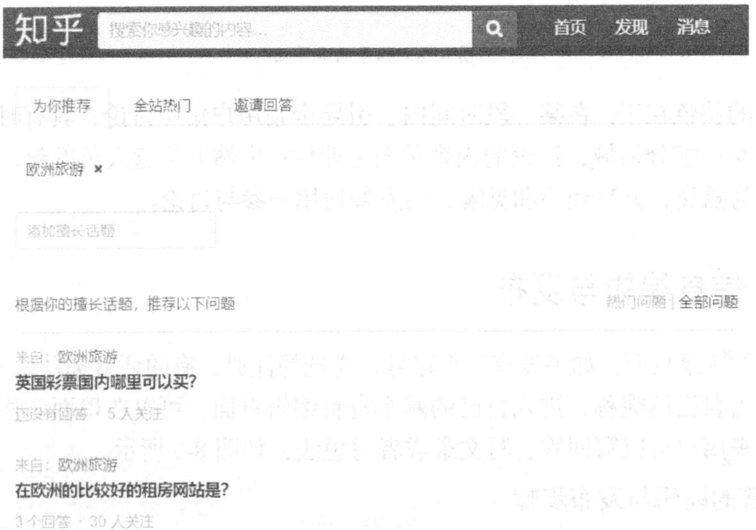

图 8-11 知乎推荐相关热门话题

2. 写文章的编辑与发布步骤

点击“写文章”按钮，根据要求写入文章标题及内容，有图片或视频的也可以选择插入，如图 8-12 所示。

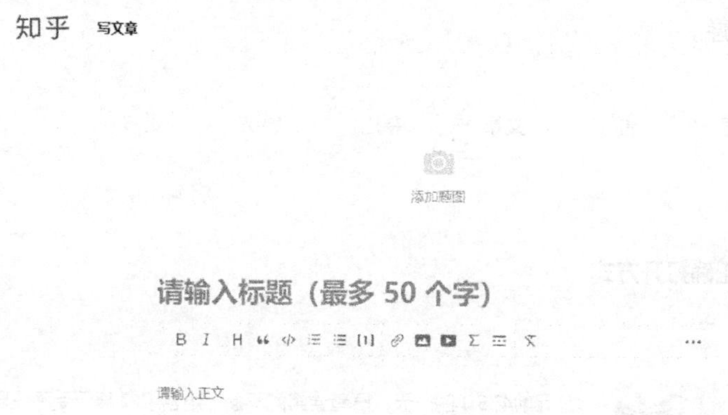

知乎
写文章
添加题图
请输入标题（最多 50 个字）
请输入正文

图 8-12　知乎标题编辑界面

文章编辑完成后点击界面右上角的“发布”按钮，再选择话题，点击“下一步”按钮，如图 8-13 所示。编辑过程会自动保存草稿。

接下来，知乎会提示用户是否开通专栏，如果选择“立即开通”专栏便跳转到“申请开通专栏”的界面，若选择“暂不开通”，则刚刚编辑好的文章便发布完成，如图 8-14 所示。

知乎
写文章
发布
发布文章
下一步

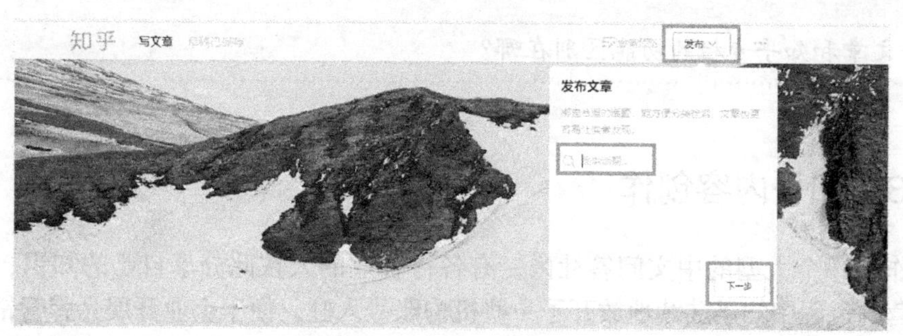

图 8-13　知乎文章编辑界面

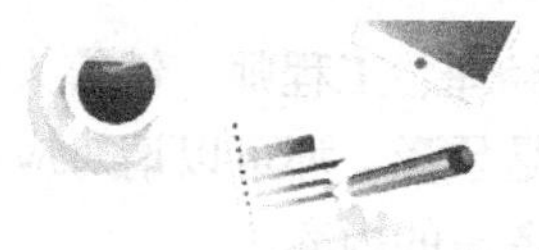

邀请你开通专栏
专栏旨在为有持续创作及合作写作需求的用户提供写作工具。发布到专栏，让文章被更多人看到。
立即开通
暂不开通

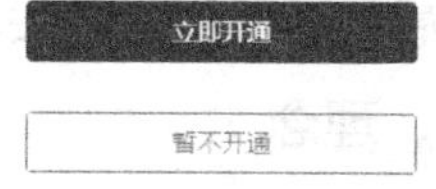

图 8-14　邀请开通专栏

知乎专栏将不同类型的文章进行分类，放置在不同类型的专栏名下，便于用户寻找到相应的答案。没有专栏的文章，会被推送到关注了作者的人的时间线上；而有专栏的文章，还会推送给关注了专栏的人。

用户可以在自己个人主页里面查看刚刚发出的文章，如图 8-15 所示，如果觉得有缺陷也可以进入继续修改完善。

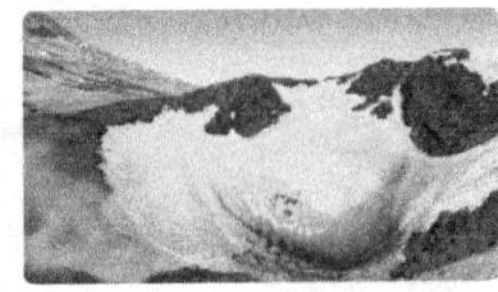

图 8-15　查看动态界面

课堂训练

知乎文章和知乎专栏的功能区别在哪？

8.2.3　知乎内容创作

知乎作为一个大型的中文问答社区，有各行各业的人在此分享自己的知识、经验与见解。在运营的过程中知乎陆续地放开了一些机构账号入驻，便于企业开展品牌营销和品牌宣传，将自己企业信誉、文化、产品、品质通过文章或问答的形式展现出来。

1. 产品 / 服务本身相关的知识

作为企业来讲，可以发动产品经理、工程师、销售人员在知乎写一些关于产品原理、特性类的内容，比如：某公司的产品是牙膏，那可以请对应的研发人员写关于牙膏里的氟到底是如何预防龋齿的，剂量上是如何考虑的内容。

由于知乎用户的长文阅读、深度阅读能力很强，所以完全不用担心太专业没人看。比如，迪士尼在知乎上发表一篇《迪士尼的公主形象是怎么创作得来的？》的文章，在文章中没有一味地宣传新片什么时候上映，而是详细地介绍公主形象的创作过程，以此极大地满足了用户的好奇心，收获了大批对动画感兴趣的用户的关注。

2. 产品 / 服务背后的人、文化、理念

在知乎上除了告诉用户我们的产品是什么，还可以向用户讲述产品背后的人、文化、设计理念，使得产品品牌的形象更加丰满。比如：京东讲述配送员不畏艰难为用户提供高标准服务的故事。西贝莜面村讲述了一位洗碗阿姨心甘情愿做自己职责以外的工作，内心喜悦满足的故事，让大家感受到了这是一群温暖的人，对这家企业有美好的印象。西贝莜面村的知乎营销，如图 8-16 所示。

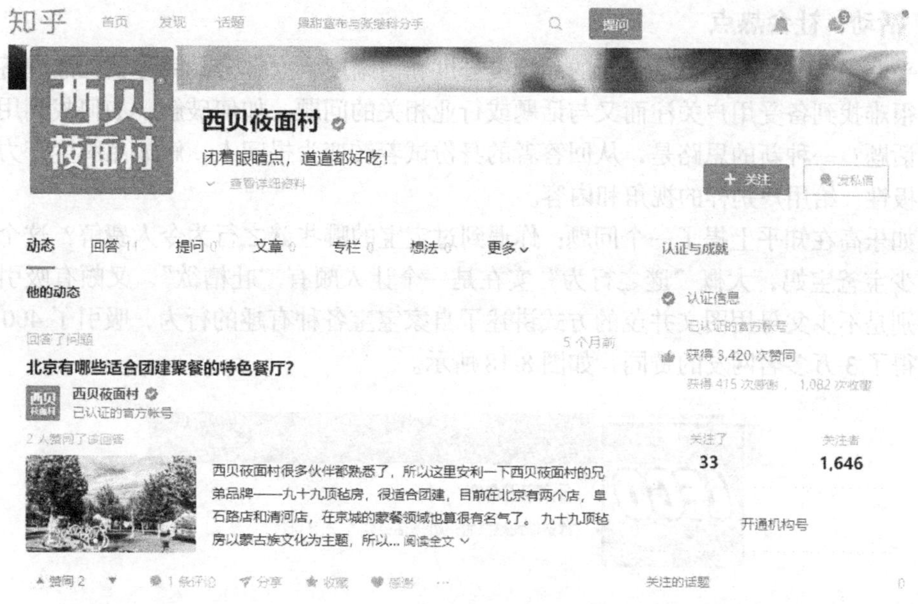

图 8-16　西贝莜面村的知乎营销

3. 行业相关信息或知识

企业相比于个人而言，因为获取信息的便利性，会更有能力产出行业视角的内容，或者只有内行才了解的信息。整体来看，这类内容也是更容易获得官方推荐的。比如西门子邀请内部的专家在知乎上与用户分享人工智能在制造业中的应用，向人们传递了西门子一直走在科技前沿、关注先进技术的形象，如图 8-17 所示。

图 8-17　西门子的知乎营销

4. 活动、社会热点

知乎营销，关键是维护好企业的品牌美誉度和清晰度，大部分品牌停留在品牌答主的层级中，很难找到备受用户关注而又与话题或行业相关的问题。如何破解，如何找到用户关注的热点话题？一种新的思路是，从回答者的身份试着转变为提问人，解放品牌生产力，调动用户积极性，给用户别样的视角和内容。

比如乐高在知乎上提了一个问题：你遇到过宝宝的哪些谜之行为令人费解？这个问题吸引了不少宝爸宝妈，大概“谜之行为”实在是一个让人颇有“吐槽欲”，又颇有吸引力的话题，特别是不少父母用图文并茂的方式讲述了自家宝宝各种有趣的行为，吸引了 400 多个回答，获得了 3 万多名网友的赞同，如图 8-18 所示。

图 8-18 乐高的热点话题营销

职场连线

自媒体运营

岗位职责：

1. 大专以上学历，一年以上自媒体、社交媒体大号运营经验，熟悉微信 / 微博 / 今日头条 / 抖音 / 知乎等第三方平台。
2. 具有媒体运营、网络运营、编辑等相关工作经验者优先。
3. 熟悉互联网营销特性及网民行为和媒体特点。
4. 较强的数据敏感性和数据分析能力。
5. 具有良好的语言沟通及协调能力、敏锐的市场嗅觉，有较强的执行能力。

任职要求：

1. 负责公司微信公众号等自媒体的运营。撰写文案，发展新客户，增加粉丝，提高用户的关注度和转化率。
2. 收集渠道热点话题、产出内容。
3. 有良好的文案写作技巧，可以紧扣产品特点及话题撰写文案。
4. 及时与粉丝互动，提高粉丝的黏性和品牌忠诚度。

薪资待遇：面议

8.2.4　知乎推广

知乎使用先进的分发机制和人工智能，将问题和答案发送给合适的人的方式，以问答的形式将有知识的人与需要知识的人联系起来，让人们能够在正确的时间得到正确的问题和正确的答案。

目前知乎已成为很多产品运营、品牌市场、自媒体推广的重要推广阵地。在知乎里，很多人往往写的是职场回答、健身减肥回答、两性情感回答等，他们的赚钱方式就是：在知乎上写文章，塑造一个专家或达人形象，然后引流到他们的公众号，再用文案转化到他们的课程或者私人咨询。也有人提供电影回答、音乐类回答、旅行游记类回答、美妆类回答，其变现模式是针对知乎粉丝对接 B 端，推荐某些产品。对于部分自媒体作者，主要通过接稿子赚钱。

不管是以上哪一类型的群体，在知乎上推广引流都需做好以下几点。

1. 使用高权重账号

在知乎上的每一个注册用户都有一个 PR（Person Rank），用户的每一个操作都将直接影响个人的 PR 值。在回答的时候，答案顺序按赞同票数排序，赞同票数相同的情况下按个人 PR 值排序，同时隐藏被认为无效的答案。这在一定程度上过滤了相当的垃圾信息。简言之，知乎内容展现和账号权重、投票机制相关。账号权重和账号注册时间、关注人数、回答质量相关。知乎投票机制包括点赞、收藏、喜欢、感谢、评论等。所以，在知乎上推广引流要使用高权重的账号。

（1）盐值越高账号权重越高

在知乎里，“盐值”对应账号权重，盐值越高即账号权重越高，高盐值也意味着更加稳定有效的外链建设和引流效果。在“个人主页”界面，可以看到自己的知乎盐值，盐值在知乎的重要程度相当于支付宝的芝麻信用分，如图 8-19 所示。

图 8-19　知乎个人盐值

设置盐值是知乎经历了平台化、用户量井喷增长后，对其社区机制进行战略性升级的重要举措。盐值，并不仅仅是一个分值，而是一套机制。大家可以看到的是 0 ～ 1000 之间浮动的盐值，以及基础信用、内容创作、友善互动、遵守公约和社区建设五大维度的变化，如图 8-20 所示。

知乎将根据用户分值的高低，赋予用户不同的“管理权益”。它像一个标尺，为知乎用户提供知乎玩法攻略，进一步对应到他们的内容流通、使用权限、权利和福利，等等。

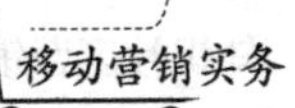

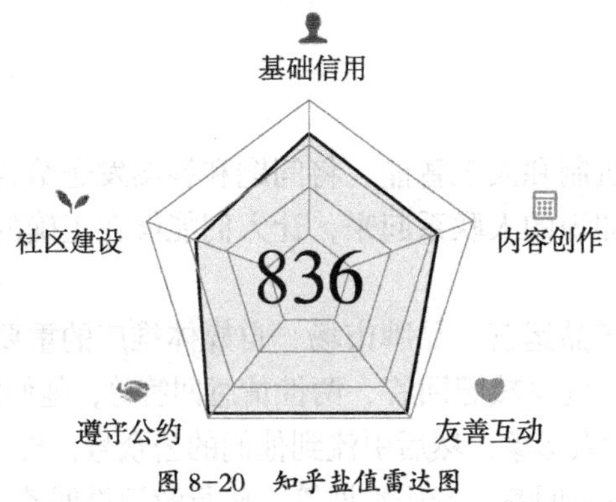

图 8-20　知乎盐值雷达图

拓展内容

盐选专栏

知乎会员服务体系——盐选会员功能升级，正式推出“盐选专栏”。

较于以往的私家课板块，盐选专栏更好地支持了图文、音频和视频形式的内容消费体验，盐选会员可以免费畅享盐选专栏的优质内容。

盐选专栏的内容由知乎编辑团队策划，目前共覆盖 82 个领域，超 2000 万字，提供了超过 1 万个问题的精选解答。其中包括《郎朗钢琴课：从入门到进阶的音乐大师课》《我不了解人类：八大恶人故事集》《你好呀！故宫：全家都爱看的故宫小历史》等视频、音频、图文等优质内容。

对于内容创作者来说，盐选专栏面向所有开通盐选会员的创作者，内容经过策划上线后，可以依据阅读量获取相关收益。

盐选专栏与知乎此前推出的社区专栏功能不同，前者为优质会员内容的展示板块，承担会员内容输出与会员内容创作者的收益池，后者是为特定主题下有持续创作及写作需求的用户提供的写作工具。

（2）提高盐值的方法

提高盐值的过程即俗称“养号”。盐值的分数 260 ～ 300 是基础分，600 分以上的就能获得优先处理权，达到 620 分的就能编辑问题，达到 640 分的就能编辑话题，达到 650 分的就可以添加反对理由，达到 700 分的会获得知乎的优先处理权，达到 850 分的就可以实现无论点赞还是反对都有很大的权重，如果达到 950 分，用户的反对 + 理由有可能直接折叠对方的回答。

要提高盐值，需要完善个人账号信息，提高基础信用分；通过提问、回答问题、写专栏、发布想法，获得赞同、感谢、收藏则可以提高内容创作分；通过在不同回答下的友好评论、与其他评论交流、互相关注、赞同、感谢，能提高友善互动分；看到过度营销、反动的回答，点击举报、反对，能提高社区建设分。

2. 精准引流路径

目前，知乎有 4 条精准引流路径。

（1）回答热门问题引流

即搜索自身行业、产品或需求等关键词，通过回答热点问题吸引精准用户关注。回答的内容一定要图文并茂，放上一些前后对比图，越真实越好。文字也不用长篇大论，100 ～ 400 字左右就好，内容上要尽量做到原创。

知乎是一个专业知识平台，各领域都有很多专业人士，所以如何写出专业的回答文案这点尤为重要。这需要自己有足够的专业知识功底，回答问题之前最好查阅相关资料，答案应尽量专业，并且有针对性，不要偏题、跑题。

也可以通过阅读学习别人的笔记，内化后用自己的话重新写出来。每次回答别人的问题之后，72 小时内看互动情况，可适当借助好友账号评论点赞，助推回答的内容进入知乎“威尔逊得分”算法机制中，由系统推荐给更多用户浏览，以致吸引别人查看自己的个人签名，或是发私信，再一对一引流到微信上成交。

（2）评论热门问题截流

针对热门问题已有的答案来做评论，以此来截流，这种方式执行简单，即便刚申请的新号也可随便评论，门槛低，但是答主能直接删除评论，其他用户也能随时举报评论，被删概率大。

（3）发布高质量原创文章

直接发布高质量原创文章来引流的方式非常有效果。但需要注意三点：一是标题，二是内容，三是助推。标题用长尾词拓展工具，例如借助百度关键词规划师、5118、爱站等，找出用户对于产品最关注的问题。内容上以 600 ～ 1000 字为宜 + 多张前后对比图片，不要打广告，用户感兴趣会评论私信咨询。助推则采用与上面回答热门问题时一样的操作，发动好友少量、有节奏地给文章评论，点赞。

（4）自问自答引流

自问自答引流，即：A 账号提问，B 账号回答，C 账号点赞、评论等，吸引有需求的用户的关注。其优点是即便发硬广也不会被举报，存活率高，缺点是曝光量过于依赖系统推荐，非热门问题流量极少。

课堂训练

什么是知乎的“威尔逊得分”算法？试分析其原理。

8.3 喜马拉雅FM

8.3.1　平台简介

1. 发展历程

喜马拉雅 FM 于 2013 年上线，早期产品定位为在线音频平台，与豆瓣 FM 的听歌形态相似；后来打造成了 PUGC 的音频平台，为用户提供自己录音并分享的平台，吸引了众多原创音乐人、知名人士等在喜马拉雅上开设自己的音频专辑。2016 年知识付费的风口到来后，迅速成为知识付费的先行者和知识社区的当红佼佼者。据喜马拉雅官方最新数据，2019 年喜马拉雅的激活用户超 5.3 亿，主播人数超 700W+，行业占有率高达 73%，喜马拉雅深耕“音频娱乐”+“知识付费”市场，已成为有声音频行业的领头羊。2019 年 2 月完成新一轮融资后喜马拉雅的估值已经达到 240 亿元。喜马拉雅 FM 的发展历程，如图 8-21 所示。

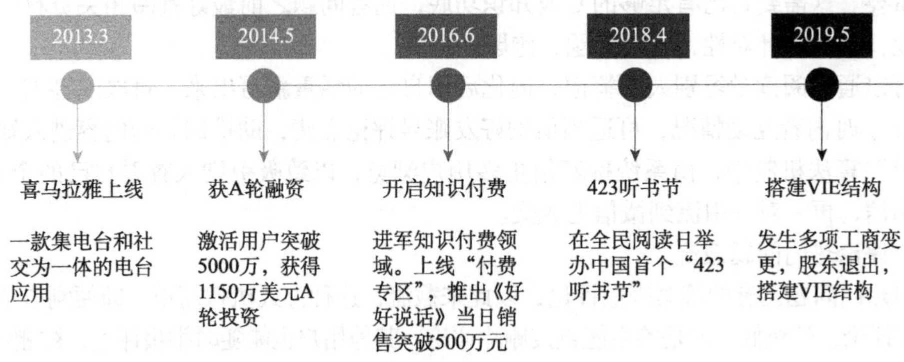

图 8-21　喜马拉雅 FM 的发展历程

2. 商业模式

喜马拉雅是 PUGC 平台，音频形态丰富多元，内容覆盖范围广，向长尾内容方开放报名和审核机制，满足用户个性化的需求，用户既是消费者又是内容生产者，提供晋升 KOL 的机会，普通人也能变“明星”的思想吸引大量用户。

用户存在多元化内容的需求，不再以知识大咖作为唯一的内容筛选标准。据喜马拉雅提供的数据，平台上每个细分垂直领域都涌现出大量的音频创作者，既有来自国内 985 高校一线教师，也有律师、儿童学家、营销专家等。平台积极为这些内容创造者赋能。2018 年年初，喜马拉雅发布“万人十亿计划”，从资金、流量及创业孵化三个层面扶持音频内容创造者。同年年底，“千人千万计划”也顺势推出，助力 1000 位主播成为垂直行业的领先者，为其配送千万级流量，平台方与内容生产者实现双赢。喜马拉雅 FM 邀请明星 /KOL 合作，如图 8-22 所示。

图 8-22　喜马拉雅 FM 邀请明星 /KOL 合作

3. 产品内容

喜马拉雅平台拥有海量品类，覆盖娱乐、知识、生活、音乐、历史、相声、情感、人文、段子等，因此也有无数品类形成长尾，平台方很容易在生态链上获取价值，平台价值大。对于用户来说，好的内容是增长用户的最佳方式，也是最重要的方式。其付费内容分为以下三类：与行业知名人士合作推出的专辑，比如联合马东制作的《好好说话》；与相关阅读机构的合作，比如有声书、IP 改编等；与教育培训机构合作推出的收费节目。

从 2015 年开始，喜马拉雅就相继与阅文集团、中信出版集团、上海译文出版社等诸多一线出版商合作，合作内容包括有声改编、IP 孵化、版权保护等。目前喜马拉雅拥有市场上 70% 畅销书的有声版权，85% 网络文学的有声改编权，6600+ 本英文原版畅销有声书版权。2018 年喜马拉雅“123 狂欢节”内容消费总额达 4.35 亿元，如图 8-23 所示，是 2017 年消费总额的近 2.2 倍。参与人数达 2135 万，总播放时长达 1.3 亿小时。

图 8-23 2018 年喜马拉雅“123 狂欢节”

8.3.2 内容发布

1. 手机端

①打开喜马拉雅 APP，进入“我的”页面，点击“我要录音”按钮，如图 8-24 所示。

②在打开的页面中点击界面中的“录音”按键，开始录音。录完一小段后，可以对录音进行编辑、裁剪等，如图 8-25 所示。

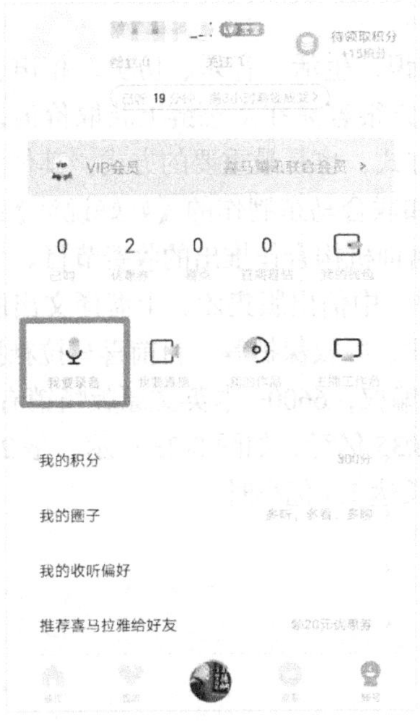

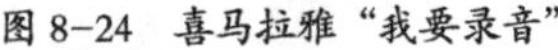

图 8-24　喜马拉雅“我要录音”　　图 8-25　编辑裁剪录音

③还可以增加配乐，配乐也可以选择增加音效或者选择变声等，如图 8-26 所示。

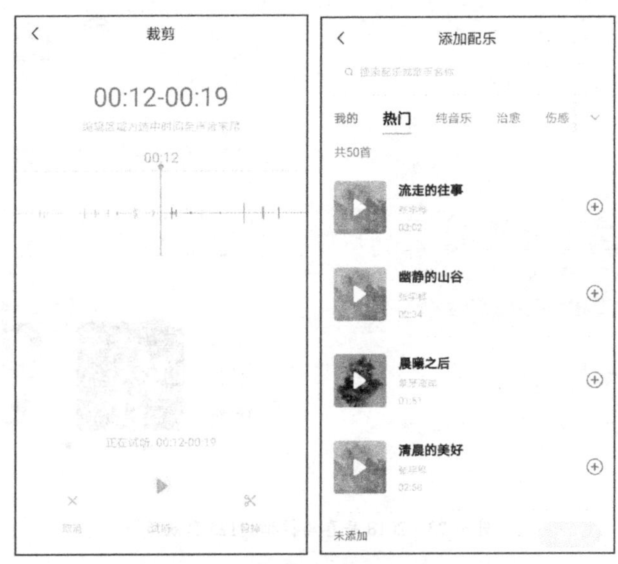

图 8-26　编辑录音增加配乐

④完成录音的编辑后，选中右下角的“保存”按钮，然后点击“上传声音”按钮，如图 8-27 所示。

2. PC 端

登录个人主页后，点击右上角的“上传”按钮，进行音频的上传操作；也可以进入“首页”，点击“上传”按钮进行上传，还可以进入“首页”后在“节目”页面直接上传，如图 8-28 所示。

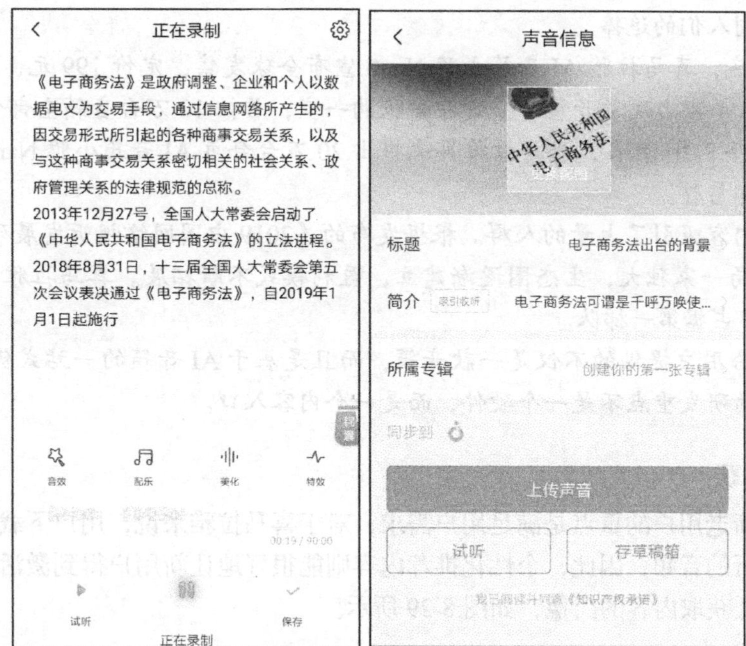

图 8-27　保存上传录音

图 8-28　PC 端录制上传录音

网商学堂

8 小时卖出 20 万台喜马拉雅 AI 音箱

随着移动互联网的兴起，在互联网 +AI+ 电台模式的探索下，收音机的替代品 AI 音箱横空出世，受到人们的追捧。

2018 年年底，喜马拉雅 AI 音箱小雅 Nano 宣布全球发售，定价 199 元，自带 1 年喜马拉雅 VIP 会员。1 万台现货开售 1 分钟即被抢购一空，首批 10 万台音箱全部售罄只用了 40 个小时。2019 年 3 月 18 日，喜马拉雅再次推出 20 万台会员 AI 音箱小雅 Nano 多彩版，又仅用 8 小时全部售罄。

海量版权内容吸引了大量的人群。根据发布的《2019 中国网络视听发展研究报告》，网络音频市场格局一家独大，生态圈逐渐建立，盈利模式不断拓展。喜马拉雅用户渗透率高达 62.8%，牢牢占据第一梯队。

喜马拉雅给用户提供的不仅是一款音箱，而且是基于 AI 音箱的一站式优质内容体验。喜马拉雅音箱的研发重点不是一个硬件，而是一个内容入口。

3. 激发活跃

激发活跃新老用户的重点是满足用户需求，对于喜马拉雅来说，用户下载是为了想听到感兴趣或想要听的音频，因此，个性化推荐内容则能很好地让新用户得到激活，引导新用户获取内容，降低获取内容的门槛，如图 8-29 所示。

图 8-29　个性化推荐内容

在运营激活手段方面，则通过免费 VIP 体验、新人优惠券的两个方式可以很好地获得转化，对于新用户或流失用户来说，免费而且价值还高，通过用户敏感的数字、价值对比，引起他们的“痒点”，不要的话是要跟自己过不去，而且领取方式和使用均较简单，没有过多的门槛，如图 8-30 所示。

智能硬件产品一直都是时代的宠儿，在经过华为、小米、苹果等智能硬件厂商的市场培育下，智能手环、智能手表、智能跑步机等智能硬件，用户早已熟悉并且接受度高，而喜马拉雅做智能音箱的优势，则是与产品的海量音频内容结合，并且通过场景化的描述，激发起用户对小雅智能音箱的兴趣度，从而达到激发活跃用户的目的。智能硬件产品激发活跃用户，如图 8-31 所示。

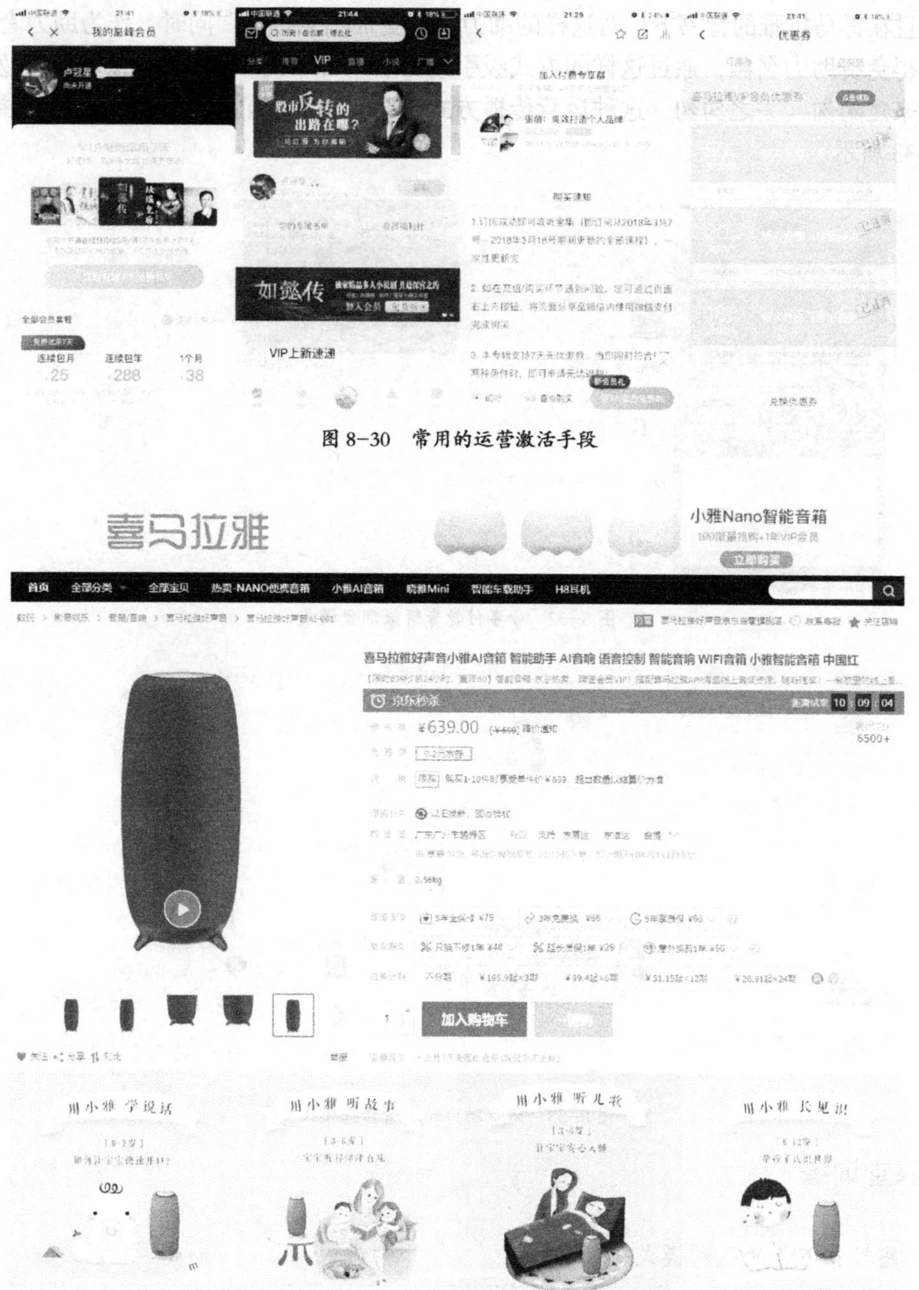

图 8-30　常用的运营激活手段

图 8-31　智能硬件产品激发活跃用户

4. 推荐传播

分享付费专辑赚佣金、0 元购赠送好友得书，以金钱或物质利益作为用户推荐传播的核心点，并且所分享的主题也正气凛然，“分享新知，收获财富”与喜马拉雅的产品定位相同，通过知识付费获取收益，鼓励全民参与推荐传播。分享付费专辑赚佣金模式，如图 8-32 所示。

喜马拉雅通过免费助力获得课程的方式来运营传播。分享者所分享的并不是拼多多平台一类的某些产品，而是在表达渴求知识成长的诉求，对于助力者来说，学习本来就是一件好事，并且在喜马拉雅的背书下，对这样的助力形式更加不会排斥。同时，作为助力者在助力后可获得免费助力名额，通过这样的方式吸引助力者对课程的了解，转化助力者为发起者，并不是来之匆匆，去之匆匆，这种运营传播方式显得更有意思。免费助力的运营传播模式，如图 8-33 所示。

图 8-32　分享付费专辑赚佣金模式

图 8-33　免费助力的运营传播模式

课堂训练

喜马拉雅 FM 的盈利模式是什么？

综合实训

实训 1　申请知乎专栏

【实训目的】

熟练掌握知乎个人专栏的注册流程，加深对知乎专栏的感性认识。

【实训内容与步骤】

（1）登录知乎账号，申请开通专栏，进入到专栏申请界面，在申请界面输入相应的资料并点击“申请”按钮即可完成专栏申请。

（2）申请通过后，进入到知乎界面后，进入个人中心，在“专栏”分类中可查看开通后的专栏。

【实训提示】

1. 申请页中需要填写如下信息。

专栏名称：专栏名称一经确认，每 180 天只能修改一次。

专栏话题：专栏话题即代表专栏的写作方向，申请通过后将不可进行修改，不同的写作方向可以分别申请并创建多个专栏。

专栏写作相关背景描述：描述文字需符合上述要求，300 字以内。

2. 用户可以拥有多个专栏，但同一时间内只可申请一个专栏，审核通过或失败后方可再次申请。

【思考与练习】

请体验一次知乎专栏的申请过程，以文字配截图形式记录操作过程，并回答下列问题：

（1）申请人创建专栏需满足哪些资格条件？

（2）接受和不接受申请的写作方向有哪些？

（3）专栏申请人需具备与写作方向相关的背景具体是指什么？

实训 2　录制喜马拉雅音频并上传

【实训目的】

掌握喜马拉雅的录音编辑及上传流程，加深对喜马拉雅内容生产的认识。

【实训提示】

（1）根据自己的年龄、声音、阅历、擅长的地方选领域，垂直做下去。

（2）音频封面要和自己的内容相结合并挑选适合的大小。

（3）音频简介是一个比较好的宣传点，可以介绍内容、作者等，也可以给听众一些心理暗示，引起听众的兴趣。

（4）尽量借助耳机录制声音并上传。

【思考与练习】

请体验一次喜马拉雅录制音频并编辑上传的过程，以文字配截图形式记录操作过程，并回答下列问题：

（1）喜马拉雅音频怎么下载？

（2）喜马拉雅怎么删除上传的声音作品？

（3）如何利用喜马拉雅引流到微信？

知识与技能训练

一、单项选择题

1. 下列关于知识社区的特点说法错误的是（　　）。

A. 无地域限制　　B. 知识共享性

C. 意见领袖失去主导地位　　D. 知识鸿沟依旧存在

2. 以下关于知识星球的特点表述不正确的是（　　）。

A. 知识星球中，科技、经济和教育主题的圈子累计占到 80% 左右

B. 目前，一个人只可拥有一个知识星球账号

C. 知识星球的用户主要来自微信微博导流

D. 近半数的知识星球年费不到 100 元

3. 下列关于知识社区运营说法正确的是（　　）。

A. 一般来说，处于高度信任环境中的人们会更愿意知识共享

B. 增加用户对知识社区的利用深度是社区经济最核心的东西

C. 网络知识社区内容维度的丰富性远不及传统媒介渠道

D. 一个纯粹的知识社区才能生存并发展下去

4. 下列关于喜马拉雅 FM 的说法正确的是（　　）。

A. 有声音频行业规模仅次于蜻蜓 FM

B. 个性化推荐内容能很好地让新用户得到激活

C. 喜马拉雅具备智能音箱的制造产能优势

D. 2018 年喜马拉雅“423 听书节”内容消费总额达 4.35 亿元

5. 下列关于知乎产品说法正确的是（　　）。

A. 问答一直都是知乎最核心的功能

B. 知乎 Live 的付费方式为会员月付费

C. 知乎大学主要满足专业技能需要的受众

D. 每场圆桌一般邀请 3 位主持人来发表见解

二、多项选择题

1. 知识社区能发挥哪些作用？（　　）

A. 满足用户知识需求　　　　B. 满足用户社交需求

C. 满足用户尊重需求　　　　D. 满足用户自我实现需求

2. 知识星球的内容产生主要有以下来源（　　）。

A. 星球创建者的持续创作或优质内容分享

B. 星球创建者提出的学习或分享任务

C. 星球内普通用户有趣的内容或有用知识分享

D. 星球内普通用户对创建者和嘉宾的提问

3. 提高知乎盐值分数需做好以下几点（　　）。

A. 完善个人账号信息

B. 互相关注，赞同，感谢

C. 避免直接回答，最好“软文式”回答

D. 看到反动的回答，点击举报

三、分析题

1. 用户规模、社区氛围和商业化营收三者的权衡，是所有社区类产品的天然难题，知识分享社区这三者之间的博弈难度更高，也加剧了知识社区的摇摆和撕裂。知识社区的发展过程，如何保障良性的讨论氛围？如何兼顾内容的质和量？优秀创作者能否获得收益？

2. 所谓“去 FM 化”，即基于音频生产 - 消费，在传统的内容 - 广告模式之外，寻求更丰富的变现手段。喜马拉雅为何拼命去掉“FM”？

3. 如何提高你的知识星球活跃度？

4. 知识社区中如何建设自有特色资源？

项目9

移动营销综合应用

移动促销微课

知识目标

1. 了解移动营销主要渠道
2. 掌握移动营销目标体系
3. 掌握移动营销内容策划
4. 熟悉移动营销效果评价指标
5. 熟悉各种移动促销方法

能力目标

1. 根据公司发展战略制定移动营销目标
2. 能够策划移动营销需要的内容
3. 能够整合各主要移动营销渠道
4. 能够根据营销需要策划相应的促销活动
5. 能够分析相关营销数据，优化营销方案

素质目标

1. 具备企业营销工作的管理与协调素质
2. 具备团队合作意识
3. 拥护并实践习近平新时代中国特色社会主义思想

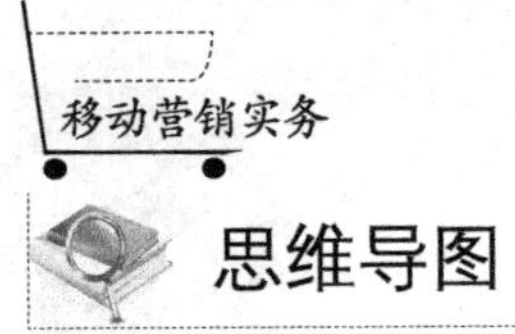

思维导图

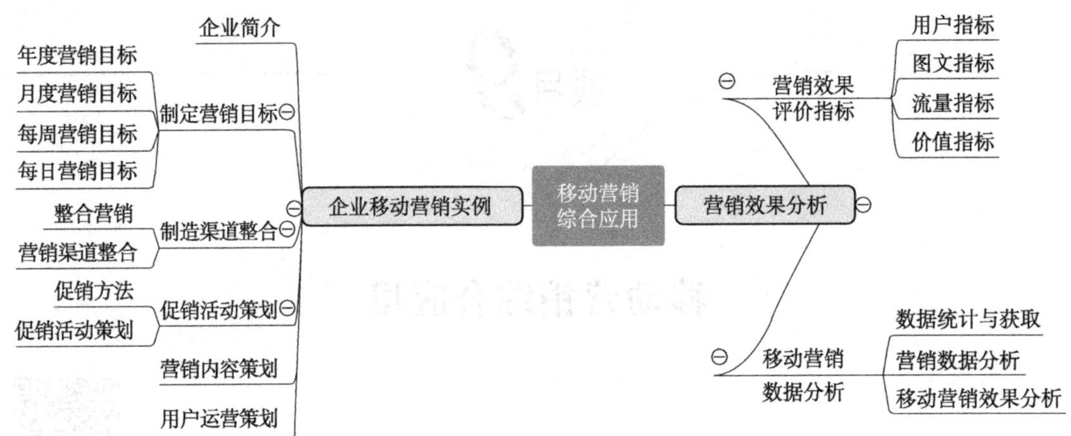

案例导入

窝牛网开展移动推广

窝牛是一款专注于高校大学生兼职服务的移动互联网产品，是解决大学生如何利用课余时间进行兼职、实习的一款APP。

窝牛旗下拥有企业网站、APP、微信公众号和众多兼职社群，可以多渠道与招聘企业、兼职者在线交互，提供便捷的兼职服务。

窝牛网打造了一个通过双方实名认证的移动电商平台，确保工作真实可靠，可以在线下单，实时订单跟踪，实现担保交易，去中介化，做到工资日结，薪酬100%到账，建立完善的兼职诚信体系，支持双方评价，并为每位兼职人员购买人身意外险，提供全方位的安全保障机制。

2015年3月，窝牛正式立项，完成产品设计；2015年6月温州励臣网络科技有限公司成立；2015年6月窝牛线下事业部成立；2015年7月获得天使轮个人投资；2015年8月入驻红石资本空谷众创正式孵化；2015年11月APP上线，所有产品端口投入使用。

窝牛网自2015年9月开始线上线下的立体推广，面向B端（即用工单位），通过客户拜访、APP地推、会议营销等方式，快速整合了300多家本地的合作伙伴和用人单位；面向C端（兼职大学生群体），则针对性地开展了校园推广、微信营销、微博营销、网络广告、移动社群营销、病毒性营销等方法，在短短的时间内发展兼职者5700多名。

窝牛推广团队还借助于微信公众号、官方微博、微信群、QQ群等移动社交媒体开展内容营销，包括介绍窝牛项目、推荐兼职工作、展现兼职生活的软文，策划了很多互动活动，比如最美班级评选、邀请用户可获赠电影票等，取得了良好的推广效果。

【案例思考】

窝牛网如何针对用人单位和兼职学生开展精准化的推广？窝牛兼职项目推广为何要积极利用移动社交媒体？

【案例启示】

窝牛网是一个网络中介服务平台，它连接了用工单位和兼职者；面对用工单位，前期通过市场调研，将目标用户定位为餐饮企业、广告公司、超市卖场等，推广团队采用了简单高效的推广方法，即通过APP地推（扫楼）、重点客户登门拜访、邀请对方来公司参观考察等方法，可以快速抢占客户、提高项目知名度。

面对兼职者，由于他（她）们大部分是在校大学生，位置比较集中，可以采用校园推广、微信微博互动、病毒性营销等方式，方便招募大批兼职者。

9.1 企业移动营销实例

9.1.1 企业简介

1. 项目背景

中国经济在快速发展，特别是东部沿海省份的经济快速崛起，在经济快速增长的同时，这些地区的用工荒也开始袭来。不少服务类企业面临用工短缺的现象，大部分餐企、酒店、超市等开始启用兼职员工，部分餐饮企业的兼职员工数量已经接近50%，其中大部分是大学生。

而据有关数据显示，国内在校的大中专学生已有4000多万人，群体规模庞大，网络应用水平较高，网络购买力较强。在校大学生中，不少人课余时间“宅”在寝室看网剧、睡懒觉、玩游戏，这种生活方式浪费了大量的“青春”，形成了一种比较“窝”的现象。

当然，也有一些非常勤快的学子，会利用课余时间做一些兼职工作，通过社会锻炼赚取生活费；但他们经常面对一些虚假的兼职信息，以及工资被克扣、单位拖欠工资、人身安全得不到保障等系列问题。

窝牛网正是基于这样的情景应运而生的，它以校园经济、移动电商为切入点，对传统兼职市场进行一次深入的变革。

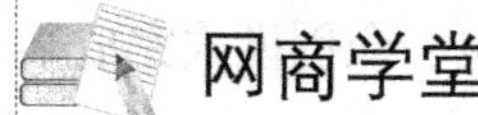

网商学堂

校园经济

校园经济是面向学生、依托校园而发展起来的一种区域性经济。其消费主体是大学生，发展领域也主要来自于校园，比如餐饮、打印、配镜、图书资料等服务。随着互联网的发展，电子商务的普及，大学生购买力的提高，“校园经济”被赋予了更多丰富的内涵，出现了分期购、快递代收代发、网络外卖、手机数码等新业务。

2. 项目简介

窝牛网是一款大学生兼职APP，可以帮助兼职者快速、便捷地找到自己感兴趣的兼职岗位，帮助大学生利用课余时间进行兼职、学习锻炼。

窝牛作为一款移动互联网产品，除了APP，还有企业网站、微信公众号、小程序和众多的网络兼职社群，可以多渠道与招聘企业、兼职者在线交互，提供便捷的兼职服务。

窝牛网打造了一个双方实名认证的兼职服务平台，通过双向签约，确保平台上的用人企业真实可信，发布的工作岗位真实可靠；平台还建立了兼职诚信体系，支持双方评价、动态评分，通过约束机制提高兼职活动的履约率；平台支持在线下单、实时订单跟踪，支持担保交易，杜绝欺诈现象。平台的优势是去中介化，工资日结，薪酬100%到账；公司为每位兼职人员购买人身意外险，提供全方位的安全保障机制。

3. 公司简介

窝牛网由温州励臣网络科技有限公司（简称励臣科技）于2015年推出，励臣科技是一家集互联网平台定制与开发、移动互联网运营、移动信息服务为一体，快速成长、锐意进取的科技综合型企业。温州励臣网络科技有限公司Logo，如图9-1所示。

图9-1 温州励臣网络科技有限公司Logo

公司目前主要业务包括阿里钉钉的区域服务、阿里云的业务代理、腾讯云的区域服务、移动互联网项目运营、微信开发与信息服务等。

励臣科技致力于为传统企业提供电子商务一站式解决方案，通过互联网传递品牌价值，立志为用户提供最贴心便捷的体验，为客户提供最放心方便的服务。

公司拥有一批来自知名电商平台的视觉设计师、TP技术总监、网络推广人员、淘宝大学讲师、微营销商学院讲师、微营销架构工程师、高级营销策划师等精英人才，专门为广大企业提供微信建站与运营、APP定制与开发、阿里钉钉业务支持、阿里云技术服务、电商运营及网络应用软件开发等服务。

4. 商业模式

窝牛网以校园垂直电商为切入点，打造出一个专注于高校大学生线上、线下兼职的移动互联网产品，可方便大学生利用课余碎片化时间进行兼职、锻炼、实习。窝牛网借助APP、微信公众号和网站，利用移动互联网的移动化、便捷性、社交化等优势，将本地及网络中的实时、分散的兼职业务整合到一个平台上，有效解决大学生找兼职工作难、沟通不便、容易上当等问题，也有效解决企业招工难、找人才难等问题，并借助网络众包、众创模式完成某些特定任务。

窝牛网是目前国内领先的移动互联网兼职平台，是对线下传统兼职中介模式的改革，实现线上交易，去除中间化，追求双方效益的最大化，让用工企业和兼职学生直接对接，通过网络双向选择。

窝牛网践行共享经济、碎片化（时间）经济、移动社交等理念，打造一个双方实名认证的平台，确保工作真实可靠，形成在线订单，依托大学校园丰富的人力资源，保证了企业人才质量需求。

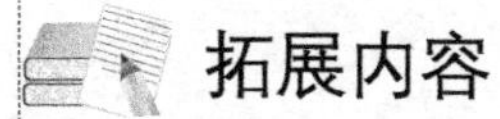

拓展内容

碎片化

“碎片化”（Fragmentation）原意指完整的东西破碎成诸多零块。如今“碎片化”已应用于经济学、社会学和传播学等多个领域。在社会学领域，传统的社会关系、市场结构及社会观念的逐渐瓦解，导致消费者细分、媒介小众化。在互联网领域，主要指数字媒体的多元化，内容的多样性，用户注意力的不断切换，导致时间的碎片化、工作的碎片化及阅读的碎片化。

当前碎片化已经成为一个发展大趋势；在电商运营中，我们要适应社会阶层的多元裂化、用户的差异化诉求，打造细分的兴趣社群；内容建设方面也要注意控制文章的篇幅，提供更多简短而精炼的内容。

窝牛网可为企业提供散招、急招、包招、众包、假期工、派遣、技能培训等服务，企业需要为每次招聘活动预先支付保证金。窝牛网为兼职学生提供了安全可靠的工资收入，有助于提高大学生兼职的积极性。

窝牛网的主营业务收入主要来自招聘服务费、急招费、包招费、众包佣金、代为培训费、广告费等。目前来看招聘服务费、急招费收入比较稳定，虽然单笔金额都不大，但随着交易规模的提高，市场的开拓和覆盖，互联网的规模效益一定会体现出来。

5. 服务理念

窝牛网是目前国内首创的基于移动端的垂直电商兼职平台，它基于共享经济和社群经济理念，是对线下传统兼职业务的变革。窝牛网还打造出大学生兼职社交组群，使企业和学生实现直接对接，通过手机交易，去除中间化，达到双方效益最大化，以及帮助企业解决临时用工难的问题，帮助企业实现降低成本、品牌宣传及储备人才。

窝牛网的口号就是简单、靠谱、高效，这也是温州励臣科技的服务宗旨。温州励臣网络科技有限公司微信入口，如图 9-2 所示。

图 9–2　温州励臣网络科技有限公司微信入口

窝牛网通过移动互联网技术连接“大学生”和“企业”，一方面为企业解决实际多变的用工需求；另一方面引导大学生走出寝室、走出小圈子，通过企业兼职、社会历练，让大学生不再“窝”，让学生拥有变“牛”的能力和心态。

9.1.2 制定营销目标

作为一家移动互联网企业，一家人才服务企业，窝牛网的核心战略是为企业输送大量高质量的校内兼职人员，实现用工单位与兼职人员的高效对接，一方面提供更多的工作岗位，另一方面帮助大学生更好地利用碎片化时间，以及提高兼职工作的履约情况。

1. 企业战略目标

企业战略目标是指企业在其战略管理过程中所要达到的市场竞争地位和管理绩效的目标。它也是企业战略经营活动预期取得的成果或期望值。

战略目标一般包括市场营销目标、技术改进和提升目标、盈利能力方面的目标、人力资源方面的目标、社会责任方面的目标等。

作为一个从高校孵化出来的互联网创业项目，窝牛网面临的首要问题是如何快速抢占市场，提高项目的知名度，特别是利用市场的空窗期发展壮大。

窝牛网的短期目标是先占领当地市场，从区域上来讲是温州市及周边城市。由于窝牛网服务于用工单位和个人兼职者，所以要发展更多的用工单位，以及在当地的各大高校开展推广，发展更多的兼职学生，争取占领本地60%以上的市场份额。

窝牛网的中期目标是进一步开拓市场，争取占领全省市场乃至东南沿海重点城市的市场，完善企业管理机制。通过市场拓展工作，进入杭州、宁波、福州、上海等城市；根据各个城市产业的情况、企业需求，以及高校分布情况，制定针对性的营销策略，争取占领目标区域内30%的市场份额。

窝牛网的远期目标是走出浙江，冲出东南沿海区域，进入全国，争取做国内大学生兼职网络服务的领先者，在与青团社、兼职猫等竞品的竞争中处于领先地位，占据全国大学生兼职业务20%以上的市场份额，并打响品牌知名度，让很多学生一想到找兼职，就选择窝牛网。

2. 企业营销目标

企业营销目标是指在企业计划期内所要达到的目标，是营销计划的核心部分，对营销策略和行动方案的确定具有指导作用。企业的营销目标主要包括利润额、销售额、市场占有率、投资收益率，以及市场占有率、销售网络覆盖面、客户/行业渗透情况等。

窝牛网作为一个移动互联网创新创业项目，公司的营销目标主要集中于用户指标、产品指标、交易指标、内容指标等几类，都属于常见的网络运营指标。

对窝牛网项目而言，用户指标包括企业会员数量、个人用户数量、微信粉丝数量、活跃商家数量、活跃用户数量（DAU、MAU）、用户增长率、每用户平均收入（ARPU）、用户评价（评分）、用户好评率、重复购买率等；产品指标包括APP下载量、APP安装量、兼职岗位总数、新增岗位数量、失效岗位数量等；交易指标包括订单数、日（月）均交易额、总成交额（GMV）、交易额增长情况、付款率、平均客单价、销售转化率、销售毛利率等；内容指标包括发布的图文数量、点击率、阅读量、转发量、收藏量、点赞量、跳出率、用户平均停留时间等。

根据企业经营计划、营销活动开展及KPI考核要求，营销团队可制定单日营销目标、每周营销目标、月度营销目标、季度营销目标、年度营销目标、促销活动目标、团队营销目标等，也可将营销目标分解到团队（小组）或者个人。例如，微信营销进度计划，如图9-3所示。

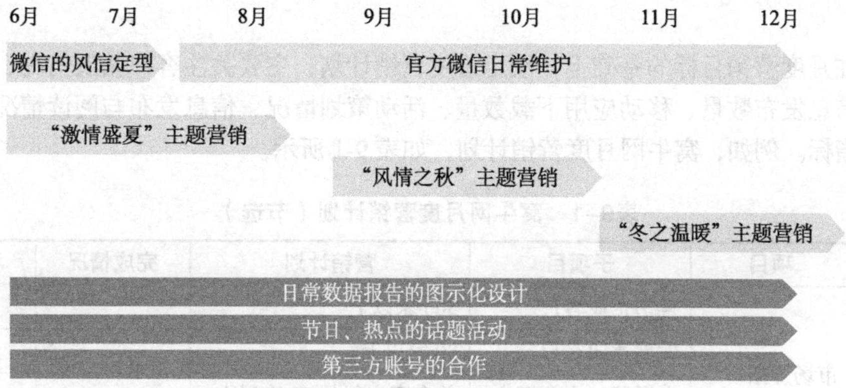

6月　7月　8月　9月　10月　11月　12月

微信的风信定型

官方微信日常维护

“激情盛夏”主题营销

“风情之秋”主题营销

“冬之温暖”主题营销

日常数据报告的图示化设计

节日、热点的话题活动

第三方账号的合作

图 9-3　微信营销进度计划

以下是窝牛网推广团队的几个营销目标。

（1）年度营销目标

2017 年是窝牛网运营的第二个年度，公司经过近一年的运作，已经在本地市场站稳脚跟，市场拓展工作已经具有一定的基础，企业知名度在逐步提高，签约的合作企业在稳步增长，网站、APP、微信公众号等平台都已经建好，并在实际使用中，公司还在新浪微博、今日头条等媒体网站开设了官方阵地，以及利用众多的 QQ 群、微信群招募和管理兼职人员，移动营销工作逐渐步入正轨。

因此本年度公司的主要任务是继续抢占市场、挖掘更多企业客户、为市场提供更多的兼职岗位，实现业务收入的大幅增长，逐渐开拓杭州、宁波、福州等省内外重点城市的市场。公司年度营销目标如下：

- 企业客户，相比上一年度增长 70%。
- 个人用户，相比上一年度增长 80%。
- 每日提供的岗位数量，相比上一年度提高 80%。
- 订单总数，相比上一年度增长 110%。
- 在本地的市场份额提高到约 50%。
- 业务收入突破 300 万元。
- 在 3 个异地城市实现业务初步覆盖。

（2）月度营销目标

月度营销目标主要根据企业战略目标和年度经营计划来确定，来自于季度或年度经营目标的分解，通常不是平均分解，要考虑到运营工作的逐渐推进、市场的逐渐扩大、公司经营业绩的不断提升。

以下是窝牛网 6 月份的营销目标：

- 拜访企业客户 200 家以上。
- 发展意向企业客户至少 80 家。
- 新增个人用户 3000 人以上。
- 各媒体平台的总访问量，比上月提高 12%。
- 提供的岗位数量，比上月提高 10%。
- 本月交易订单达到 1.8 万单。
- 本月实现业务收入 25 万元。

……

然后在月度营销目标的基础上，制定月度营销计划，主要关注客户拓展情况、提供的岗位总数、信息发布数量、移动应用下载数量、活动策划情况、信息发布与阅读情况等，都属于阶段性指标。例如，窝牛网月度营销计划，如表 9-1 所示。

表9–1　窝牛网月度营销计划（节选）

月份	项目	子项目	营销计划	完成情况	考核评价
3 月份	市场开拓	拜访企业客户	300 家以上		
		发展意向客户	80 家以上		
		电话回访企业客户	单个客户每月 30 次以上		
		网络回访企业客户	单个客户每月 30 次以上		
	岗位提供	更新招聘信息	5k 以上		
		提供兼职岗位	15k 以上		
		空闲岗位数量	低于 20%		
	信息编辑	编辑文案	90 篇以上		
		设计图文广告	60 个以上		
		制作短视频	30 条以上		
		编写网络消息	150 条		
	信息推送	微信公众号	30 条		
		官方微博	90 条		
		头条号	90 条		
		兼职微信群	300 条 / 群		
		兼职 QQ 群	300 条 / 群		
		网络论坛	90 条 / 个		
	地推活动	举行场次	3 ～ 5 场		
		APP 下载量	2k 以上		
		微信增粉数量	2k 以上		
	活动策划	专题策划	每周 1 个专题		
		互动活动策划	每周 1 个互动活动		
	用户数据	新增兼职用户	3k 人以上		
		公众号图文阅读量	18k 以上		
		微博阅读量	11k 以上		
		...	...		

（3）每周营销目标

每周营销计划中主要列出那些易于完成，且方便检测的指标，以发展客户数量、图文信息制作数量、信息推送数量、页面访问量等指标为主；每周营销计划来自于对月度营销计划的分解。

企业营销部门为了加强管理、推进工作，为方便部署工作任务和总结工作进度，通常安排每周例会和每日晨会，每周营销计划通常在上周五的例会中下达。

9.1.3　营销渠道整合

1. 整合营销

整合营销（Integrated Marketing）是一种对各种营销工具和手段的系统化结合，把各项独立的营销工作综合成一个整体，以产生协同效应。这些独立的营销工作包括广告、直接营销、销售促进、人员推销、包装、事件、公关、赞助和客户服务等。

整合营销是以消费者为核心重组企业行为和市场行为，综合协调地使用各种形式的传播方式，以统一的目标和统一的传播形象，传递一致的产品信息，实现与消费者的双向沟通，在消费者心目中迅速树立起产品品牌的地位，建立品牌（企业）与消费者长期密切的关系，更有效地达到广告传播和产品推广的目的。

现今移动互联网发展如火如荼，企业对新媒体的应用不断深入，微信、微博、头条、直播、抖音、知乎等，都是企业开展移动营销的重要渠道和媒介；而移动用户对手机红包、H5广告、微信文案、短视频等内容接受度越来越高；传统的网络营销工具，如搜索引擎、电子邮件、应用商店、贴吧等仍在发挥作用；而线下的推广方式，如户外广告、地推、门店促销等，如果策划得好，也会取得不错的效果。

综上所述，整合各个渠道开展系统性地营销与传播活动非常有必要。

2. 营销渠道整合

（1）主要营销渠道分析

当前互联网企业主要的营销渠道包括官网（含 APP）、第三方平台、分销渠道、新兴媒体、线下推广等。

官网，是提供产品和服务的官方渠道，是发布信息、订购产品（或服务）、服务客户的主渠道。

第三方平台，包括淘宝网、京东、拼多多等交易平台，也包括各个应用商店、网络导航站点等推广渠道，以及美团、一淘、返利网等促销平台。

分销渠道，包括 1688、淘宝供销平台、微商城分销渠道、实体分销商等。

新兴媒体，是当前企业网络推广、争夺客户的主要阵地，包括微信公众号、头条、微博、抖音、映客、Bilibili 等新媒体网站，也包括微信社群、QQ 群组、领英、网红直播间、QQ 空间等移动社群和社区。

线下推广，则主要依托门店、地推活动、户外广告投放、推销等方式。

企业通过对以上营销渠道的整合，是为了更好地对客户需求做出反应，通过一个口径讲话、塑造一个形象，获取更高的渠道效率和服务效果。

（2）营销渠道整合策略

①统一品牌形象。人们对品牌的偏好大部分是从视觉中获得的，所以树立良好的品牌视觉形象是十分必要的。

为了方便整合营销传播，温州励臣网络科技有限公司建立了统一、清晰、有实质内涵的品牌识别形象，做到了文字统一、图形统一、颜色统一，并实现三者有机结合，呈现良好的视觉效果，如图 9-4 所示。

图 9-4　公司 Logo

图 9-5 公司吉祥物

文字元素方面，突出项目名称“窝牛”。

图形元素方面，设计了企业 VI，包含 Logo、域名和汉字三个部分。

色彩元素方面，主要采用了蓝色和黄色两种颜色，蓝色体现项目的科技感、黄色体现项目的灿烂、辉煌前景。

公司还设计出了自己的吉祥物：牛牛，如图 9-5 所示。

形象上是一个活泼可爱、平易近人的卡通牛。

窝牛网的口号：简单、靠谱、高效。

窝牛网的统一品牌形象，被广泛应用到了网站设计、APP 开发、海报设计、宣传册设计、微信公众号图文编辑、网络广告策划与传播、微博营销等方面。

②线上线下结合。窝牛网作为一个移动互联网项目，自成立起就注重线上线下渠道整合运用。

在整合营销传播中，将用户置于核心地位。借助网络黄页和数据分析筛选潜在的企业用户，然后逐一上门拜访、精准服务、迅速签约、快速推广。

鼓励企业用户之间的口碑宣传，在餐饮、零售等行业中迅速提高知名度。

针对兼职工作的主要群体大学生，开展精准的校园推广，通过宣传册、小礼物吸引大学生，引导他（她）们安装 APP、加入兼职群。

挖掘部分优秀学生代表，作为意见领袖，在掌上大学、班级 QQ 群 / 微信群、校园 BBS 中做广泛宣传，提高窝牛网的可信度和知名度。

③创新市场开拓模式。公司制定了具体的市场拓展策略，将江浙沪地区设为运营总部，由创业团队亲自运营，并且积极与第三方服务商合作，与重度使用兼职的企业进行合作推广；而江浙沪以外的华东，以及华南、华北地区，公司决定采取股份激励模式，采用公司骨干人员外派的方式进行直接管理，将骨干人员发展为公司大区合伙人，充分调动其积极性，以便市场快速、稳定地发展；对于中西部地区高校来说，公司主要寻找校园代理商，探索业务承包的方式，由他们来负责项目的运营，如图 9-6 所示。

图 9-6 市场开拓策略

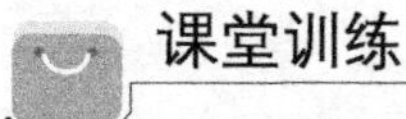

课堂训练

异地市场的开拓对任何公司都是一个挑战。请分析总部直营、大区合伙人、校园代理这三种经营模式有何不同？总部与分支机构之间如何合理划职责、权力、利益？

④开展全网营销。全网营销即全网整合营销，它整合所有销售平台，实现信息的贯通，将各种网络营销方法、新媒体营销工具纳入其中，并与各应用商店、DSP 广告投放平台深入合作，形成了一个庞大的营销体系。

全网整合营销涵盖的范围主要包括：搜索引擎、应用商店、门户网站、分类信息平台、视频分享网站、网站联盟、知名百科网站、B2B 平台、B2C 平台，以及当前热门的微信公众号、微博、今日头条、直播网站等核心媒体平台。

窝牛网建设了企业官网、微信公众号、官方微博、今日头条，将其作为网络营销宣传的主阵地，开展网络推广；并积极利用贴吧、论坛、百科、知道、知乎等免费推广渠道；打造自己的兼职微信群、QQ 群；适当投放 DSP 广告，实现在百度搜索、新浪科技、优酷网、百度网站联盟等主流媒体上的信息展现。

在线下，窝牛网主要开展校园推广、商业中心 APP 地推、会议营销，以及积极参加创业大赛、创业路演、创业论坛活动，提高项目的知名度，吸引投资人。

9.1.4　促销活动策划

移动营销的开展，除了日常的推广工作，还需要策划一些促销活动（专题），以吸引用户的注意，引爆全网舆论，而且很多活动可以借助社交网络和自媒体的扩散效应，迅速扩大传播，引导用户参与。

因此促销活动策划是提高市场占有率的有效行为，一份可执行、可操作、创意突出的活动策划方案，可有效提升企业的知名度及品牌美誉度。

1. 促销方法

移动促销是指企业利用各种网络方法和工具，使消费者了解和注意企业的产品、激发消费者的购买欲望，并促使其实现最终的购买行为。

（1）降价式促销

降价式促销就是将商品低于正常的定价出售。最常见的有折扣活动、库存大清仓、节庆大优惠、每日特价等方式。

（2）有奖式促销

有奖式促销是消费者购物达到一定条件可以参与抽奖的促销方式。

由于高价值的奖品往往具有较大诱惑力，因此“抽奖”极易激起消费者参与兴趣。比如微商城中的幸运大抽奖、砸金蛋、0 元抽奖、积分兑换礼品等。

（3）折扣式促销

商家在适当的时机，如节庆日、换季时节等打折，以低于商品正常价格的售价出售商品的方式。比如微商城中的限时折扣、打折券活动。

（4）赠送式促销

通常赠送式促销指消费者购物满足一定条件，可免费获赠一种或几种福利的促销方式。

比如微商城中的满送、赠品活动、0 元秒杀。

（5）游戏式促销

游戏式促销就是通过参与小游戏，获取某种奖励的促销方式。比如微商城中的大转盘、水果机、疯狂猜、刮刮卡等都属于这类促销活动。

（6）社交式促销

社交式促销就是利用社交网络，邀请其他人一起参与活动，享受促销待遇的方式。比如微商城中的多人拼团、好友砍价、好友瓜分券、转发享红包等。

窝牛网曾经策划过有奖式促销活动，把兼职工作信息转发给好友，且有两名好友成功参与兼职活动的，可获得一份价值 88 元的奖品——时尚雨伞。

拓展内容

网络促销不得先涨再折

针对消费者投诉比较集中的网络促销领域，市场监管总局 2018 年 6 月召开“6 · 18”网络促销行政指导座谈会，要求国内交易网站自觉遵守《网络交易管理办法》《网络商品和服务集中促销活动管理暂行规定》等法规，不得利用格式条款侵害消费者的合法权益，不得因促销降低商品质量，不得发布虚假广告，不得先涨价再打折，不得虚报特价揽客，实施有价无货的欺诈行为，杜绝虚构交易、成交量或者虚假用户评价……

2. 促销活动策划

促销活动策划一般需要明确活动目的、设计活动主题、确定活动内容与形式、明确活动对象、制定实施计划、分析活动效果。

窝牛网针对大学生群体，先后策划过多场校园推广活动，以及网络互动活动，包括“窝牛请你看电影”、“窝牛校园嘉年华”之最“搞怪”的兼职、“窝牛校园嘉年华”之最“坑爹”的兼职，等等。

奖与赏是很多人难以拒绝的诱惑，设奖促销，是挠到了用户的痒点，让用户通过转发、点赞来增加粉丝的关注数量。

①微信公众号“最美班级评选活动”。

活动目的：通过最美班级投票活动，提高粉丝活跃度，实现用户拉新。

活动主题：窝牛兼职全班免费看电影活动。

活动内容：以班级为单位报名参加；提交班级介绍信息（含一张班级集体照片）；组织班级同学参加微信投票；截止时间前得票最多的班级可获得班级人数的电影票（价值 5000 元）；另设参与奖 20 名，积极参与的同学每人获得一张电影票；现金奖若干名，介绍同学来窝牛网兼职并到岗，本人可获得奖励 30 元。微信营销活动策划，如图 9-7 所示。

活动形式：网络投票，每人一票，可连投 7 天。

活动对象：本地高校在校大学生。

实施计划：活动在微信、APP 上事先预热 5 天，投票活动持续 7 天，活动截止的当天计票并公布获奖结果，第 3 天发放电影票，第 7 天发放现金奖励。活动期间每天发布两篇活动相关的图文信息，提醒和激励更多粉丝参与投票。

参与投票的小伙伴我们将随机送出20张电影票

注：获奖班级同学将不会重复送票

"鱼"参与投票都有机会免费电影票送哦

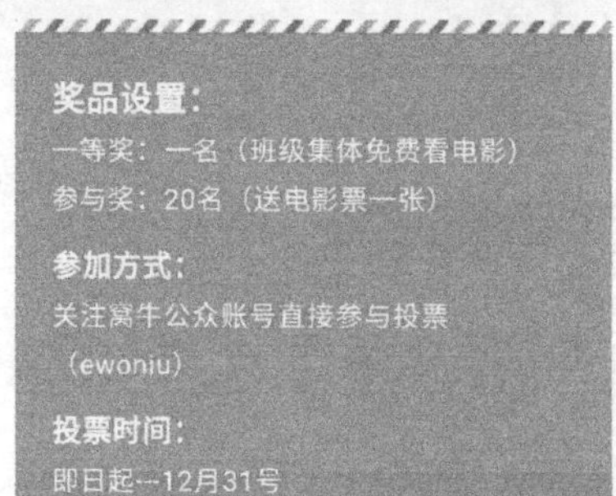

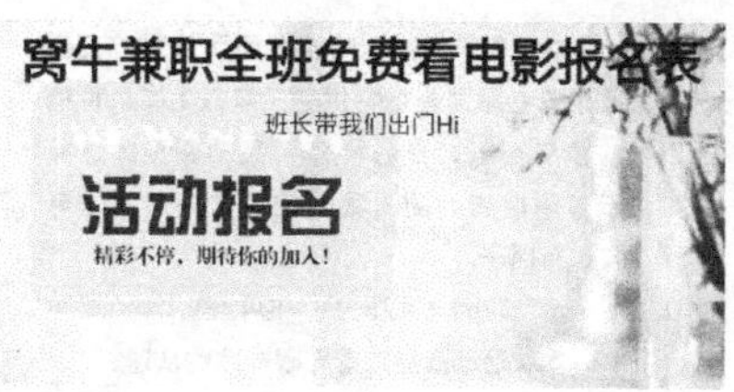

活动介绍

期末将至窝牛决定为祖国的花朵们痛下血本。
窝牛兼职包场请你全班看电影！
你要做的只是提交班级信息，参加投票活动。
至于在哪看，看啥片，都是你说了算！
除了包场，还有现金大礼送上！
赶紧填写报名信息吧！

活动奖励

一等奖：全班免费看电影（价值5000元）
现金奖：介绍同学来窝牛兼职，到岗之后奖励30元现金

活动时间

班级报名时间
即日至2015年12月23号
班级投票时间
12月24号~12月31号

学校名称 *

例如：温州大学

图 9-7　微信营销活动策划

活动效果:报名参与活动的班级有 17 个，共吸引 13000 多人参与投票，总票数达 8 万多，发展微信粉丝 6700 多人，活动期间新增兼职人员 300 多名。

②节日祝福活动。逢年过节，互致问候是中国人的良好传统。在经历了书信、电话和短信贺年祝节后，微信祝福逐渐开始流行，一段语音、几句文字、一个视频，简单却温暖。节日思维，就是利用节假日人们相互送祝福的机会，在微信文字或视频中植入品牌形象，恰到好处地进行传播推广。

例如，窝牛网的新年行动，就是在节日前事先制作一个祝福短视频和一篇祝福的文章，提前在官方微博、微信公众号和 APP 中向大家致以节日的问候，一个简单的祝福，传递的是关爱，传播的却是窝牛网的企业品牌。窝牛网的新年祝福，如图 9-8 所示。

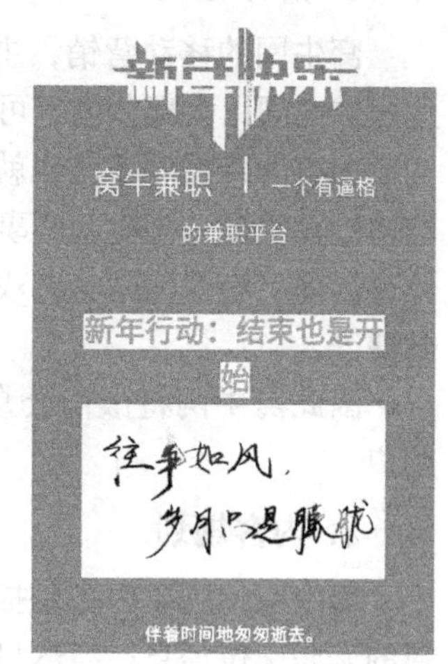

图 9-8　窝牛网的新年祝福

③节日促销活动。励臣科技电商部门在五一节时策划了一个节日促销活动。

活动主题：五一礼孝文化团购节。

活动产品：雁荡山铁皮石斛。

活动内容：五一节期间购物享受特惠团购价；购买一斤起包邮；将此信息转发到自己的微信朋友圈，可享受额外优惠；附加 28 元可获赠一套精美礼盒。例如，窝牛网策划的促销活动，如图 9-9 所示。

9.1.5　营销内容策划

现在包括淘宝网、今日头条等很多平台非常重视内容运营和内容营销。

本次参与“五一礼孝文化团购节”的产品都是乐清老雁荡基地特供的三年以上有机种植的铁皮石斛，良心种植，品质保证。送父母，赠健康。配上我们的礼盒包装，送亲友，有面子。

活动时间:4月28日——5月2日

本次活动商品数量有限，欲购从速。

铁皮石斛烤条（切片）

烤条就是鲜条烘干，也是铁皮枫斗的前身，容易携带更容易保存。

特惠团购价：1000元/500g

五一礼孝活动价：750元/500g

附加40元我们赠送精美礼盒一份（内含三个罐子）

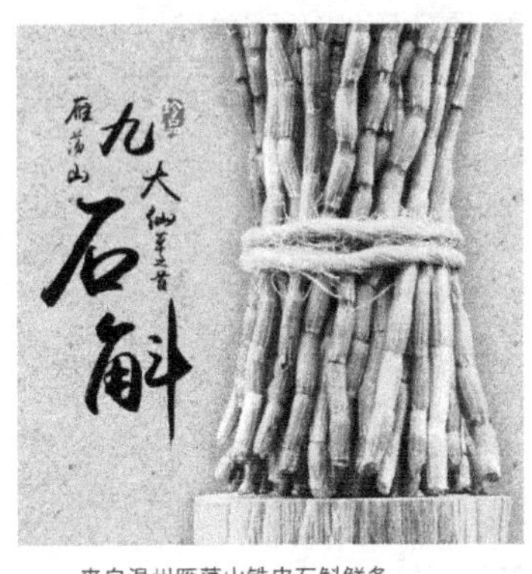

来自温州雁荡山铁皮石斛鲜条。

图 9–9　窝牛网策划的促销活动

内容营销，指的是以文字、图片、短视频、漫画等介质传达有关企业的相关内容，以吸引粉丝、促进销售。

内容的价值是连接用户和产品，在两者之间建立的纽带，让用户了解和使用产品，也让产品向用户传递价值。所以内容营销的关键在于创建优质的内容，发布与传播内容，用户互动与反馈。

1. 媒体定位

窝牛网的移动营销，主要借助于网站、微信公众号、APP、微博、头条等媒体；这些企业媒体之间，大部分内容可以共享，这样可以减轻内容建设的压力。

内容的传播对象，也就是阅读的主要用户群体是对兼职活动感兴趣的大学生；这个用户群体比较年轻、喜欢新鲜事物，思维活跃、社交频繁；生活中关注的焦点往往在于娱乐明星、体育运动、影视网剧、游戏漫画；他们最常用的 APP 是微信、支付宝、淘宝网、QQ、百度、微博等。

因此窝牛网将微信公众号、微博、微信群作为主打的传播媒体，以便能直接接触目标用户。

2. 内容规划

窝牛网的主要服务是提供兼职工作，帮助企生对接，因此公司最核心的资源就是实时更新的兼职岗位信息；当然只提供兼职信息，内容太过于单一枯燥，不利于塑造公司形象；因此公司的媒体还需要提供一些轻松活泼有趣的内容，从产品到服务，到行业资讯、国内外新闻，甚至与生活相关的热门话题、娱乐八卦。

另外，要做好官方媒体、自媒体、移动社群的内容规划，比如一个月内，要出产的内容数量、内容主题、涵盖的领域、关注的节日、需要策划的专题，等等。

比如窝牛网对 5 月份的媒体内容规划，如表 9-2 所示。

表9-2　窝牛网的新媒体内容规划

发布数量	35 ～ 40 篇	内容关键词	兼职、劳动、赚钱、旅游、青春
主要领域	工作、娱乐、体育、生活、新闻、鸡汤文、美景	需要关注的节日	五一劳动节、母亲节
有意向的专题策划	劳动节——致敬平凡的劳动者 母亲节——对母亲说一句我爱你	生活热点或热门话题	跟踪五一节新闻热点、其他待定

3. 主题策划

内容营销的内容来源一般有三个渠道：第一种是原创，自己策划和撰写，出产高质量的原创内容；第二种是改编，在其他媒体内容基础上加工优化；第三是转载，从众多网络内容中选择优秀内容转发分享。

当然，要提高企业媒体的影响力、内容的吸引力，必须要有足够多的原创内容，并做到持续输出。

新媒体的一个特征就是文章标题特别关键，内容营销一多半的效果来自于标题。所以，这就需要运营者善于分析受众心理，抓住用户阅读需求，策划新颖的主题，设计文章的标题。

比如 2016 年 4 月，窝牛网微信公众号共发布了 33 篇图文、1 个视频，主要包括兼职岗位与兼职技巧（22 篇）、球星科比退役（1 篇）、生活吐槽（2 篇）、日本熊本地震（1 篇）、顺丰快递小伙被打（1 篇）、校园美食分享（1 篇）、五一景点推荐（2 篇）、兼职话题（1 篇）、幽默笑话（2 篇）、美景美图 1 篇，题材较为丰富，适合读者口味，绝大部分为原创内容。窝牛网的新媒体内容规划，如图 9-10 所示。

图 9-10　窝牛网的新媒体内容规划

课堂训练

请你为窝牛网的微信公众号规划暑假（7 ～ 8 月份）期间的内容。以 Word 文档写明规划的内容列表（含文章主题、内容简介、内容形式、计划发布日期等）。

4. 内容创意

优质的内容，需要优秀的创意。如何用创意出产一些优秀内容呢？我们可采用一些常见的创意方法，包括头脑风暴法、六顶思维帽法、行停法、5W2H 法等。

窝牛网在内容创意方面的主要策略是：

①围绕营销团队擅长创建的内容主题，不断拓展和发散，并尝试混合搭配。比如窝牛网围绕着兼职活动，延伸出“未来的黄金职业”“吐槽最坑爹的兼职工作”“分享兼职的最美一瞬”“知否知否，外出兼职应注意”等主题内容。

②收集目标受众关注的内容作为文案创意的原材料。窝牛网挖掘了大学生普遍关注的毕业季、杨绛去世、NBA 总决赛、奥运会来了等热点，作为内容创作素材，策划了十几篇文章，阅读量都不错。

在自媒体中，窝牛网也注意调侃生活中的各种槽点、囧点、自黑点，让粉丝获得共鸣的感觉。比如驾校教练语录、月末拒绝吃土、流浪太阳（由电影《流浪地球》，引申出南方雨不停）等形式活泼的内容。窝牛网的内容创意，如图 9-11 所示。

图 9-11　窝牛网的内容创意

③引入一些可以增加具有趣味性的素材或人物话题，比如借用友谊的小船说翻就翻、吃鸡、洪荒之力等网络热词、流行语、头像包、漫画，并将这些元素合理整合到网络媒体的图文信息里，标题中还可以引入公众人物的信息。

另外，要提供一些轻松活泼的内容，舒缓粉丝们生活中的压力，帮助他们找到生活中的快乐，如美文、美图、冷笑话、心灵鸡汤、爆笑视频。比如窝牛网策划了校花与校草、减肥囧事、王者与青铜等图文与短视频。

④合理策划轻聊话题，尝试打造网络爆文。比如窝牛网策划了“如何练出 A4 腰”的热

门话题，引导粉丝参与讨论，取得不错的效果；窝牛网团队还基于“抢抓热点、选题独特、内容老少皆宜”的原则，尝试策划网络爆文，点击量最高的一篇推文，阅读量 2 万 + 多。

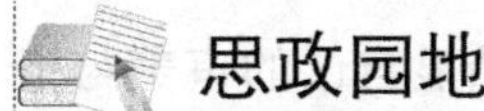

思政园地

近年来，国家网信办相继出台《互联网新闻信息服务管理规定》《互联网用户公众账号信息服务管理规定》等法规性文件，对具有媒体属性和可对公众发布信息的账号及平台作了明确规定；对自媒体账号实施分级分类管理、属地管理和全流程管理；并对自媒体开展专项整治活动，依法从严惩处违规违法账号 9800 多个，遏制部分自媒体传播虚假信息、肆意抄袭侵权、开展恶意营销、破坏正常传播秩序等乱相。

因此，我们运营自媒体要尊重事实、理性传播，严格遵守道德和法律的底线。

5. 校对排版

排版是内容的一部分，是为内容服务的。好的排版，一定要顺应阅读习惯，减少读者的阅读压力。细致的排版、合适的配图、均衡的色彩，能够让读者在赏心悦目阅读的同时感受到媒体的专业水平，树立企业形象。例如，窝牛网的微信排版，如图 9-12 所示。

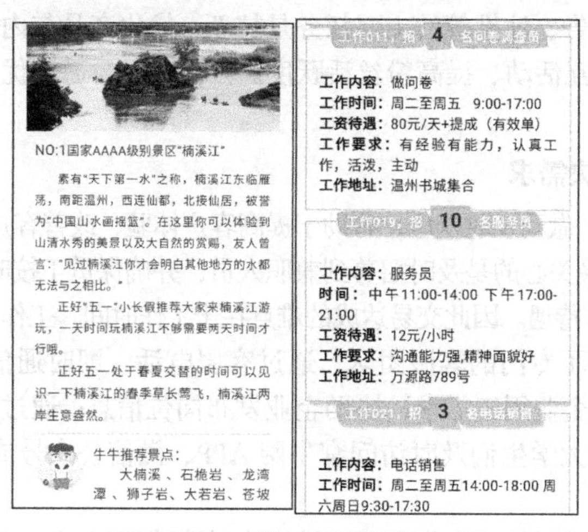

图 9-12　窝牛网的微信排版

（1）合理分段

图文信息一般要分为几个自然段，一篇文章可以分成 3~5 段，段与段之间逻辑性强，增加读者对文章逻辑链条的把握和理解。

文章的对齐方式一般采用左对齐和居中对齐，干货类文章一般采用左对齐，适于深阅读，娱乐性文章一般采用居中对齐，适于浅阅读。

（2）图文并茂

文章要做到图文并茂，且图片要整齐划一、清晰度高，让阅读充满乐趣，这样才能降低跳出率，取得好的推广效果。

（3）色彩搭配

文章中除了图片，文字颜色最好不要超过三种，颜色太多使文章显得杂乱；另外也不要选择饱和度太高的颜色，即太鲜艳的颜色，此类颜色比较刺眼，对读者情绪有一定的影响。

文章中选用一种颜色作为主题色，可在标题、重点内容、二维码、头像、顶部或底部等处使用不同颜色进行引导。

（4）统一风格

在长期的内容建设和内容营销中，企业要形成自己的排版风格，凸显自己的审美与格调，逐渐形成一个体系，在海量信息中区别开来，这也是塑造品牌的手段。

在短视频建设与传播中，可以根据内容定位，确定若干选题方向，推出系列短片，统一视频片头、片尾，打造视听媒体阵地，吸引粉丝长期关注阅读。

9.1.6 用户运营策划

用户运营就是以用户为中心，开发用户所需求的产品，策划与用户相关的活动，创造与用户相关的内容，最终达到移动运营的目标。

用户运营的工作主要是围绕以下 4 个方面展开的：拉新、促活、留存及转化。拉新就是不断地增加粉丝数量；促活就是不断地激活粉丝的活跃度；留存就是要通过各种活动挽留住用户，减少流失；转化，指让用户不仅认可品牌（产品），还愿意为之付出实际行动，例如，购买、转发等。

之前介绍的移动广告、地推等的主要任务是拉新；优化产品与内容运营的主要任务是留存；促活则需要策划交互活动、提高粉丝活跃度；转化则主要通过优质服务、优化体验、提升信任来实现。

1. 优化服务、解决需求

提高客户服务水平，做到及时响应，有助于提高客户体验、改善客户关系。在窝牛网大学生兼职业务中，企业客户最关心的是及时招募到兼职人员，并确保员工按时到岗；而兼职大学生最关心的是工作时间和工作待遇。因此交易达成的难点在于工作时间、工作内容的发布与确定。

为此，窝牛网建立了专门的客服团队，通过客服电话、即时通信软件（微信、QQ）来做企业回访，即时掌握企业用工需求，协助企业发布岗位信息；通过即时通信软件、短信等方式做信息推送，提醒大学生们及时访问窝牛网 APP、微信公众号或网站，选择兼职工作，确定工作时间。

窝牛网客服团队还及时处理岗位变更、学生临时取消等问题，以及协助解决工作完成质量、工作薪酬等纠纷。

2. 策划活动、活跃用户

当前粉丝已成为企业的重要资产，盘活粉丝进而创造价值是企业的重要任务。打造粉丝圈、建立社群能够在粉丝与运营者之间建立一个良好的沟通机制，增加粉丝参与感，增强情感纽带。特别对于年轻用户，他们使用移动社交网络非常频繁，所以窝牛网注重借助社交网络策划互动活动，加强大学生与窝牛网品牌的联系，提高粉丝活跃度。

具体做法如下：在运营的关键节点上策划品牌宣传活动；通过自媒体制造粉丝感兴趣的话题；打造多个兼职社群，维系社区活跃度；策划有创意的推广活动，吸引用户参与。

运营者与消费者的网络互动形式包括：报名、投票、点赞、评论、转发、打赏等。窝牛网围绕兼职生活、重要节假日、时事热点、新品上线等主题元素，先后策划了“最美班级投票”“吐槽最坑爹的兼职”“分享一张最美的兼职照片”“寒假高薪工作接龙”“邀请同学加入享好礼”等活动，刺激用户积极参与。

3. 制定用户激励机制

用户激励机制是指在一个产品的完整生命周期里，为了提高用户的黏性、忠诚度和对品牌的认知度，而制定的用户运营规则。互联网用户从来都不是忠诚的，如果不能在功能、内容、玩法上有所创新和创意，用户很难长久地留在产品里。

用户激励可以从物质激励、精神激励、功能激励三方面进行设计，主流的方法包括签到、积分、等级、勋章、权限、积分兑换等。

互联网行业，用得最多的是物质激励，比如红包、现金。资讯平台趣头条、网约车滴滴打车等，前期为了吸引大量用户，选择用红包来激励用户。

精神激励是指借助社交互动行为，从情感上维系用户和激励用户，像点赞、收藏、评论、关注、加精、排行榜等，可给予用户成就感和满足感，带来魔力般的用户黏性。

在用户群体较大的情况下可以采取等级激励机制，比如 QQ 等级制度，会员积分累积到一定程度，可以提升会员等级，享受到不一样的特权，这就是功能激励。

窝牛网运营前期经常采用物质激励机制，比如 APP 安装有礼、介绍客户奖励现金；精神激励方面主要采取了评选最美兼职人员、最美班级投票、社群发言之星、社区达人的方法；APP 运营中为了管理兼职用户，采取了会员等级制，活跃的兼职用户在等级提高之后，可以优先获取企业推送的兼职信息，在热门的兼职职位报名中也享有优先权。

9.2 营销效果分析

9.2.1　营销效果评价指标

随着移动互联网的兴起，APP、微商城已经逐渐取代网站成为新的交易平台，而用户移动化的趋势十分明显，目前大部分的网络访问量来自于智能手机；微信、微博、头条、抖音等新媒体逐渐崛起，已成为主流的信息分发渠道和流量入口。

因此评价移动营销效果的指标体系也发生了很大变化，主要有用户指标、图文指标、流量指标。

1. 用户指标

（1）注册用户数

在网站或平台上注册为会员的用户数量，信息服务类网站、电子商务网站一般比较关注这个指标。

（2）新增用户数

新增用户数指的是移动应用被下载安装之后，第一次启动 APP 的用户数量。这个指标主要用于衡量营销推广渠道的效果，是 APP 最基础的数据指标。

①按照时间维度来分，新增用户分为日新增用户、周新增用户、月新增用户等。

②按渠道来源，新增用户还可以分为渠道新增用户、运营商新增用户、地域新增用户。

如果新增用户占活跃用户的比例过高，就说明 APP 的活跃大部分是依赖于推广拉新的，反之则是 APP 促活而成的。例如，三个网站新增用户数量对比，如图 9-13 所示。

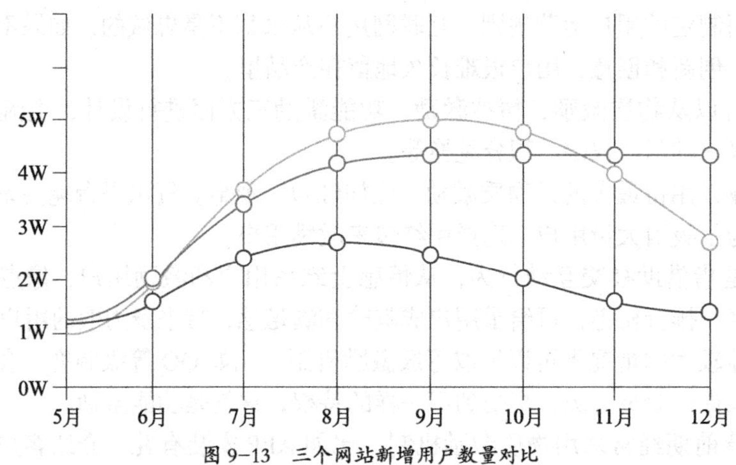

图 9-13　三个网站新增用户数量对比

（3）活跃用户

活跃用户是指那些在一定的统计周期内打开网站或 APP，并能带来一些价值的用户，一般用于衡量网站或 APP 的运营现状，是真正意义上的用户规模。

活跃用户根据不同的统计周期分为日活跃用户数（DAU）、周活跃用户数（WAU）、月活跃用户数（MAU）。

每个用户总活跃天数（TAD），是指在一定的统计周期内，平均每个用户在 APP 中的活跃天数，主要反映用户对 APP 使用频率的高低。

（4）付费用户数量

付费用户数量是指为网站提供的相关服务而付费的会员用户数量。

（5）用户渗透率

用户渗透率指的是在被调查的对象（总样本）中，一个品牌的产品（或一种服务）的使用者的比例。比如，中国 4G 用户渗透率达 70%，用户规模近 10 亿。

（6）用户流失率

用户流失量是指在特定时间段内离开产品的用户数量。用户流失率在度量上是指已流失的用户数占总用户数的百分比。

数据表明，减少用户流失，提升用户留存对企业（尤其是电商企业）来说是最重要并且最有益的。

（7）用户留存率

用户留存率是指在某一个统计时段的新增用户数中经过了一段时间后仍然使用这个网站（打开这个 APP）的用户比例，包括次日留存、7 日留存、30 日留存等，这个指标可验证 APP 对用户是否具有吸引力。

（8）用户参与率

用户参与度是指用户参与公司某项策划活动的积极程度。而用户参与率是指参与活动的用户数占总用户数的比例。

提高用户参与度对于企业活动营销策划有着重要的意义，不仅适用于活动策划、产品运营设计等方面，同时对于用户后期提出需求从而改进产品方案也具有举足轻重的作用。

2. 图文指标

（1）信息发布量

信息发布量指的是某一段时间内，公司在某个网络平台上所发布的信息条数。

（2）阅读量

阅读量是指一段时间内某篇文章被阅读的总次数，包含重复阅读次数。

（3）推荐量

推荐量是指基于平台的文章推送机制（算法），文章被推送给某些用户阅读的数量。

（4）评论数

评论数是指用户对某个在售商品、某篇文章的所有评价。

（5）转发数

转发数通常指文章或消息被用户转发给其他用户的总数量。

（6）收藏数

收藏数是指某个商品、某篇文章被用户收藏的总数量。

（7）订阅数

订阅数是指订阅（或关注）某个网络媒体或某个主页的总用户数量

（8）爆文

爆文是指那些点击量和阅读量很高的文章，图 9-14 所示的就是一篇爆文。

图 9-14　今日头条上的一篇爆文

课堂训练

请思考，刷爆朋友圈的爆文有哪些特点？

如何策划一篇阅读量 10 万 + 的爆文？

3. 流量指标

（1）展现量

一段时间内网页、广告、关键词等被展现的次数，称为展现量。

（2）点击量

点击量是指某一段时间内某个页面或者某个广告被点击的总次数。

（3）浏览量

浏览量（PV），是评价网站流量最常用的指标之一。它指网站或网页被浏览的总数量，用户对同一页面的多次访问，访问量累计。

（4）页面停留时间

页面停留时间（Time on Page，TP），是网站分析中的一个常见指标，用于反映用户在页面上停留时间的长短，可反映页面的用户黏性和用户体验的高低。

（5）访问深度

网站访问深度（Site visit Depth，DV），就是用户在一次浏览某个网站的过程中浏览了网站的页数。

（6）访问时长

访问时长（Length of Visit，LV），是指一次访问行为的时间长度。

平均访问时长，是指在一定统计时间内，浏览网站的一个页面或整个网站时，所有用户所逗留的总时间与该页面或整个网站的访问次数的比值。

（7）下载量

下载量（Downloads），指软件或应用在一段时间内被用户下载的总次数，是 APP 推广工作的一个重要指标。

（8）安装量

安装量（Installs），是指 APP 被用户安装的总次数。

4. 价值指标

（1）成交额

网站成交额（GMV），属于电商平台企业成交类指标，主要指拍下订单的总金额，包含付款和未付款两部分。

（2）订单数

订单数就是某个时间内的网站总订单数量。

订单数 = 访客数 × 转化率；或者，订单数 = 展现量 × 点击率 × 转化率。

（3）客单价

客单价（Per Customer Transaction，PCT）指某一时段内店铺的人均交易金额。

客单价 = 销售总额 ÷ 顾客总数；或者，客单价 = 销售总额 ÷ 成交笔数。

（4）转化率

转化率指在一个统计周期内，完成转化行为（如购物）的人数占访问用户的比率。转化率反映了 APP 的盈利能力。

（5）每安装成本

每安装成本（CPI），是指引导一名用户安装 APP 所花费的平均成本。

（6）平均获客成本

平均获客成本（CAC），主要指企业获取一个客户所花费的成本，是一个影响公司估值的指标。

（7）每用户平均收入

每用户平均收入（ARPU），即每个用户带来平均收入的金额。

ARPU= 总收入 ÷ APP 用户数，也可以只针对付费用户来计算 ARPU。

（8）客户终身价值

客户终身价值（LTV），指每个购买者在未来可能为企业带来的收益总和。

客户终身价值 = 客户收入 –（获客成本 + 留存成本）

大多数创业公司的倒闭，源自获客成本（CAC）超过客户终身价值（LTV）。

（9）投资回报率

投资回报率（ROI），即企业从一项投资活动中得到的经济回报。

投资回报率 = 年利润或年均利润 ÷ 投资总额 × 100%

9.2.2　移动营销数据分析

1．数据统计与获取

移动互联网企业的营销数据主要来自于应用商店、网站、微信公众号、头条号、微博、广告平台等渠道。常用的数据统计分析工具包括埋点统计、百度移动统计、平台自带统计工具、站长工具、APP Annie。

（1）埋点统计

运营者要统计到较为复杂的数据，例如想要追踪用户行为、观察页面点击数据、关键路径转化率、分析活动效果，就需要事先进行数据埋点，APP 上线后才能观察到相应的数据，进行分析研究。

APP 所有页面都可以埋点，之后埋点工具会统计用户在页面上的访问路径，通过访问路径可以得到整体用户的行为数据，如图 9-15 所示。运营者还可以通过具体的埋点，自定义事件，统计事件发生的数量及事件的数值类型。比如，对于购买事件，统计多少人购买成功属于计数事件，统计购买成功的用户中购买金额的分布规律属于计算事件。运营者还可以借助漏斗模型，分析设定的事件每一步的转化率，评估每一步的效果。

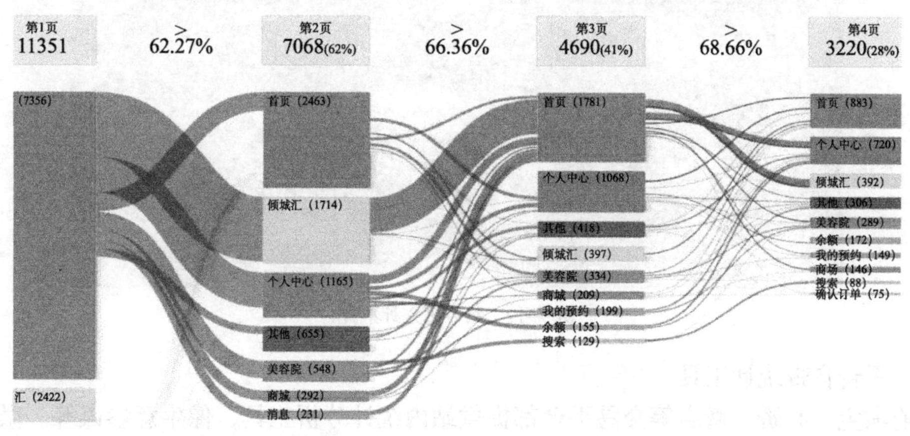

图 9-15　APP 用户访问行为分析

比如友盟统计、腾讯移动分析都可以实现埋点统计的功能。

友盟统计是一款专业的移动应用统计分析工具，可以进行 APP 检测与分析、网站流量统计分析、游戏统计分析、消息推送统计分析、移动广告检测。

（2）百度移动统计

百度移动统计是一款专业免费的移动应用统计分析工具，支持 Android、iOS 平台。它提供了几十种图形化报告，全程跟踪访客的行为路径；同时百度移动统计集成百度推广数据，帮助用户及时了解百度推广效果并优化推广方案。百度移动统计软件界面，如图 9-16 所示。

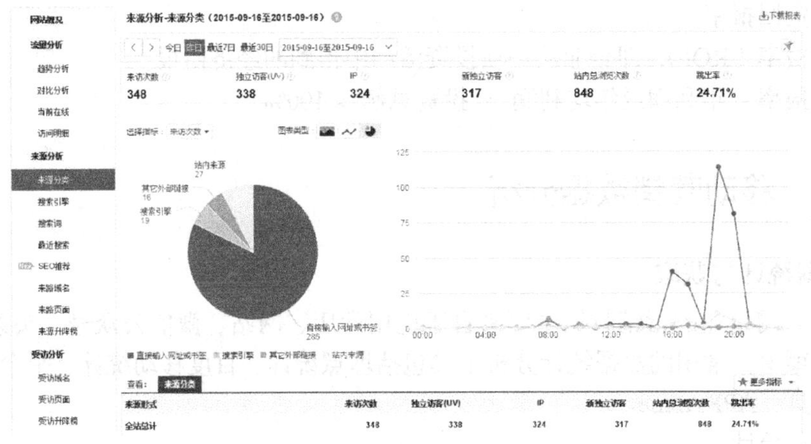

图 9-16　百度移动统计软件界面

除了访问量、广告效果等评价分析指标，百度移动统计还提供热力图分析。

热力图，是观察页面点击分布情况的工具。热力图中越红的地方，就是用户点击越多的地方，也是大部分用户最关注的内容。通过热力图，运营者可以对用户感兴趣的内容加强建设，不断更新；对用户不感兴趣的内容，应该修改进或者删除。热力图分析界面，如图 9-17 所示。

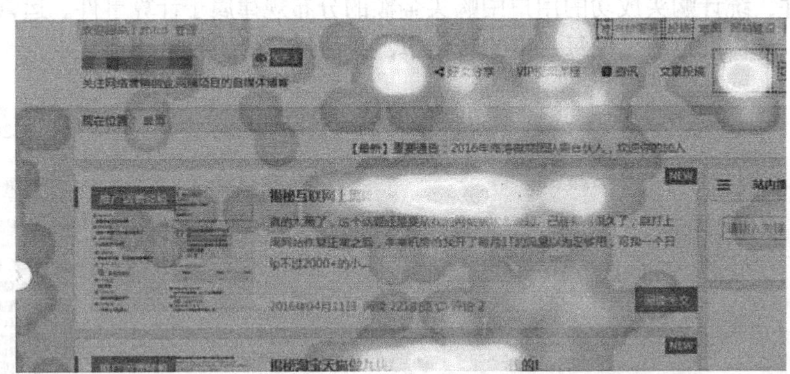

图 9-17　热力图分析界面

（3）平台自带统计工具

目前淘宝、有赞、微店等交易平台都提供站内统计分析工具，像生意参谋等。微信公众号、头条号也提供站内的数据统计功能。这些统计工具以用户分析、内容分析、菜单分析、访问行为分析为主。例如，窝牛网微信公众号数据统计，如图 9-18 所示。

昨日关键指标

新关注人数	取消关注人数	净增关注人数	累积关注人数
9	24	-15	32341
日 55%	日 0%	日 275%	日 0%
周 59.1%	周 26.3%	周 600%	周 0.1%
月 10%	月 7.7%	月 6.3%	月 0.3%

图 9-18　窝牛网微信公众号数据统计

（4）站长工具

站长工具是支持站长运营的工具包，涵盖网站流量统计、友情链接检查工具、PR 查询工具、搜索引擎收录查询工具、关键词排名查询工具、权重查询等。站长工具的查询界面，如图 9-19 所示。

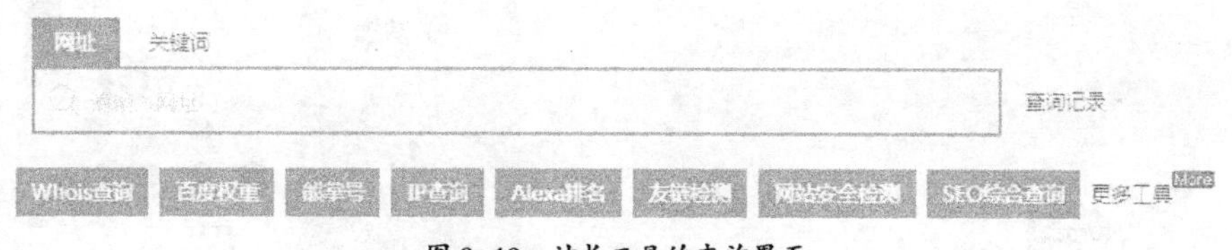

图 9-19　站长工具的查询界面

（5）APP Annie

APP Annie 是一个 APP 分析工具，它主要跟踪移动应用的下载量与安装量。无论是 iTunes、Google Play 还是亚马逊商店，运营者都可以通过 APP Annie 直接了解 APP 的下载量、评级、评论和排名。

2. 营销数据分析

移动互联网时代，每个用户无时无刻不在生产数据。数据分析可以让人更加直观、清晰地认识世界，也可以指导企业更加理智地做出运营决策。

（1）行业数据分析

了解行业数据，可以知道自己在整个行业的水平，可以从新增用户、活跃用户、启动次数、使用时长等多个维度去对比自己产品与行业平均水平的差异及自己产品的对应的指标在整个行业的排名，从而知道自己产品的不足之处。这种纵向的对比，会让自己的产品定位、发展方向更加清晰。

在兼职 APP 推广与应用方面，兼职猫与青团社兼职处于第一阵营，目前分别达到了百万级的下载安装量；爱上兼职、掌上兼职、窝牛网等处于第二阵营，APP 安装量在 10 万以上。

在微信推广方面，兼职猫与青团社兼职除了建设微信公众号，还开发了小程序，窝牛网主要通过微信公众号推广。

这三家企业都很重视头条和微博的运营，建设了头条号和微博官网。相对而言，青团社兼职的微博营销效果更好，级别达到 29 级，有超过 10 万的粉丝。

（2）用户分析

主要分析用户增长情况、用户终端设备类型、年龄与地域、职业与兴趣等分布特征。这些数据可以帮助了解用户的属性，实现用户画像，在产品改进及产品推广中，就可以充分利用这些数据制定精准的营销策略。青团社兼职和窝牛网 APP 的安装量对比，如图 9-20 所示。

用户行为分析，是对用户活跃情况等数据进行统计、分析，从中发现用户访问网站或 APP 等平台的规律，并将这些规律与营销策略相结合。从窝牛网的数据跟踪可以看到，一天当中用户访问量最高的时间点是 11：00～13：00、15：00～17：00，以及 21：00～22：30；一周当中，访问量最高的时间点是周五下午和周六上午。窝牛网微信公众号的用户分析，如图 9-21 所示。

（3）渠道分析

渠道分析就是跟踪各 APP 分发渠道、分析不同渠道的获客数量并评估获客成本，找到获客成本最低的渠道。对微信公众号而言，就是分析不同的微信推广渠道效果与成本，包括广告平台、地推、社交媒体、用户分享、社群裂变等。

图 9-20　两个兼职 APP 的安装量对比

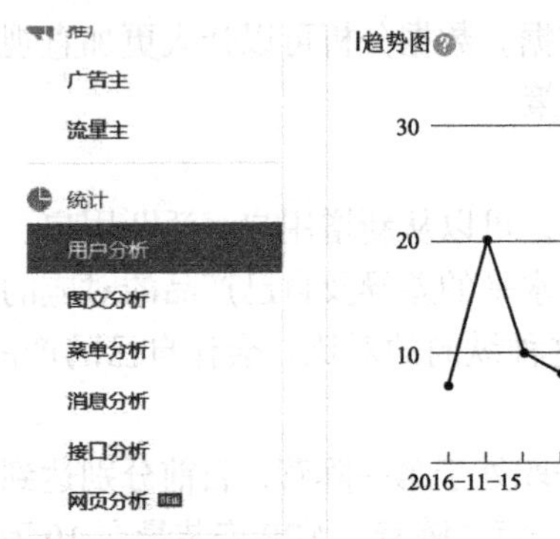

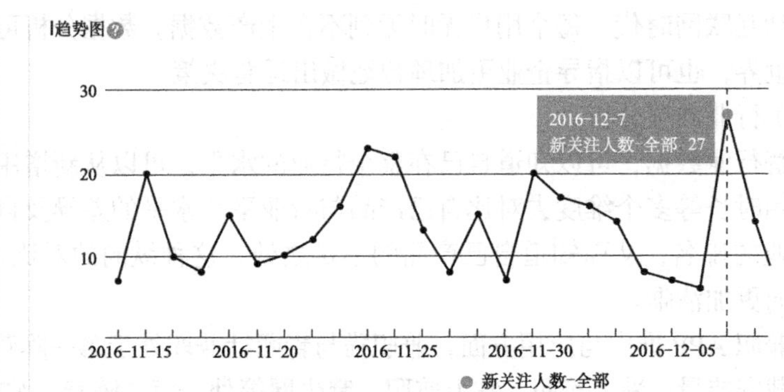

图 9-21　窝牛网微信公众号的用户分析

从数据分析来看，窝牛网 APP 的用户主要来自于校园地推、有奖推广；而微信用户也来自于校园推广与微信社群营销之后的转化。

（4）内容分析

内容分析主要分析移动平台的图文信息发布、阅读量、阅读来源、转发收藏情况等。在此基础上总结公众号访问量情况、流量趋势、用户集中访问时间、用户关注点，以便于菜单优化、信息内容优化、推送时间优化、分发渠道优化。窝牛网微信公众号的阅读分析，如图 9-22 所示。

职场连线

招聘岗位： 商品数据分析专员

岗位职责：

1. 根据经营目标，分析天猫店、淘宝分销店、京东店、唯品会等渠道的商品结构、库存结构。

2. 进行货品管理与支持，包括选货、订货、补货、调货及促销等，保障货品管理达到电

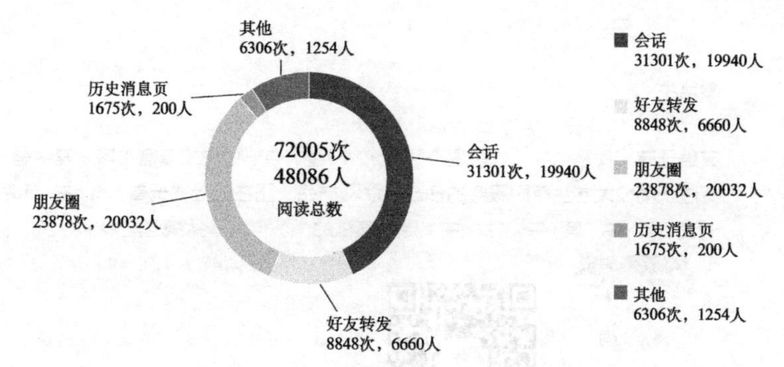

图 9-22　窝牛网微信公众号的阅读分析

商要求。

3. 定期提交货品数据分析和货品分析报告，做好商品情况信息的分析、整理、汇总、上报工作。

4. 根据业务发展的需要开展相关专题的数据挖掘与研究，并形成分析报告；定期对各运营市场等数据挖掘分析。

5. 熟练掌握 Office 办公软件，具备数据分析能力，能够通过数据报表进行决策分析。

任职要求：

1. 大专及以上学历，电子商务、市场营销、统计学等相关专业背景优先。

2. 具有良好的沟通能力、执行力。

3. 抗压能力强。

薪资待遇：月薪 5000 ～ 8000 元

3. 移动营销效果分析

窝牛网所处的网络兼职服务行业，目前市场正在培育和开发中，通过网络寻找兼职岗位的大学生比例越来越高，使用频率也在逐渐上升。整个大学生兼职细分市场中，主要存在着青团社兼职、兼职猫、掌上兼职、窝牛网、兼职啦等几家企业。还没有一家占据绝对领先优势，也没有一家业务能覆盖全国市场，所以整个市场还处于前期的竞争阶段，发展机遇仍然存在。

窝牛网在 APP 推广方面，主要借助了应用商店推广、校园地推、有奖活动推广、移动社群推广等方法，APP 入驻的应用商店主要有华为应用商店、苹果应用商店、豌豆荚应用商店、360 应用商店等，由于经费问题没有做排行榜和应用商店优化（ASO 优化），也没有投放 DSP 广告，因此知名度不如兼职猫、青团社兼职，下载和安装量也有所不如，这是今后需要解决的问题。

在微信营销方面，窝牛网主要借助公众号推广、朋友圈推广、微信群运营的方式，营销效果较好。通过持续的内容建设与粉丝运营，目前公众号有粉丝 4 万多人，拥有微信兼职群 23 个，总粉丝数 6 万多人，社群互动频繁，兼职用户忠诚度高。

窝牛网还打造了年轻、有活力的特色企业微博，经常发布有话题性的内容，有趣味的微博文案，做好与粉丝的互动。微博账号每天至少发布 5 条信息，包含兼职信息的推送，让粉丝感受到窝牛网团队的活跃度。每年开学季、假节日、考试季、毕业季，窝牛还发布一些实用信息供粉丝使用，真心关注粉丝的需求，博得大学生用户的好感。窝牛网的微博营销如图 9-23 所示。

图 9-23　窝牛网的微博营销

总体来看，窝牛网善于借助新兴媒体来开展移动营销，营销内容与营销方法能够贴近大学生活，赢得粉丝的好感；但在品牌影响力、绝对用户数量、异地市场开拓、争取创业投资等方面还有不少问题，这些需要在今后运营中着力解决。

综合实训

（一）实训背景

学生已经熟练掌握了多种移动营销方法，通过本实训活动，学生可以深入领会移动营销活动中的内容建设、促销策划、数据分析等工作，加深对移动营销的理解。

（二）实训任务

1. 针对窝牛网，请你策划五一劳动节文案 1 篇（400 字），要包含题目、正文，要与劳动节相关，要体现出兼职的元素。

2. 针对窝牛网，请你策划五一节微信互动活动 1 项，写出具体策划方案（500 字），包括主题、内容、活动目标、活动形式、奖品奖励、参与方式等，活动内容要与劳动节相关。

3. 分析你所熟悉的某个互联网企业，在 APP 推广、移动广告投放、微信营销、微博营销、头条推广方面的表现，统计相关移动营销数据，并与窝牛网做对比分析。

（三）实训步骤

1. 教师结合窝牛网以往的典型文案，逐步引导学生完成文案标题策划、文案创意、文案结构策划、文案正文写作、产品植入等步骤；并对学生的文案进行指导、分析、优化。

2. 教师首先分析优秀企业策划的五一节活动案例，分析活动目标、活动创意、互动方式等；其次分析五一节的含义，通过内涵的延伸，找准立意点；然后策划活动形式、互动方式、活动流程、注意事项等；也可适当征求部分大学生对策划方案的意见。

3. 教师首先介绍各大新媒体平台的数据统计与获取的方法，然后整理各渠道的数据，再与窝牛网的数据做对比分析，最后做营销总结。

（四）实训提示

注意营销主题和营销关键词的提取与挖掘，五一劳动节的话题不少，哪些是与网络兼职关系更密切的？哪些是能够吸引大学生关注的？

营销要有创新和创意，例如，媒体都会致敬平凡的劳动者，那我们可以致敬假期兼职的大学生代表，就比较有创意。

知识与技能训练

一、单选题

1. 刮刮卡属于哪一类促销活动（　　）。

A. 苹果公司　B. 腾讯公司　C. 赠送式促销　D. 游戏式促销

2. 以下不属于移动营销的内容指标的是（　　）。

A. 点击率　B. 阅读量　C. 转发量　D. 好评率

3. 给移动用户发布的文章点赞、加精华，属于（　　）激励机制。

A. 物质激励　B. 精神激励　C. 功能激励　D. 合并激励

4.（　　）是指在被调查的对象中，一个品牌的产品使用者的比例。

A. 留存率　B. 转化率　C. 渗透率　D. 点击率

5. 在移动营销中 CPI 是指（　　）。

A. 平均访问时长　B. 每安装成本　C. 平均获客成本　D. 每用户平均收入

6. 以下（　　）是观察页面点击分布情况的工具。

A. 站长工具　B. APP Annie　C. 热力图　D. 漏斗模型

二、多选题

1. 移动互联网企业的营销团队可以制定（　　）。

A. 每周营销目标　B. 月度营销目标　C. 季度营销目标　D. 年度营销目标

2. 用户运营的工作主要是围绕以下哪些方面展开的？（　　）

A. 拉新　B. 促活　C. 留存　D. 转化

3. 友盟统计工具的功能包括（　　）。

A. APP 检测与分析　B. 网站流量统计分析

C. 游戏统计分析　D. 消息推送统计分

4. 可用来衡量 APP 用户活跃程度的指标有（　　）。

A. GMV　B. DAU　C. WAU　D. MAU

三、简答题

1. 全网整合营销涵盖的范围包括哪些？

2. 列举一下移动营销效果分析的用户指标包括哪些？

3. 运营者与消费者的网络互动形式有哪些？

4. 作为一个微信运营者，请你介绍 9 月份的内容规划可以包含哪些？

四、实训题

1. 窝牛网某时段内微信公众号阅读情况，如图 9-22 所示，已知此时微信公众号总粉丝数是 55000 人。请你结合图 9-22 分析图文信息的阅读来源，做一个微信阅读分析报告，填入表 9-3 中。

表9-3　窝中网某时段内微信公众号阅读情况

阅读来源	阅读量	阅读量占比	阅读人数	阅读人数占比	分析报告
公众号粉丝（会话）					
好友转发					
朋友圈					
历史消息页					
其他					

2. 窝牛网想要开展一次口碑营销，请你思考一下对策。提示：可思考口碑营销的内涵、作用、要素、意义，以及从营销主题、目标受众、意见领袖、内容策划、营销步骤等要素出发。

附录A　移动营销工具大全

1. 场景设计工具

兔展：是一个 H5 页面、微场景、模板、短视频、微信邀请函、场景应用的专业制作平台。

易企秀：是一款非常专业的 H5 页面场景制作软件，提供免费 H5 微场景、海报、长图、表单、视频、互动游戏、建站、小程序八大制作工具及秀推智能营销平台。

Maka：提供一站式营销解决方案，模板内容涵盖了 H5 设计模板、优质海报模板、vlog 手机短视频及电商运营、新媒体运营所需素材。

秀堂：是 WPS 旗下的一款免费 H5 页面制作工具。

2. 活动运营工具

活动盒子：一款 APP 活动运营 SAAS 工具，专注为 APP 提供活动运营解决方案。

互动吧：深受欢迎的活动平台，可帮助主办方更简单、高效地创建活动、管理活动和传播活动。

Openinstall：APP 个性化安装、优化注册流程和精确渠道统计。

3. APP 应用统计工具

友盟：国内第三方全域数据服务商，以及移动平台统计分析工具，为中国移动开发者提供专业、稳定、免费的统计分析服务。

TalkingData：是一个移动大数据服务平台，提供全面的产品统计分析服务、权威的移动行业数据解析。

百度移动统计：互联网趋势统计分析工具，专业的中文网站流量分析平台，包括网站统计和移动统计，为移动应用的精细化运营决策提供数据支持。

站长之家：提供各类站长工具，包括网站速度测试、友情链接检查、网站域名 IP 查询、PR、权重查询、Alexa、whois 查询、SEO 数据变化等。

APP Store Optimization：即 AOS（应用商店优化）工具。

APP Annie：是应用分析和应用市场数据的行业标准，提供操作简便的平台。

Tune：是一个知名的全球移动营销公司，网络广告公司，营销数据服务商。

4. 运营数据统计工具

BlueView 智能营销系统：提供热门公众号数据分析、微博数据分析、舆情监控、微信公众号画像、KOL 画像、社群画像等。

清博大数据：国内新媒体大数据权威平台，产品多样，拥有清博指数、清博舆情等，可以获取微信、微博、头条号等新媒体排行榜。

微指数: 国内领先的新媒体大数据领导品牌，专注于微信平台，提供了微信运营、微信营销、微信推广等相关的最专业的大数据服务。

新榜: 以微信为导向，日、周、月、年为周期，按 24 大分类发布国内各类自媒体平台最真实、最具价值的运营榜单。

News Mine：是一个新闻搜索工具，可提供热点新闻资讯。

5. 图文排版工具

135 编辑器: 是一款提供微信公众号文章排版和内容编辑的在线工具，样式丰富。

96 编辑器: 是一款专业强大的微信公众平台在线编辑排版工具，提供手机预览功能。

秀米编辑器: 一款专用于微信平台公众号的文章编辑工具，排版风格多样化、个性化。

I 排版: 是一款可以在 PC 上对微信内容进行编辑排版及美化的软件。

创客贴: 是一款极简好用的平面设计作图软件，支持在线图片编辑器。

6. 移动营销素材工具

新媒体管家: 是公众号管理工具，可以实现手机端公众号、公众平台账号授权登录直接使用，多客服，多人同时登录一个公众号。

西瓜助手: 提供微信公众平台、抖音、快手、小红书、微博等新媒体平台的数据服务及工具。

花瓣网: 是一个图片素材采集、管理、保存的工具，可以方便保存任意网页上的图片、视频或视频和截图。

微小宝: 是一款免费的公众号运营工具，通过多账号管理、爆文推荐、图文快速合成、定时群发等功能，提供运营一站式服务，帮助用户更加轻松地运营公众号。

搜狗微信搜索: 支持搜索微信公众号和微信文章，可以通过关键词搜索相关的微信公众号，或者是微信公众号推送的文章。

7. 短链与二维码工具

草料二维码: 国内最大的二维码在线服务网站。

Q 码: 支持在线制作创意二维码。

百度短码: 百度公司提供的专业的网址缩短服务，支持批量缩短。

缩我: http：//suo.im，免费专业的网址缩短服务，在线生成短网址。

参考文献

[1] 魏振锋 . 网络营销［ M ］. 杭州：浙江大学出版社，2014.
[2] 刘海燕，陆亚文 . 移动营销［ M ］. 北京：人民邮电出版社，2018.
[3] 成荣芬，汪焰 . 网络营销策划实务［ M ］. 北京：中国人民大学出版社，2015.
[4] 麦艳云，李勇伟，陈兴华 . 移动电子商务营销实务［ M ］. 北京：电子工业出版社，2017.
[5] 秦阳，秋叶 . 微信营销与运营［ M ］. 北京：人民邮电出版社，2017.
[6] 沈凤池，王伟明 . 网络营销［ M ］. 北京：北京理工大学出版社，2016.
[7] 星巴克咖啡如何转型成为一家科技公司，人人都是产品经理［ EB/OL ］.（2013-12-06）http：//www.woshipm.com/operate/56172.html
[8] 杨波 . 移动互联网时代的消费行为分析［ J ］. 中小企业管理与科技，2016（07）.
[9] 晏涛三寿 . 什么是场景营销［ EB/OL ］.（2018-11-21），https：//www.zhihu.com/question/25423448?sort=created
[10] 匡文波，贾一丹 . 移动智能广告的传播效果研究析［ J ］. 现代视听，2018（10）.
[11] 七目 . 2018 上半年最佳移动广告案例［ J ］. 互联网周刊，2018（07）.
[12] 黄梁鹏，柯思昱，李海华 . 熟悉感在 H5 广告设计中的应用［ J ］. 大众文艺,（2019-03）.
[13] APP 营销推广方案 . 应用公园［ EB/OL ］.（2018-10-30），http：//www.apppark.cn/t-1330.html
[14] 于小泞 . 探析微博营销在企业品牌传播中的应用［ J ］. 商场现代化，2019（02）.
[15] 活动盒子 . 从拉新、留存、促活、营收四要素谈 APP 用户运营［ J ］. 信息与电脑（理论版），2017（04）.
[16] 一个完整的 APP 运营推广方案计划，发稿网［ EB/OL ］.（2019-04-10），http：//www.fagao.me/p/85213.htm
[17] 应用商店运营推广怎么做？，简书［ EB/OL ］.（2017-02-21），https：//www.jianshu.com/p/65f9ae2ef48c
[18] 李红，项子晴 . 企业微博营销效果影响因素分析—以小米公司为例［ J ］. 价格月刊，2017（11）.
[19] 羊羊不超越 . APP 地推效果监测精准方案，CSDN［ EB/OL ］.（2018-11-13），https：//blog.csdn.net/weixin_43677709/article/details/84033521.
[20] APP 用户运营方案，应用公园［ EB/OL ］.（2018-04-12），http：//www.apppark.cn/t-920.html
[21] hackeey，手把手教你进行 APP 数据埋点，CSDN［ EB/OL ］.（2018-06-21），
[22] 殷咸权 . 社会化媒体下的内容营销—以微信公众号为例［ J ］. 经营与管理，2019（07）

[23] 袁鲸涛 . 基于消费者视角的场景营销作用机制研究评述 [J]. 中外企业家，2019 (09).
[24] 马燕利 . 农产品微信营销的途径 [J]. 市场研究，2019 (06).
[25] 宋戈，张亦弛 . 内容、场景与用户有机结合的抖音营销传播 [J]. 传媒，2019 (08).
[26] 丁毓 . 激励型视频—互联网广告创新模式 [J]. 上海信息化，2019 (04).
[27] 陈道志，哈默 . 内容电商 [M]. 北京：人民邮电出版社，2018.
[28] 许应楠 . 移动电商基础与实务 [M]. 北京：人民邮电出版社，2018.